混沌与秩序Ⅱ

变革时代管理新思维

编委：彭剑锋　施炜　苗兆光　王祥伍　孙波　夏惊鸣 等

主编：彭剑锋　尚艳玲

华夏基石十年研究精选

Chaos and Order

The Best Collection
of Chinastone

中华工商联合出版社

图书在版编目（CIP）数据

混沌与秩序．Ⅱ，变革时代管理新思维/彭剑锋，尚艳玲主编．—北京：中华工商联合出版社，2017. 10

ISBN 978-7-5158-2107-8

Ⅰ．①混…　Ⅱ．①彭… ②尚…　Ⅲ．①企业管理－文集　Ⅳ．①F272－53

中国版本图书馆 CIP 数据核字（2017）第 236948 号

混沌与秩序Ⅱ：变革时代管理新思维

作　　者：彭剑锋　尚艳玲
责任编辑：于建廷　臧赞杰
责任审读：郭敬梅
封面设计：久品轩
责任印制：迈致红
出版发行：中华工商联合出版社有限责任公司
印　　刷：北京旭丰源印刷技术有限公司
版　　次：2017 年 11 月第 1 版
印　　次：2017 年 11 月第 1 次印刷
开　　本：880mm × 1230mm　1/32
字　　数：278 千字
印　　张：12. 375
书　　号：ISBN 978-7-5158-2107-8
定　　价：99. 00 元

服务热线：010－58301130
团购热线：010－58302813
地址邮编：北京市西城区西环广场 A 座
19－20 层，100044
http：//www. chgslcbs. cn
E-mail：cicap1202@ sina. com（营销中心）
E-mail：gslzbs@ sina. com（总编室）

主　　编　彭剑锋　尚艳玲

导读

本套书内容精选自华夏基石内刊《洞察》杂志 2006 - 2016 年内容。其中，包括 2014 - 2016 年《洞察》所组织的"华夏智库 3 + 1 论坛"的研讨内容，以及"华夏基石十月管理论坛"的部分内容。

Ⅰ卷主要内容是分析解读企业所处的时代变化、企业生存发展所面临的内外部环境变化，对企业转型发展战略、顶层设计思维、组织变革趋势、领导力，结合实证研究提出了华夏基石的见解和建议。

Ⅱ卷主要内容是对处于时代变革下的企业管理新机制、人力资源管理新思维、组织与人的新型关系，结合企业案例提出了新的认识论、方法论和管理优化建议。

本书的作者主要是华夏基石集团的首席专家和高级合伙人，他们大多是管理学专业科班出身，具有博士、硕士学历，有深厚的专业功底和研究能力，同时他们多从咨询师或企业管理者做起，在企业管理实践中成长起来，熟知本土企业的发展脉络与管理方法。在华夏基石研究性咨询公司的定位要求下，这支作者队伍真正把实践与理论结合起来，真正成长为管理实战中的专家。

管理咨询是以企业的具体问题为导向的，因此本书作者的思考无不源于企业的现实问题，见解均提炼于企业的实践探索，相信读者在阅读中会找到共鸣、共识。

当然，"管理就是实践，实践是最伟大的老师。"中国企业在变革时代的实践探索在继续，华夏基石的研究与思考也将持续，希望通过我们的工作，为企业创造价值，与企业共同成长。

走进混沌　坚守初心　砥砺前行

彭剑锋

2006年，华夏基石公司成立三年，甫一站稳脚跟，几位老友，吴春波、施炜以及一起创业的伙伴们就合计着要有一块张扬自己的价值主张，体现华夏基石独特思维个性的阵地了。华夏基石内刊《洞察》杂志就这样诞生了。

当时，管理学者的研究还没有真正将企业咨询与案例研究结合起来，我们中国人民大学和创办华夏基石的几位学者算是开了中国本土管理咨询商业化的先河。

咨询与研究并行的角色定位，不仅连外界疑惑，我们自己也有些混沌：我是谁？有人直接就我的“身份问题”问我：“学者、咨询专家、企业家，这三者之间的区别是什么？”我不假思索地回答道："学者就是将一句话拆成四句话，尽量将简单东西复杂化，让人觉得深不可测，玄；企业家就是将四句话变成一句话，尽量将复杂东西简单化，要解决问题，让人感觉爽；而咨询专家则既要将一句话拆成四句话，又要将四句话变成一句话，让人既玄又爽。"

这个问题似乎给了我一把认识混沌的钥匙，无论是对我们的身份，还是对我们的事业，有豁然开朗之感——为什么一定是非此即彼，非黑即白呢？灰度与事物的态叠往往可能是常态，既然是常态，与其说要"走出混沌"，不如说要"走进混沌"，在混沌之中去探索，在不确定中去寻求确定，在多种选择中去动态选择，在创新中去迭代创新。

如果将学者的纯学术研究当成科学的话，那学者就是"白"；如果将企业家的行为当成艺术的话，那企业家就是"黑"，而咨询专家就是将"黑"和"白"融合起来，将理论与实践结合起来的人。将理论的一般性放到实践的特殊性中去检验才能使理论不断与时俱进、丰富完善，而将实践探索中的一般规律提炼总结为理论，以指导更多的实践，正是咨询专家的价值所在。

我创立华夏基石正是基于内心一直潜藏着的一种信念，那就是要将华夏基石做成一个研究型咨询公司。华夏基石既要做咨询，要有市场业绩；又要做研究，要有研究成果。我们的咨询成果背后一定要有研究功底，咨询工具背后一定要有理论假设系统，要有华夏基石独特的理论范式与方法。作为一个研究咨询公司，我们既要为客户的成长发展提供系统的解决方案，还要出思想，源于本土企业管理实践的管理创新思想。

在这样的认知下，我们赋予内刊《洞察》几项职责：第一，超越拿来主义，用独特的视角和非凡的洞见，基于中国企业的实践及特点，提出具有原创性的观点与研究成果。第二，基于问题，以企业家的质感，对中国企业成长与发展过程中的鲜活案例进行剖析，窥见成功企业经营管理的真谛，解读企业成长规律，提供问题解决的现实标杆与最优实践案例。第三，知识创造价值，以杂志为载体，为中国致力于管理实践与创新的学者、企业家以及咨询师提供一个知识交流、传播与共享的开放平台，让他们在智慧冲撞与相互砥砺的过程中体验高手过招的快感。

10年来，以《洞察》为主要载体，积累下来数百万文字的"华夏基石方法"，而《洞察》杂志的作者队伍也在慢慢发生变化，从最早主要是我们中国人民大学的几位参与撰写《华为基本法》的教授，渐渐的一批博士、硕士出身，在华夏基石成长成熟的咨询师成为主要作者，如王祥伍、苗兆光、夏惊鸣、孙波、黄健江、宋杼宸、郭伟、全怀周、陈明、邢雷、张小峰等。

华夏基石的研究性咨询师队伍渐成规模，华夏基石研究性咨询公司的形象也渐渐清晰并获得业界认知——华夏基石致力于做一家研究性咨询公司，坚持以传统咨询方式为主，面对企业的真问题，提出真正有效、能落地的解决方案，致力于为企业创造真价值，与中国企业共同成长。

《混沌与秩序》这套书是对这些年来我们在与中国企业共同面对问题、探索解决问题，带着企业的实际问题去思考研究，把思考研究的阶段性成果应用于实际问题解决历程的记录和整理。

当然，如今再翻阅这些年来的文章，发现也存在很多不成熟的方法，有偏于简单的论断，甚至是失败的案例分析。但这些是我们探索、成长的痕迹，我们也不怕露丑，没有犯过错误不叫成长，没有失败不会有成功。我很庆幸我们的团队始终保持着探索的勇气和自我批判能力，只有自我批判才能不断自我超越。也许我们的历史还短，我们的积淀还不够，但我们自信，我们的梦想还在！

这是一个混沌与不确定的时代，需要重构思维，刷新认知，走进混沌，拥抱变革；这也是一个充满机遇和希望，更需要回归常识，坚守价值，静水流深的时代，因此我们也将不忘初心，付出耕耘，砥砺前行。

第一篇　转型与突破

一、华为、温氏：“寒冬”中如何回归成功

彭剑锋

2015 年，在经济增速下滑、通胀压力和通缩风险并存的大背景之下，中国企业尤其是民营企业的确是经历了不容易的一年。

在以往的经济周期性衰退期间，所谓“寒冬”，企业只需要把“棉袄”——现金流准备好，躲在山洞里熬过冬天就好。企业只要熬过去，就有未来。但这次不同，由于周期性衰退和结构化调整期的对撞影响，这个“冬天”可能会很长，“气温”可能会异常得低，只靠消耗已有能量、被动地熬过这个冬天显然行不通了。企业需要回到成功的本质要素上去思考如何主动应对寒冬，主动寻找结构化调整过程中新的机遇。

某种程度上来说，做企业，永远没有最好的时代，也没有

最糟的时代。任何阶段都有好企业，也有坏企业。在相对比较糟糕的阶段，对有些企业来说却是最好的时候，比如华为和温氏。

华为 2015 年全年增长 35.3%，营收达到 3900 亿元。虽然温氏 2015 的年报还没出来，但据笔者了解，营收应该能达到 480 亿元，全年增长 35% 以上。但是，温氏净利润增长了 110% ~135%，保守估计为 65 亿元，甚至达到 80 亿元。（注：本文为作者在 2015 年年底公司年会上的讲话，因此所举数据均为 2015 年的数据）

在经济结构调整时期，代表中国高新企业的华为和做传统养殖企业的温氏为什么仍然保持了高速的增长并获得惊人的利润？

仔细研究这两个企业发现，它们成功的关键因素至少在五个方面达到了一致。

（一）价值观始终如一，战略上心无旁骛

首先，华为、温氏的成功在于持之以恒地坚守其所秉持的核心价值观，并在经营管理的过程中予以贯彻落实。

在经济结构调整时期，所谓的回归原点指的是回归核心价值观上，回归真正为客户创造价值上，从客户的原点去思考。在这一点上，华为和温氏是高度一致的。

华为的核心价值观是“以客户为中心，以奋斗者为本”，并通过三大管理纲要——人力资源管理纲要、业务管理纲要及财经管理纲要践行这个理念。

温氏创始人温北英先生认为，要办好一个企业，必须注重人力资本，让大家一起分享，一起创造价值。所以，温氏创立

伊始，他就提出了齐创共享的理念，并落实到温氏的管理模式、生产模式和分配机制中，真正做到了与合作伙伴、员工、客户之间实现齐创共享。

在温氏，贯彻其价值观最典型的案例就是温氏的分布式规模生产与自主经营体。

温氏 56000 个农场通过统一的研发、统一的服务标准，真正实现了规模化生产，并且每个农场都是独立核算的自主经营体。只要加入温氏的全程封闭式专属养殖生态系统，农场就必须接受温氏二级公司的管理，纳入一体化的管理体系中。农场只能为温氏养殖，不能混养其他东西。养殖户需要填写畜禽养殖证，只能使用温氏提供的专属饲料、育苗，并接受公司技术管理员定期的检查。通过这种方式，农场就变成了一个个标准化的生产车间。

这种自主经营体最大的特点是一旦农场加入了经营体，温氏会确保其经济利益，不与农户争利，不将市场风险转嫁给养殖户。温氏在自主经营体中推行的核算体系可以把农户每一天所赚的钱核算到位，确保了农民的利益，然后通过各种价值的补贴和企业间的信誉担保，让农户能够共享公司的成效。无论企业亏损与否，农户都可以像工人那样领到工资。所以，有些铁杆拥趸追随了温氏 30 年。

在温氏的历史上，曾经发生过两次巨额亏损：一次是 20 世纪 90 年代为农户赔了 2. 56 亿元；另一次是 2013 年左右为保证养鸡户不亏损，为他们赔了 36 亿元。

温氏采取的这些措施在养殖户中树立了极好的信誉。在“非典”和禽流感期间，他们主动提出不要补助，和温氏共渡难关。然而，温氏仍然保证了养鸡户每只鸡 1 元钱的收益，即使公司遭受了重创。

而在利益分配环节，温氏遵循农户－员工－股东的顺序，真正践行了客户价值最大化。

其次，很多中国企业之所以失败就在于往往为了获取短期机会而牺牲长期的战略，而华为和温氏在战略上都做到了心无旁骛。

笔者在访谈任正非的时候，他把华为比作阿甘，虽然貌似傻里傻气，但是专注执着，只要认准方向就不动摇，这也正是华为在战略上秉持的态度。

任正非提到，虽然华为在成长发展过程中曾面临过一些有可能赚到几十亿元，甚至几百亿元利润的机会，但华为始终聚焦在通信领域。为了长期战略，华为放弃了很多短期的机会，没有做地产和其他投机生意，这就是华为成功的关键。

而位于广东偏僻地区的温氏，则始终坚持围绕养殖业形成价值链的战略——聚焦养殖业，坚持做中国规模效益最好、管理技术最先进的现代农牧企业，形成了以养鸡、养猪、养牛、养鸭为主，以农牧设备、食品加工、实业投资、港口物流为配套的八大产业体系。

（二）以人力资本价值为核心，构建共创共享机制

企业在价值观和战略上聚焦，朝着目标解决动力机制，这就是所谓利益共享机制。华为和温氏都是以人力资本价值为核心，构建共创共享机制，真正形成利益共同体。

温氏很早就认识到人力资本的价值，提出企业发展的关键是人，能否调动各方人员的积极性很重要。温氏通过员工持股提升人力资本价值，真正实现与员工共创梦想的企业发展

愿景。

在20世纪90年代，温氏就与华南农业大学合作，形成了产学研的模式，并将公司10%的模拟股份作为技术支持回报分享给华南农业大学。彼时，温氏除了对外合作，还以“高薪+股权”的方式引进大学生，并开启了全员持股的合伙制模式。

现在，温氏有6872名股东，而整个温氏家族仅占股权的16.7%。其中，董事长温鹏程持股比例仅为4.16%。

（三）持续投入研发，提高自主创新能力

中国有很多企业尽管不断加大创新投入，但却没有创新的机制，而华为和温氏则兼而有之，这使得它们的产品拥有技术含量，提高了产品的议价能力，脱离了价格战的怪圈。

华为的原创自主创新能力使其手机通信设备拥有了自主知识产权，这来源于企业创新的机制和投入。而温氏虽是传统产业，但和华为一样，每年都从营收中拿出固定金额投入研发。从某种意义上来说，从事传统行业的温氏实际上已经可以归属到高科技公司的行列中来。

温氏有很多具备颠覆性价值的研发创新，大大降低了成本，影响了国内养殖行业。比如，温氏在配方上的创新，既保证了饲料安全性，又使其营养价值可以替代玉米，这项科研配方大幅降低了温氏饲料的采购成本。比如，温氏鸡种的更新换代使鸡的抗病性能增强，生长速度加快，降低了养鸡成本。

在机制上，温氏通过给技术部门授权研发自主权和建立科学基金解决创新的成本之忧，通过科研补贴鼓励参与创新，通

过多项奖励激发员工的研发热情，才形成了温氏自主创新能力非常高的现状。

（四）高度信息化、互联网化的运营管理系统

从内部所谓信息化的平台，到客户化的组成与流程及集成化的运营管理体制，在这三个标准上温氏和华为都做到了极致。

如果不是实地调研，很难想象与华为相比，温氏作为一个从事农业低端的企业，其信息化管理水平竟然毫不逊色。

早在2009年，温氏就提出了权力下放、数据上移的战略，所以很早就开发出了具有80多种功能的信息化平台，清晰记录了供应链每个环节的每个细节。

目前，作为一个传统企业，温氏在大数据互联网的运营上已经走在前面，构建了大数据的运营系统：第一，温氏具备数据透明的精益管理系统；第二，温氏具备基于移动互联网的标准化养殖系统。

在温氏，通过大数据可以辅助决策、建立内部共享机制、进行内部风险管理、实现农场互联网。温氏的5.6万个分布式规模生产的农场全部实现可视化和物联网化，真正实现了农场物联网信息一体化的管控模式。

在总部或任何一个地方，通过手机或电脑，都能看到温氏合作的5万多个家庭农场的状况，包括他们每天所用的饲料、动物患病和用药情况，都有详细的大数据分析。通过手机端，可以实时监控如温度、喂食、通风等环节。

5万多个家庭农场全部实现了互联网化，这是温氏非常成功的地方。

（五）企业界的高瞻远瞩和稳定的高管团队

由于成长背景不同，造成了企业家有很多差异。但华为和温氏这两个企业的第五个惊人相似之处却在于其领导人皆具备了创新意识、胸怀远见，并拥有稳定的高管团队。

任正非对行业发展方向的判断能力和格调自不必说，在做项目的过程中，笔者对温氏领导人的远见卓识及其高管的团队意识也深有体会。

通过自主开发的互联网金融软件，温氏与各大银行建立通道，使得养殖户及农户实现了线上的存取款。5 万多个养殖户的钱所聚集的资金流是一笔巨大的款项，温氏在某种意义上就担当了银行、担保公司、保险公司的角色。所以，温氏已经超越了传统行业的藩篱，正在形成围绕养殖服务的生态体系。

另外，我们在给温氏做汇报的时候，不是给某个人，而是给其整个董事会进行汇报。温氏的每个人都能坦诚地发表意见，很多决策都是通过集体研究才最终确认。

“幸福的家庭都是相似的，不幸的家庭各有各的不幸”，对于企业来说也是如此。企业能否顺利渡过结构化转型的阵痛，并在此过程中建立管理新秩序，还是要回归到企业成功的本源上，回归到核心价值、尊重知识和人力资本上，回归到加强原创性的知识创新和技术创新上，从而提高产品的影响力。

此外，数字化、集成化、卓越的运营平台，企业家的远见、胸怀、境界，以及稳定的高管团队，都有助于形成引领企业迈向未来的持续影响力，这就是我们所讲的华为和温氏的成功之道。

二、2017，中国企业战略转型新路径

夏惊鸣

战略最主要是回答三个问题：

第一个问题是你的增长点在哪里。企业把这个问题回答清楚了，战略问题就回答了一半。很多企业之所以迷茫，之所以困难，就是因为没有找到增长点或者是一个伪增长点，或者没有想透增长点，决策纠结。战略首先是要实现增长，如果没明白增长点在哪里，人力配置、财务资源配置、技术、市场等工作都没了方向。就如我们带着大部队往一个山头冲过去，结果没有敌人。因此增长点是战略的原点和方向，想明白了这个问题，其他的所有工作就有了方向，就是技术性问题。回答增长点就是我们通常讲的业务分析和业务选择，也是彭剑锋老师讲的“战略是一种选择”。

第二个问题是怎么实现增长。其实这就是商业模式问题，其中，最核心的是战略定位和竞争策略。

第三个问题是增长的责任如何分解。如何让每个人扛起攻山头的增长责任？这就是我们通常讲的战略地图、战略解码与目标分解、战略绩效评估与激励。这三个问题亦即笔者通常讲的“战略是一种选择——增长点，战略是一种模式——商业模式，战略是一种路径——战略解码”。这三个问题形成了一个战略管理闭环。

我们在思考战略的时候不能忘了原点和方向——增长。很多战略思考之所以有问题，就是因为离开了这个战略本质。所

谓战略转型，本质上就是寻找新的战略增长点。

然而，现阶段，“增长”又恰恰是很多企业纠结的课题。

（一）增长纠结的时代：钱难赚，概念满天飞

这两年来，笔者接触到许多企业，确确实实体验到了企业尤其是传统型企业的战略纠结。过去，这些企业很容易赚钱，高歌猛进，干什么都赚。现在，则非常纠结，我们经常听到的一句话是“以前干什么都赚钱，现在是干什么都不赚钱”。

在钱难赚的同时，又是新概念满天飞的时代。一方面确实存在很多创新，另一方面，很多企业以为有了一个新概念、新模式就代表了未来，就是企业摆脱困境的“先进战略”；或者是以为外界存在一个神秘的工具，在企业用一用，企业的经营马上就会变好。

比如合伙人机制，很多企业以为只要采取合伙制，就可以摆脱经营的困境。实际上，合伙人机制要产生作用，一定有两个前提：第一个前提恰恰是业务要有战略前途，而不是倒过来，如果没有战略前途，怎么做都是没用的；第二个前提是要选对人。

总结起来说，这是一个增长纠结的时代。那么如何思考战略增长呢？我们总结了一个思考战略转型的创新路径模型，也是战略增长路径模型。

（二）战略转型的创新路径

战略转型的创新路径，实际上是回答战略的第一个问题，就是如何思考增长。当然，笔者不会也回答不了具体有哪些增

长点，只是想回答我们怎么去思考，怎么去寻找增长点的思维方式。战略转型的创新路径如图 1－1 所示。

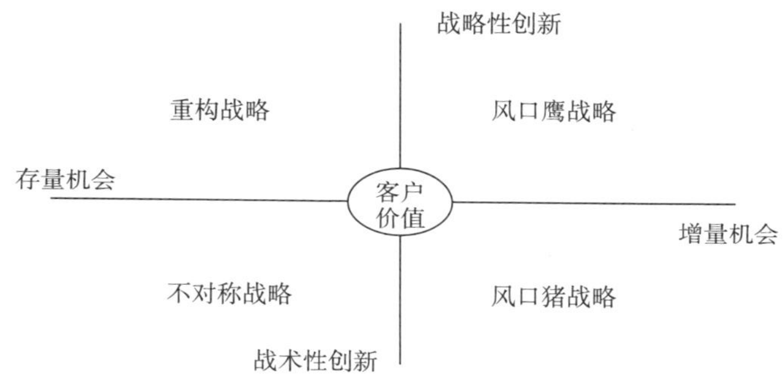

图 1－1　战略转型创新路径

战略转型创新路径的核心是思考增长点。增长点，其实就是“机会”，所以这个模型的横坐标用机会来表示。这里要提一下，在某段时间小米经营状况不太好的时候，很多人都讲雷军是机会主义者，因为他讲风口论。笔者一直是这个观点：**风口论绝对是正确的，机会不等于机会主义。机会主义是有问题的，但机会是没有问题的，所有的发展都要有机会，没有机会怎么发展？**所以风口论没有错，机会没有错，恰恰企业家的最核心功能就是去寻找机会，或者创造机会。

当然，机会有两种形式，第一种是增量市场，也就是市场处于高速增长中。20 世纪 80 年代一直到前几年这 30 多年的时间基本都是增量市场，所以做什么都赚钱，造汽车赚钱，卖电视赚钱，卖房子尤其赚钱，这个风还没刮完。但现在为什么很多企业说钱不好赚了呢？因为很多行业已进入了存量市场，也就是第二种形式。市场成熟了，所以做什么都是红海，这叫存量机会。

那么纵坐标表示什么呢？横坐标是机会，那么纵坐标是实现机会的方式。要实现机会的一个本质就是“创新”，只不过，创新有两类：一类是突破性创新，笔者叫战略创新。比如互联网发明，锂电池的开发，索尼开发随身听等，这些都是战略性的创新。还有一类是战术性的创新。

根据不同类型的机会和创新，分为四大象限，其实这四大象限代表了四种不同的战略增长模式，即风口鹰战略、风口猪战略、重构战略、不对称战略。

1. 风口鹰战略：造大势

第一象限是增长机会与战略性创新，这是风口鹰战略。所谓“鹰”就是有能力，可以自己造风，他不是跟着大势走，他是自己造大势，是没有风但他自己造风。

这主要有两点，一个是突破性的技术创新，另一个是重大的社会转型。重大的技术创新如电的发明、互联网的发明、索尼发明随身听等。重大社会转型比如零售业态由邮购到百货，再到超级市场、连锁超级市场、连锁便利、电商等，当然社会转型包含有技术力量的推动。

举一个突破性技术的例子。一段时间很热的一个行业就是新能源汽车。原来笔者一直以为这是一个“变态”的行业，为什么“变态”呢？其实这个行业是没有经济性的，一直不赚钱，都在亏，只不过是依靠补贴，所以我们有很多客户也非常纠结，到底是投还是不投？进不进新能源汽车行业？

之前笔者正好接触了一位研究材料的科学家，他说未来电动汽车真的有可能把传统汽车给颠覆掉。传统汽车零部件有上千上万个，如发动机、离合器、变速箱、传动轴等，电动车有什么？就是电池、电控、电机，动力直接传送到轮胎，所以非常简单。

那么，新能源汽车的核心在哪里？在电池。但我们知道，电池现在有几个问题，比如你买辆特斯拉，第一年充一次电能跑五百公里，第二年能跑四百多公里，每年衰减13%，这是现在电池的第一个问题，每年衰减，过了三五年可能就不能用了。第二个问题是充电时间长，充一次电需要好几个小时。第三个问题是安全问题。这个科学家是做什么的呢？他做固体电池，就是把电解液变成固体，这个已经成熟了，固体电池解决什么问题？第一续航里程高，能量密度高，体积小，而且续航里程是1000公里；第二，里程不衰减，今年是1000公里，明年还是1000公里，每年都是1000公里，永不衰减；第三，充电时间非常快；第四，没有安全问题，现在我们还担心电池爆炸，用了固体电池，就不用担心这个问题了。

但是，现在的瓶颈在哪里？瓶颈就是我们经常听到的所谓石墨烯电池。所谓石墨烯电池，就是用石墨烯材料做电极，但需要用单层石墨烯，只有单层石墨烯才能构建一个电子的高速公路，上述固体电池的性能才能最终实现。现在的问题就是卡在单层石墨烯的工业化上。一旦单层石墨烯实现工业化，传统的汽车一点竞争力都没有，全被颠覆。电池一生产出来，加上电控、电机，然后往轮胎上一装，再加一个壳，就好了。

这是第一种战略，风口鹰战略，这是要有核心技术的。或者是在社会大变迁当中，你的商业模式进行战略性的创新，创造了一个增量市场。

2. 风口猪战略：找大势

第二种叫风口猪战略，风口猪战略的核心是什么？与风口鹰战略的造大势不同，风口猪是找大势。你不一定要有核心能力，不能造出势来，但可以判断有哪些能力可以造出势来。顺着大势去走，主动融入大势中，就能抓住发展的机会，这就是我们经常讲的“傍大款”、伴大船。

我们讲以前钱好赚，做什么都赚钱，就是风口猪战略的特征。比如海尔、美的、格力这些企业是怎么发展起来的？是抓住了改革开放短缺经济的机会。回过头来看中国 99% 的企业，甚至 100% 的企业，都是在一个社会大势当中跟着跑。所以有人讲，中国企业就像坐电梯，只要进了电梯，就会跟着大势上来。当然，这只是个比喻，其实需要洞察机会、决策魄力、团队执行的大智慧。

那么如何找大势呢？第一条路，跟随重大技术突破。一个核心技术突破会引领一个产业，你没有核心能力，但你可以跟着跑。假如新能源电池瓶颈真的突破了，你尽管没有核心技术，但是这个产业迅速发展，你可以在这个产业当中“傍大款”，跟着核心技术走。

大家一定要相信，电动汽车，尽管现在很“变态”，但未来会是常态，就如汽车刚发明的时候也是没有经济性的，还不如马车，但终有一天它会实现经济性，远远超过马车。

第二条路，跟随重大社会变迁，如互联网时代。互联网的发明最初是一个重大技术突破，现在已经形成了重大的社会时代变迁了。跟随大势，即使你没有核心能力，但可以主动融入大势中，就像前面所讲的家电、电脑、通信设备的例子一样。

第三条是重大的政策，比如，“一带一路”。

“找大势”为什么提到“一带一路”呢？温氏的温鹏程董事长在总结成功经验的时候，提到三条：一是不离开新兴县。二是不离开主业。其实这两条是一条，都是不离开主业，因为不离开新兴县，就不会眼花缭乱，就会专注。第三条就是跟中国共产党走。前几年开人民代表大会的时候，温鹏程董事长认真阅读工作报告，报告说要搞环保，回去他就搞环保了，对畜牧设备进行改造，符合环保的要求。结果没过两年，真的抓环保了，这时候，很多零散的、不符合环保要求的养猪场就不让养猪了。近两年猪肉飞涨，涨价的原因就是这个。温氏抓住了这个机会，就是跟政策形势走。

为什么要讲“一带一路”呢？笔者读了一本书叫《美国世纪》，笔者总结美国的成功就是四个红利：

第一个红利是土地红利。英国移民过来的人，原本是一些不得志的人、异教徒甚至流氓地痞，到了美国，地广人稀，可以砍木材、种棉花，包括他们修铁路的时候，一修铁路，周边多少公里土地全送。如果以北京的房价来计，这帮人赚得不得了了。

第二个红利是战争红利。实际上，美国产品原来也是价廉品质低，是英国的“小弟”，模仿、低品质、低价，但是两次世界大战，一下把它的工业能力提升了，同时发了战争财。

第三个红利是全球化红利，第二次世界大战结束以后，美国扶持日本，扶持欧洲。看起来是扶持，但是在扶持的过程中，美国企业赢取了全球化的红利。所以现在我们似乎也是在这个阶段，极力要推全球化，中国在达沃斯推行的观念，其实就是全球化。

第四个红利就是创新红利、知识红利。以美国硅谷为代表，出现了很多创新型、领导型企业，如英特尔、微软、谷歌、Facebook，等等。

要充分理解“一带一路”的全球化红利，尤其是中国企业，一方面，面临着需要找新的增长点，另一方面，未来一定会面临全球化竞争。有段时间，笔者讲过中国企业要确立新的领导思维——世界级企业领导力思维、全球化企业领导力思维、产业领导力思维、思想领导力思维、使命领导力思维，世界级与全球化是摆在中国很多企业面前的课题。

大势就是三点：第一，有没有核心技术、重要的技术。如果你自己是“大款”，那么你是上面的“鹰”；如果你不是“大款”，你就可以“傍大款”，可以做一只快乐的“猪”；第二，社会的重大变迁；第三，重要政策，尤其要重视“一带一路”。

这是第二种战略增长模式——风口猪战略。

3. 重构战略：红海重新定义出蓝海

第三种战略模式是存量机会，但是有战略性创新。怎么重构，如图1－2是重构战略的思考模型，要么沿着产品这条线去思考，比如产品环节——重新定义产品，或者把产品卖给不同的客户；产品模组——是指沿着原有的产品进行延伸，进行模块化或者组合化；产品价值链——如设计、采购、生产、销售、服务、废品回收等，是否存在某个环节进行战略创新，形成新的商业模式；产业系统——整合全产业价值链进行战略创新。

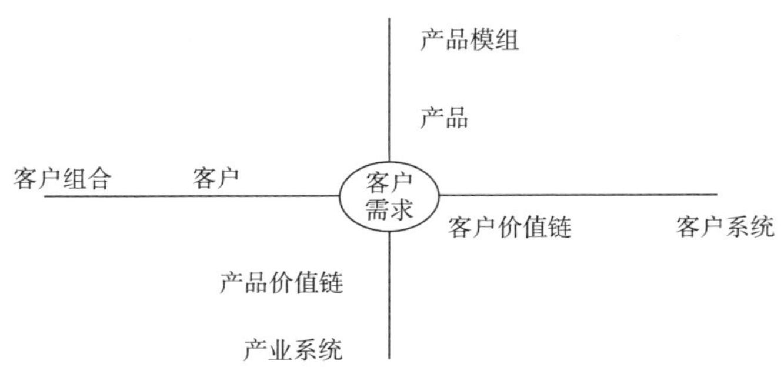

图1－2　重构战略的思考模型

要么沿着客户这条线去思考，细节就不再赘述了。但所有的战略创新要回归到客户需求，而不是为了概念而概念，为了模式而模式。

绝味食品可以简单理解就是卖卤味鸭脖子的。2005 年成立，2012 年我们给它做咨询，短短的 7 年时间，做到了 20 亿元。笔者是 2016 年 12 月去的绝味，当时他们老板戴总很兴奋地说："夏老师，现在绝味我根本不用管，而且，现在我们已经不是以前的绝味了，完全不一样了。"笔者当时很奇怪，再怎么不一样，还不是卖卤味食品？后面笔者明白了，绝味在连锁卤味休闲食品的市场进行了重构，真的变得和以前完全不一样了。

以前的绝味是一个终端连锁企业，在全国开了 1 万多家店，集中生产，进行配送。比如精武鸭脖等，也是卖鸭脖子的，是绝味的竞争对手，它们之间必定会相互残杀。那么现在是怎么一回事呢？绝味投资它们，绝味专门找这种中小的轻食品公司进行投资，然后让它们共享绝味的冷链食品供应链。这不是一个要求，这是共赢，因为小公司自己做冷链供应链一定是亏的，但不做冷链系统对它的产品质量会有影响，未来是生存不下去的。所以绝味去投资它，既带来钱，又给它提供冷链供应链服务，求之不得。所以绝味投了很多的企业，然后去做这些轻食品公司的中央冷链供应链，现在变成了一个供应链公司，跟原来完全不一样了，所以戴总兴奋地讲："我们已经不是原来的绝味了。"

绝味在产品价值链中把供应链独立出来，实现了战略重构。可见，在存量市场中，我们也可以进行战略创新，有可能会产生重大的战略增长。

4. 不对称战略：利基战略或相对优势战略

最后一个，叫不对称战略。既是存量市场，又没有重大创新，怎么办？OPPO 没有原创性创新，但也实现了巨大的成功。手机其实也是个存量市场，手机这个市场好就好在每年要换，手机的竞争是非常激烈的，但 OPPO 和 VIVO 就是在一个存量市场又没有战略性创新的情况实现成功的。

不对成战略有两种，一种就是利基战略，即定义细分市场，围绕目标客户，找准痛点做透。**还有一种叫作相对优势战略，就是利用一切可以利用的优势，去赢得竞争。**

比如，有一个深圳科创新源新材料公司（简称科创）是做橡胶密封的，传统得不能再传统了。它的客户就是华为、中兴、爱立信等。通信设备供应商在做基站的时候，光纤到机房有一段距离，这个光纤不是一条，而是好多段，这就有好多接头，它们就专门做这个接头的密封橡胶。原先，这个市场被美国的 3M 公司垄断。

于是科创搞了一个配方，尽管产品性能还可以，但一直无法大卖，因为 3M 公司品牌大，实力强，无法与之竞争。科创在这样的情况下，抓住了一个机会。就是 2009 年的时候，金融危机之后，国家要加大投资。这时华为和中兴找到 3M 公司，问 3M 能不能备些库存，但被 3M 公司否决了，说不行，必须按订单生产。而科创立即找到它们说："我给你做，你要多少，我们马上做出来多少。"就因为这一点，华为、中兴加大了在科创新源的采购量。现在，科创的市场占有率达到了 50% 多。

重庆润通集团，主要做汽摩配件和通用机械。这又是个传统得不能再传统的企业，但也做到了几十亿元，同样印证了这点。它们和日本企业竞争的时候，最大的优势是什么？就是日本企业非常傲慢，客户说要改什么，日本人认为他们的东西是做好的，不改，而它们就会迅速反应，马上行动，改完了不行还可以再改，把以客户为中心的战略做到极致。

相对优势战略，找一切可能的相对优势，把它做透，赢得竞争。有人会问：这也是战略？当然，因为认真、坚持、做透本身就是核心竞争力，因为99.99%企业做不到。别人做不到，你能做到，这就是你的竞争力。

另外，笔者要强调的是，中国企业一个做大的相对优势就是华为所提的“以客户为中心，以奋斗者为本，持续艰苦奋斗”。华为任正非是不可能复制的，但华为的这种成功逻辑绝对是可以学习的。笔者一向反对中国目前提什么贵族精神、福利主义，我们就要下里巴人，就是要奋斗。中国企业可以持久依靠的一个优势就是奋斗精神，千万不能“未强先贵，未（强）盛先懈（怠）”！

总结一下，战略转型创新路径模型主要是回答增长点的问题。横坐标是看机会是存量机会还是增量机会，纵坐标是实现机会的方式，是战略性创新还是战术性创新。

那么这四个象限就有了不同的战略模式：第一，风口鹰战略，是自己造大势。人人都想做鹰，但这个极少。第二，风口猪战略，是找大势，做猪是一件幸福的事情、智慧的事情。第三，在存量机会当中，在互联网时代的背景下，是有很多战略性创新的。第四，最差的是如果在红海当中没有战略性创新，那我们就找准定位，或利用一切相对优势，把事情做透，也会有一个美好的明天。

三、突破成长困境：领导、机制和管理的平衡

苗兆光

企业从小到大的过程中，有哪些要素是某一阶段特定的，哪些要素是始终不变的？每一个要素的运行规律是什么？成长是建立在哪些要素的基础之上的？对于这些问题，笔者思考了很久，并就其中的一部分，与大家做一个简单的交流。

（一）成长困境：领导缺位，机制不灵，管理失效

笔者最近观察到两个现象，第一个现象是管理失效。其实管理很简单，不管是结构还是控制，其实都可以简化为 PDCA 管理循环。但是中国的企业做了这么多年管理，只有华为这种少量的企业管理是有效的，多数企业的管理是失效的。

与此同时，我们发现代表新经济的互联网企业却很少谈管理，甚至厌倦管理。比如说小米，笔者曾去了两次小米，也跟 360 打交道，周鸿祎就厌倦管理，他讨论到管理就烦。但人家的业绩很好。我们遇到的挑战是，我们如何来解释这种现象？

经过观察，笔者发现很多互联网企业确实没管理，比如说组织就是“一团儿”，没有明晰的结构，内部的计划控制很粗糙。有家互联网企业的负责人说：“我们没有 PDCA，我就定一个目标，然后勤复盘就行了。”这个过程当中，当事人有没有尽最大能力把这件事儿做好，一复盘就行了，没有特别的管理。但是我观察他们有一个地方做得很到位，就是机制。

机制和管理不是一件事，机制是比管理更本源的东西。周鸿祎跟雷军对产业的理解不相上下，但是360和小米差距很大，为什么？其实是小米的机制做得更好。

笔者认为机制就是三个内容：分权机制、分利机制、评价机制，这三个机制是“三位一体”。为什么说小米是一个好企业呢？因为它分权分得很到位。比如雷军说要做什么东西，并解释后，我们去访谈他下面的合伙人、产品总监、产品经理，这一群人说的事情是同一件事情，这说明这个机制是有效的。小米一年投资50多个企业，不可能都到雷军这个层面去决策，到合伙人这里就决定了，雷军有否决权，但他从来没用过，这就是责权利一体。如果你弄砸了一个项目就永远没机会了，这是机制，里面也有评价。

早期的管理其实很简单，一开始是用自己的家人管。比如，笔者成立一个企业，开设了分支机构，然后派笔者的妻子、儿子、兄弟去。后来管不过来了，怎么办？找合伙人，一年联系一次，只要审计财务，钱到时一分就行了。再到后来由于合伙人在策略、战略上的意见不同，于是就有了管理。所以管理是在机制之后，在机制解决不了问题以后才有了管理。

管理有了以后，就有了协同。笔者认为，互联网掀起的这波强机制弱管理的大潮，包括合伙人机制，它不是一种进步，而是中国企业的补课。中国很多企业从创业开始，20世纪80年代初到现在是没有机制的，是老板带着一群下属，带着一帮兄弟干，是家长制。家长制是没有机制的，是论功行赏，赚了多少，赏给你多少钱。

紧跟着还有一个问题，就是有了机制，企业的问题是不是解决了？没有。

企业做了很多，如做了分权手册、评价体系、分配方案，但为什么大量的企业管理依然失效？业绩依然不理想？笔者觉得真正的问题在这里，就是员工对企业的事儿有没有责任感。如果员工不把企业的事儿当成自己的事儿，所有的机制和管理都会失效。

机制和管理唤不起员工的责任感。而笔者一直认为，是领导唤起员工的责任心。领导把钱、权力给他，他就会有责任心吗？笔者带过团队，曾让一个员工负责一个客户，但是最后发现他不是对客户承担责任，而是对回款承担责任。你唤不起他和你一样的责任感，怎么办？

真正能调动员工积极性的是领导编一个故事，说上面有天堂，未来很美好，员工就会很冲动。这种事儿不是机制能解决的。领导的认可，领导的呼唤，领导的感染，这其实是组织不可或缺的。尤其是当企业什么都没有时，领导人的感召力太重要了，这个时候领导人在企业当中的责任就出来了。

所以笔者一直有一个主张，研究领导力要真正研究领导应该在企业里扮演什么角色。企业需要领导人承担什么功能，他就要承担什么功能。

具体来说，在机制的底层，领导的功能是唤起员工对企业的责任感。至于说是用家长制的方式，还是用交易型的方式，或者是用变革型的方式，一是要根据员工基础，二是要看企业的特征。

（二）突破之道：领导、机制、管理的三位一体系统

我们说，在企业发展的早期阶段，既没有管理，也没有机制。只有一个领导，也能够建立起一个企业，但是，没有机制

领导的团队是走不远的。当企业发展到一定的规模，就必须有机制的支撑。有了机制的支撑，企业能够进入高速成长的阶段，但能否实现这一阶段的最终跨越，则需要有管理参与进来，需要进行管理的协调。如果管理上不去，企业的发展就会受到严重的制约。

因为企业的发展需要这样的成长过程，所以，一定是领导力、机制和管理这样一个先后的顺序。反之，管理失效，往往是因为机制难以支撑，这时候，当老板授权给现在的管理人员去承担责任的时候，既没有授权的机制作为保障，也没有利益的机制作为保障，因而管理人员缺乏动力和资源去落实管理。而机制成立的前提也是让员工充满信心，使之愿意跟随机制的引导去努力奋斗。而这一切的前提来自于领导的引导，来自于领导力。这是一个层层递进的关系。

我们理解，企业组织层面有几个要素：一是领导，二是机制，三是管理。领导解决的是方向问题，机制是解决目标问题的，为目标调动资源。机制本身的目的产生结果，但在结果没有发生之前只是目标。那为了达到这个结果我们应该怎么去做这件事，这叫机制。而管理是解决计划层面的问题，有目标了，要做一个计划，第一步做什么，第二步做什么，计划跟现实条件不对称时怎么调整和协调，这叫管理。

1. 为什么现在要强调机制的作用呢

（1）越是处于混沌的环境，机制的作用越突出，领导的作用越突出，而管理则很难起到作用。因为环境很混沌时，很难制订长期计划，所以指引方向和为达成结果而配置资源的机制就变得突出了。

（2）越是不确定性的工作（如新业务），机制越突出，因为没办法管理，就得奔着结果去。

（3）越是创新性的工作，机制越突出，管理越弱化。

（4）越是知识性的劳动，机制越突出，它没办法干预过程，你只能确立目标，设置机制。

机制可以简化为分权、分利和评价。中国的企业习惯于谈机制，比如治理机制、决策机制、激励机制等。大家都在强调机制，企业内部确实也有很多可以用机制来解决的问题。

那么，企业的基本机制到底有哪些呢？笔者读过任正非发表过的每一篇文章，试图从中寻找到一些基本的道理。当看到他的第七十篇文章的时候，笔者的体会是：一是任老板对华为所做的早期思考，是他认为企业要做大，不分权是不行的。他个人虽然有技术背景，并且也已经取得了很高的成就，但等他创办华为的时候，仍然有大量的技术术语是他不能理解的。所以他认为，必须得有其他的决策者。如果仅仅由他个人对所有的业务，包括自己不懂的业务做出决策，那是对结果的不负责任，所以要分权。当权力下放以后，可以由不同的人对自己最擅长的部分去作决策，这是企业做大的前提。

二是任正非对分配的态度。在华为，有这样一个段子。笔者的朋友曾经在华为分公司做经理，有一次，他陪任正非拜访一个移动的客户，对方问任总，华为成功最核心的要点是什么？任正非很幽默地做了一个数钱的动作，说：“主要是分钱分得好。”任正非有一个基本的假设，就是每个人都有追求金钱的欲望。在这个前提下，如果钱分不好，人是没有动力的。人都要挣钱，要养家糊口，要用财富帮助自己实现社会地位，并拥有权利，所以要分钱。

既然钱不分好是不行的，那么怎样去分钱呢？

分钱的学问很大，要是分错了，把股权给了那些产生短期结果的人，那么就产生了冗余；当你把产生结果周期很长的那类人分配以短期的提成，比如针对研发人员，那么他自然不会对企业的长期结果承担责任。所以，分钱、分好钱是一个关键要素，是企业成长的第二个基本机制。

如此，麻烦就来了。麻烦在于，因为企业是他的，在掌握着权力和利益的时候，带有天然的公正性，知道企业最缺少的是什么，不会因为偏好而牺牲企业的利益。所以，尽管老板会有自己不喜欢的人，但也会尽可能地合理使用，这是他的公正性决定的。但是，当老板把权力分给别人，把利益分给别人，由他的下属进行进一步分配的时候，他们依据的是客观评价，还是基于个人好恶呢？这就不容易控制了。那么，分权之后，如何防止权力的滥用，就成为一个很大的问题。

同时，分钱也一定不是无条件的，一定是企业与员工对成果的分享，这是分钱的要害。但是难点在于，个人成果如何衡量？他的成果输出是什么？短期的成果一定要匹配以短期的激励、长期的成果一定要匹配以长期激励，成果的大小也决定了分配的额度。这些如果衡量错了，让人觉得不公平的时候，问题就会不断产生。

所以，很多企业在发展的初期，几个股东在谈合伙和股权分配的时候，往往过于重视自身利益。但是在此要提醒他们，如果利益机制的设计有失公道，那么，有些觉得自己拿得少的人就会退出，这个体系就难以维持下去。所以，如何合理地分钱是关键，能不能产生合理的结果、机制能否平稳运行也是关键。

三是任正非除了认识到分钱和分权都是企业发展必须要做的事之外，他还思考了第三个问题，即在保证分权和分钱机制到位以后，还必须要做好评价机制。评价的关键是行权者是否公正地使用了权力，分钱是拿到收益的人是否实现了必要的结果，这是评价的核心。

2. 企业的基本机制就是三点：分权机制、分钱机制、评价机制

（1）分权机制，很多人会强调责任，而笔者始终强调权力，因为权力是实现责任的前提条件。权力和责任是两个方面，当我们面对老板的时候，多谈责任是令人愉快的。实际上，很多时候，这个责任人并没有能力去履行责任，因为他没有足够的权力，调动不了更多的资源，所以，权力是履行责任的关键。

在设计分权机制的时候，最为关键一点是要实现权力与责任的平衡。比如，华为的“铁三角”。华为认识到，很多基于市场的决策，必须要让基层的业务员、让那些最贴近客户的人去做。所以，华为把几千项权力交给了一线员工。尽管这样做会产生很多问题，但是一旦一线拥有了权力，就会掠夺性地拉动后端资源。

通常，客户都愿意与高级别的技术人员直接交流，因为这样做会减少沟通成本，反之则会过多地浪费精力，并会过度消耗之后的资源。所以，这种权责的不对等会造成企业成本的增加。

既然一线员工拥有调动资源的权力，那么他就要承担相对应的盈利责任。他所拉动的每一个资源都是有价值的，也是要计价的，并需要为其付费。如果一线员工过渡地使用了资源，但他的订单却没有盈利，那么，他也将承担相应的责任。因此，要通过这种权责的平衡来保障资源被合理使用。

（2）分利机制。分利包括分盈利、分地位，但我们主要谈

分钱，分享成果。分享机制的关键是要把资源往哪儿调动的问题，是根据战略的要求而来的。很多企业在进行利益分享的时候，普遍过于追求结果公平，但分利机制的重点在于要进行战略的前移，要注重未来实现的目标。这是**企业想把资源牵引到哪里去的问题，是设计分利机制的关键。**

有一个“北京板爷”的故事，比较发人深思。有人发现，“板爷”的家庭与“秀才”的家庭一样，都是代代传承下来的，这是什么原因呢？难道“板爷”的儿子，就注定也是“板爷”吗？于是，就有人深入“板爷”的家庭调查，发现是家庭机制出了问题。

一个板爷有四五个儿子，人口多、经济条件差，所以伙食也很差，肉、菜都很少，只能吃窝头。那么吃饭的时候，孩子们就会抢着吃。为了减少争抢，“板爷”定了一个规矩，他说：“以后，谁拉货多谁就能吃肉，拉货少的就只能吃窝头。”

这样的分配机制，把孩子们都引到成为优秀“板爷”的道路上，所以孩子们都努力拉车。这样的机制是基于战略的，没有公平可言。

秀才的家庭亦然，他以读书为激励，所以就使得后代都向着读书的方向努力。官僚家庭也一样，他们的子女很容易对政治产生热情。所以，世代遗传的家风，其实多半是分配机制的作用。这也是分钱、分利的要点。

如何给下属分钱？哪个层面的人应该拿到哪部分？最关键的是要看工作性质决定的结果所产生的周期。比如研发人员，他产生结果的周期很长；高层决策者的每一项决策对企业的影响会长达数年甚至数十年，那么，对这部分人就必须使用长期激励机制，包括股权，设定锁定期，直到成果产生才能分享收益等。

有些人的成果是短期而直接的，比如生产工人，做完种种产品马上就可以实现销售，那么他就只能拿到短期的提成，这是很重要的。把长期激励分配给产生短期结果的人是没有意义的，无法起到激励的作用，也无法使他对结果承担责任。反之，如果把短期的激励分配给承担长期结果的人，未来就会处于风险状态。

而分配的结果，有些会对企业整体产生影响，有些则会对局部产生影响。如果是对局部的影响，不一定关系到总的利润，那么它可能是一种成本，会影响费用，这是在成本上的分享。那种能够对整体产生影响的分享才是利润分享。

分享的另一个关键点是，有些人对于利润产生影响，是利润中心；有些人对成本产生影响，是成本中心。前者分享利润，后者分享成本。销售对收入产生影响，可以对收入进行分配。

而对于一些费用中心来说，分享则显得比较复杂。比如研发、管理人员，包括很多职能部门的管理人员。他们所做的工作需要大笔的费用投入，既不影响成本，也很难直接影响当期利润。所以从长期来看，应该划归投资范畴。

比如，当销售把费用用于与客户建立长期的关系，这笔钱今年花出去，会为明年的客户关系打下更深的基础，那么这就是投资。而对于研发的投入而言，在大部分情况下，当期很难产生结果，那么这就是对明年，甚至更久远的未来的投资。如果今年不做研发投入，明年就可能没有产品卖，也就是明年才能够产生结果，不影响当期利润，这种投资的影响是长远的。

对这类费用或者投资的结构要进行合理的匹配，追求短周期与长周期的平衡。

在费用中心的分享上，很多企业容易走入误区，比如，将节省下来的费用用于分享。这其实是一种败笔，是上下合谋地扼杀企业的未来。正确的做法是，把这类费用当作投资来管理，用未来分享的方式，与股权去联动。

评价机制主要的判断标准是有没有达到目标。比如关键任务有没有达成目标，关键资源有没有实现升值，关键流程有没有达到效果，这是要评价的内容。需要强调的是，在评价机制当中，要关注的基本点是，越往基层越要有评价过程，越往高层越要有评价结果。

很多企业的误区在于，比如工人拿计件工资、业务人员拿销售提成，这实际上是在评价基层人员的工作结果。但是如果我们仔细分析就会知道，业务员能卖出多少产品、创造多少销售额，这事实上与个人努力是不完全相关的。产品的优劣不由他决定、交付的周期也不由他决定。而对于工人来说，他的工作目标，要完成多少件产品，取决于销售的量。市场越大，他的产出就越多，市场萎缩，他的产出就要减少。所以，对基层人员进行结果考察，并不利于他绩效的提升。

很多时候，对结果承担责任的往往是高层，因为只有高层才有资源整合的能力。比如，只有到了很高层面，他才能够组织产品和销售的对接，以达成所期待的结果。而对于基层来讲，最重要的是在过程中实现要求。比如销售人员，他的每一个动作都是按照业务的要求去做的，工人的每一个运作都是按照操作规范执行的，那么他的工作就是合格的。**所以，对于基层而言，要尽量评价过程，而对于高层则要尽量去评价结果。**

同样，越是新业务越要评价结果，越是成熟的业务越要评价过程。原因很简单，对于新业务来说，由于所有人都不熟悉，所以无法规范流程。规范的流程是操作人员在过程中反复试错的结果，如果把过程管死了，其实并不利于他的探索、他的应对，也不利于他形成经验。对于成熟业务则不一样，我们既有丰富的经验，也有规范的流程，应该按照什么样的动作去做，会经历哪些阶段，所有人都了然于心，是一个规范的业务。

如果一些工作人员违反了这些规范，或者没有按照过程的要求进行，或者他的发挥极不稳定，那么逐步会把我们的优势消耗掉。所以，对于基层人员，一定要管理好过程。

但是在现实中，很多企业都做反了。他们认为，成熟的业务，大家都熟悉、都懂，所以不用管。而对于新业务，老板不放心，所以要经常听取汇报。在不断听取汇报的过程中，一些原则性的东西丧失了，比如缺乏预算，然后业务的规范性也丧失了。所以，对结果的评价也是笔者认为的评价的关键点。

3. 领导的责任在于唤起员工的责任感

在华夏基石的一次内部小型论坛上，我们讨论了对领导的定义，讨论了领导有多少种类型，以及什么是中国企业有效的领导。最重要的是，我们讨论了领导在企业中应当承担怎样的责任。

德鲁克认为，领导最关键的责任是唤起员工的责任感，要让员工认识到，他要对企业的目标承担责任。比如，企业如果认为客户是重要的，那么这个员工就应该对客户承担责任。企业认为哪一个环节是重要的，员工就要主动为这一环节承担责任。

有责任感的员工和没有责任感的员工区别是很大的。笔者去过很多企业，家家都要学习华为，人人都要成为奋斗者，所以，就做出了“996”规定，要求员工早九点上班，晚九点下班，一周工作六天。很多企业效仿互联网公司，夜里要灯火辉煌，大搞加班文化。但是，这些都是奋斗者精神的表象特征，问题在于超时加班导致成本上升，员工也筋疲力尽，而最终的绩效结果并未产生。

我们再回过头来看华为，以奋斗者为本的理念并非一开始就有。在奋斗者这一概念还没有产生的时候，任正非就明确说过，那些负责任的和管理有效的员工是公司最大的财富。所以事实上，华为在奋斗者概念提出之前，所强调的是员工负责任。有责任和没有责任是不一样的，前者在“8 小时以外”也会想着公司的事儿，他对他所承担的责任是有长期监管、长期思考的心理预期的，当变化发生时，也有随之调整的动力与能力。但是，如果没有责任意识，事事都需要公司来安排，对公司来说，管理成本则大大增加，工作效率无法提升。

有人说：“我要建立一个奋斗者机制，行不行?”笔者认为，这种责任很少能够通过机制来实现，单靠机制是牵引不出奋斗者的。机制对奋斗者的成长有利，但是更重要的责任是领导。

领导如何唤起员工的责任感?笔者认为有三点。

第一，每一个能够唤起员工的领导都能够描述未来。很多时候，员工的热情并不是唯一由利益来引导的，主要是受到领导所描述的未来的吸引，并被唤起了斗志，从而愿意加入这个团队。在小米，大家都很乐意互相交流内部的故事，从中我们看到，小米的很多机制也是粗放的。比如，他们下达任务的时候，也不是事事都有明确的机制，但大家的热情恰恰在于有共同的理想，在于对未来的期许。做企业，一定要有远大的志向和宏大的追求。雷军的魅力就在于，他有唤起这些人责任感的能力。他的下属评价：雷军能够让一个财务投资人去操创业者的心，并且收入还不高。这恰恰是雷军对未来描述和牵引的力量，他吸引了一批人跟着他一起去改善世界，这是小米的梦想。

团队的兴奋度不是机制刺激出来的，而是受到了理想的牵引。所以，领导者要擅于描述未来。

一家顾问企业的老板有骨干员工离职的困扰，笔者帮助他寻找原因，发现尽管这家企业的发展很不错，而离职员工要去的那家公司也不见得有很好的未来，但是，那家公司的团队非常活跃，老板也是那种有特别魅力的人，能够把大家调动起来。一个很沉闷的人，进入某家公司以后，居然可以完全被调动起来，这是受到了氛围的感染。要说明的是，笔者不赞成所有的公司都要过度制造激励氛围，因为这种氛围或许带有迷惑性。所以，时间也许会证明，这个员工跳槽的选择并不明智。但是，老板通过描述未来对员工热情的呼唤依然具有很重要的作用。

第二，每一个想要呼唤员工责任心的领导，都有成就下属的勇气。下属有成就感，并为自己感到骄傲，他的工作具有快感，就会有责任心，容易被自己激励，进而形成自驱力。笔者一直认为，那些分配机制的作用是牵引，而不是激励。机制做不到激励，因为这是领导的职能。真正的激励是领导的职能，而领导对下属的激励是无形的。

德鲁克说，到目前为止，管理学没有得出如何激励员工的结论。那么，如何激励员工？就是不打击员工的士气，让他们有成就感。很多时候，领导人尽管有一定的水平，但也难免存在一些误区。很多领导愿意给别人以恩惠，但同时会让人觉得欠他人情。

我们不妨想一想，作为一个普通人，你愿意和你的债主每天相处吗？还是宁愿与向自己借债的人在一起？答案一定是后者，因为相对来说，这样才能令我们产生优越感。所以，很多时候，领导总是希望单方面给员工以恩惠，甚至不惜用种种手法故意降低员工的价值，然后再去给员工以超越价值的奖励，似乎这样就能够实现激励。但事实上，如果员工感觉不到付出，这时候的激励反而会滋生被动的工作。而如果在给人恩惠的同时，能够让他感觉到自己的贡献，他才能够在二者之间找到良性的互动。

第三，一个真正懂得人性的领导者，要善意地示弱。一些老板的误区是，总是希望把自己包装成为完人，让人感觉自己更高明、更英明。但是常识告诉我们，人们并不愿意长期同一个处处比自己强的人相处。人性都是不愿意处处被否定的，尤其是被别人的行为否定，这是一种不友好的体验。领导人能否成事，不在于自身的能力有多强，而在于有多少人来帮助自己。所以，一个真正懂得人性的领导者，要善意地示弱，要主动调动下属的责任感，而不是处处显示自己，把自己包装成完人。

从这一点看，彭剑锋老师就是一位人性大师，特别擅于鼓励人。尤其在我们刚入行的时候，他特别擅长发掘下属的优势，赋予我们自信。在这种被激励的状态下，人的自驱力会发挥很大的能量。

4. 管理可简化为 PDCA（戴明循环）

P 是计划，包括目标与时间；D 是执行；C 是检查，要检查执行过程有没有遵循既定计划的目标和方向；A 是纠偏，要建立纠偏的机制，对检查出来的偏差，要找到纠偏的措施，从而制订新的计划，形成新的循环。PDCA 就是著名的戴明循环。

而日本人认为，PDCA 过于复杂，对管理要更加化繁为简。所以，他们将这个循环简化为三个环节，即 PDS。PDS 的过程视检查和纠偏为一体，是回头审视一个计划的执行是否存在偏差，思考如何调整的过程，并根据调整来执行新的计划。

企业的内控就是由无数个 PDCA 发展出来的。在企业的管理过程中，要有几个重要的管理循环，有基于提高客户价值的循环。企业如何改善和实现客户价值？这不是一个被动的过程，而是要检查它、改进它，以期实现客户价值的最大化。

具体地说，怎样提高客户价值？比如，一个企业设计出来的产品和服务，实际上是指企业的开发流程。开发流程是从客户需求出发的，企业需要做的是对它进行定义，实现这一需求的价值。当产品被设计出来之后，还要呈现给需求端，由他们进行检验。

制造、生产和交付的过程也是一个戴明环。当客户把需求的订单提交过来，企业内部就要对生产的组织过程进行审视，检验产品品质、交付周期是否达到了客户要求。

在客户价值循环中还有一个戴明环是客户服务。在服务客户的过程中，对可能出现的问题是否有解决的预案，如何发现问题，如何解决或改善问题。还有，如何升华客户关系；试图以什么样的方式与客户建立关系，并打造持续交易的基础；客户怎样认知你等都需要在企业内部采用一系列的功能去实现。比如，企业希望借助于品牌获得信任，希望通过种种沟通的方式，让客户了解自己的品牌。那么在沟通之后，需要回过头来检验这个过程，看看自己所定义的与他所理解的是否一致，这也是一个循环。那么，所有这些循环都是基于提升客户价值来建立的。

与客户价值循环并列的还有一个很重要的 PDCA 循环，就是基于股东价值的循环。企业要存续下去，必须围绕着股东价值进行管理，必须提升股东价值。股东只有感知到企业所提供的价值，他才愿意继续成为你的股东。比如企业的市值管理，包括企业的战略目标管理，或者说平衡积分卡管理，它为什么要从四个维度来衡量企业的战略是否成功？因为当企业处于这四个维度的平衡点的时候，企业的可持续价值是最大化的。它其实是企业的顶层目标，是围绕着股东的价值去经营的结果。

那么，目标管理又如何实现呢？比如计划预算过程、目标管理过程、战略绩效管理过程等，无一不是围绕着实现股东价值进行的一个又一个 PDCA 循环。它们的过程也并不复杂，无非是在目标管理的过程中，如何实现目标、如何发现并纠正偏差，是用考核的方式去调整还是重新制订，这都是 PDCA 的循环。

此外，与客户价值循环和股东价值循环同样重要的还有基于员工价值的 PDCA 循环，这也是同样重要的内容。企业要围绕员工提升价值，提高他的才干与能力，其最终的目标是让员工成为一个最重要的资源。那么，企业可以让员工设定自我成长的目标，然后通过引导与培养，辅助他完成这个成长。其中，衡量某人有没有按照要求去成长，其实是围绕着客户价值判断的。如果员工实现了价值成长，他创造财富的能力也会有所增强。这时，再辅以机制的支持，就形成了一个 PDCA 循环。

以上是具有代表性的几个 PDCA 循环。

那么，在管理中要遵循什么原则呢？

我们说管理最重要的是管住经营的要害环节，即基于业务的提高、经营的目标，要衡量其中有哪些关键的资源，要做出哪些关键的活动，做到关键任务有人盯、关键活动有人管、关键资源有人看。这是建立 PDCA 循环要遵循的三个基本原则。

然后，这其中所有的任务、资源、活动，都可以由一个又一个的 PDCA 循环来构成。因此，我们说管理是简单的，就是说虽然能够认识到一些管理的常识和原理，也能够在某种程度上去落实，但是有很多企业做得不足的地方恰恰是不能形成闭环。失之毫厘，谬以千里。很多时候，对老板下达的任务，下属没有回馈，闭环无法形成，管理自然无效。遗憾的是，很多企业都忽略了这一点，也就是说，管理的无效恰恰是因为忽略了这些基本的常识。

很多企业表示要学华为，也要做一个“基本法”。听说了《华为基本法》的“六君子”，就到处想办法请“彭剑锋老师们”去做咨询，期待通过一部“基本法”的建立实现企业的自我超越。但是，管理基本常识的第一条就是企业所做的每一件事，最终都要形成 PDCA 闭环。很多企业的实践也证明，这一过程至关重要。尽管这是一个常识，但是仍然有很多企业没有做到。

（三）运用之妙：机制先于管理，团队先于组织，领导先于机制

1. 机制先于管理

在做管理之前，企业要先定机制。笔者走进小米以后，为

了理解它所强调的合伙人机制，同时研究了管理思想的发展史。

在管理学界，第一本有成就的著作是出版于 1911 年的《科学管理原理》。但是，世界上第一家企业，英国的东印度公司却诞生于公元十六世纪。那么，在企业管理学没有诞生之前的几百年，企业是如何运行、如何管理的呢？

事实上，最早的企业管理行为来自于家族成员。也就是说，当经营规模逐步扩大，当企业主感觉自己无法面面俱到以后，就开始发动亲友来协助自己，以适应企业规模扩张的需求。比如，一个山东的商号要把分号开到广东，但是这种跨地域的经营面临交通不便、讯息不畅等问题，使日常管理无法进行、生产与业务无从监督。在这种情况下，企业主想到了以“合伙人”的形式委派一个人前往广东代为经营的方法，并在年终结算的时候，依据分号的经营利润，按比例与这个人分享。

这是企业管理最早期的一种机制，解决了跨地域经营的问题，解决了无法监督之下的信任问题。但它也会产生一些新的问题，比如，企业规模更大了以后，对越来越多的分支机构鞭长莫及，那么，如何对不同地域或者多个分号进行协调呢？如何进行资源的平衡？总店与分店又是如何配合的呢？为了解决越来越多的问题，才产生了“管理”。

企业的成长也是如此。通常，企业在建立之初，都会首先建立顶层机制，包括股东的投入比例、销售的提成制、生产的计件制等，这些都属于分配机制的范畴。这种机制发展到一定程度，销售提成到一定程度，各个区域就变成了业务员的“天下”，他们开始不情愿继续配合总部的战略思想，从而使总部的一些战略原则浮于表面、无法落地。那么，管理的需求就随之而来。

所以，企业就开始着手对最初的简单机制进行完善。比如，重新进行战略绩效管理的建构，把战略目标进行分解，从销售目标的单一导向渐渐转向多元化的目标，进行不同机构之间的协同与整合，通过资源投放来控制人等，这才是管理。因此，管理产生于机制之后。

通过对企业问题的总结，我们发现，很多中国企业在早期即存在机制缺位的现象。尽管老板带领着一个团队，有着很高的业务拓展能力，但是往往一言堂。他既不讲未来利益的分配，也不讲权力、责任的范围与边界，在处理业务问题时，事前一呼而上，事后依据个人的标准论功行赏。所以，中国早期的企业很像一个江湖，由于利益分享机制没有形成，完全凭借个人的判断，老板更像是一个“老大”。这种缺乏机制的企业，老板所带领的队伍就不能被称之为团队，只能说是围绕着老板建立的一个“圈子”。

在这种情况下，当企业规模进一步扩大，当老板需要借助于管理的时候，没有机制的支撑，管理者就没有权力。他不知道自己拥有多少资源，也不知道将获得怎样的收益，从而使管理意图难以逐级推行下去，这是很多企业在管理上遇到的障碍。

从这个意义上来理解，现代互联网企业对合伙人制度的这种倡导，其实并不意味合伙人机制比管理更加发达、更加科学，而是几十年来中国企业机制缺位所要补的一课。因此，合伙人制的思潮是站在问题之上，是对中国企业管理的一种贡献。

2. 团队先于组织

雷军说过，他在小米创立之初，有 70% 的时间都在找人。小米没有林林总总的各级管理部门，基本上只是把几个重要的业务进行了划分。比如小米网、生态链、产品开发、手机部门等，每一块业务由相应的人员负责，并组建相应的团队。因此，客观地说，小米的内部管理确实不复杂，没有特别正式的组织，没有森严的等级划分，组织机构极度扁平。在这样的结构中，人是最为关键的要素。

同时笔者发现，小米还有一个特点，即从雷军以及他的合伙人到下面的产品总监、经理等，他们在讨论小米业务的时候，往往是高度一致的。小米的生意怎样做、产品怎样选、业务模式怎样走、怎样构建自己的核心竞争力、用什么样的方法论、采取什么样的互联网思维模式，他们的看法总是惊人的一致。笔者想，这种惊人的一致其实就是团队的力量。当你读懂了它，你会发现小米确实是一家很有希望的企业。

而大多数的企业团队在描述公司业务的时候，很难实现高度的统一。甚至老板对未来的描述，下面的人会产生完全不同的理解，生产与研发也会发生很大的分歧。一个团队，对同一件事存在不同的理解，这个团队的力量会有多大呢？他们的分工又怎样进行呢？

当我们再次审视这类企业，发现他们的领头人往往在创业的时候，并没有把机制想得特别清楚，也没有把管理做得特别到位。而事实上，我们创立一个企业，或者接手一个部门的时候，最首要的并不是如何确立组织职能，而是如何找到自己的核心团队，这就是团队要先于组织去思考。

尤其是在企业体量不大的时候，老板首先应该关注于如何构建核心团队。这个团队，可能只有五个人，但他们对于发展的思想与方法论一定是强悍的。这五个人成立了，再发展下去，就是三十人、五十人、一百人……所以说，组织或者团队的建立其实很简单，事实上就是一个团队裂变的过程。但是这个裂变始终要围绕着一个核心，即在组织建立之时，就为未来的团队扩展赋予了功能。

笔者曾经与很多创业公司的老板进行过沟通。作为一个创业公司，在早期尚未取得长足发展之前，只有两个关键任务，一个是聚焦业务方向，另一个是构建商业模式。创业是一个试错的过程，是深入某一领域进行的多种尝试。我们可能拥有非常好的创业动机，但在具体的业务方向上，都需要有反复的实践来验证。

衡量一个企业是否渡过了创业期，第一个标准是试错的过程是否已经结束，业务方向、商业模式是否得到了验证，企业是否找到了自身模式的关键优势。比如，市场定位是否清晰？价值创造模式、组织盈利模式以及现金流模式是否清晰？是否明确自身的关键资源在哪里？答案如果是肯定的，那么这个企业的模式就清楚了。

第二个标准，即能否搭建起满足企业商业模式要求的核心团队。一个团队要能够满足创业的商业模式要求，就要有完整的能力结构。针对这一商业模式，要有人看住关键资源、有人盯住关键业务、有人管理关键任务。是在同一个思维界面上的共同的方法论，而不是一个人一条路。商业模式和核心团队一旦形成，我们认为，企业就有扩张的条件，就可以认定为创业成功，就可以进行释放，并进入高速成长期。

最后，企业才需要考虑如何构建组织，如何把复杂的劳动建立在组织功能之上。如德鲁克先生所说，尽管任务要由普通人去完成，但是核心团队仍然至关重要。在这个关键的核心团队形成之前，组织能力是无法构建的。

比如华为，它的顶层团队都是伴随着华为的成长而成长起来的。这个团队的认识有多深、境界有多高，随着企业的扩大，它的学习能力有多强，无一不制约着企业最终的规模和企业发展方向。在早期，不能成功搭建核心团队的企业，其实并不具有组织的力量，这就是团队先于组织的原理。所以，要先设计团队，再建构组织。

3. 领导先于机制

在为企业提供咨询服务的过程中，我们的咨询顾问通常会面临一个难题，就是当你讲完机制、管理与流程之后，很多老板都会非常有诚意地提出赞同，并表示一切按照咨询顾问的意见办。但同时，他们也期待通过这种变革，一步变成华为。这样想有什么不对呢？当机制合理了，管理变好了，商业模式也搭建完成了以后，企业不是自然而然就变好了吗？变好了，是不是就能够成为华为了呢？

事实并不如此简单。我们再往前看，当一个企业处于初创时期，它所设定的机制是受到怀疑的。即使选定的行业、选定的业务，或者老板的理想都非常宏大，也仍然会受到怀疑。笔者相信，任正非在创立华为的时候，也很少有人坚信他的选择是非常合理的、他的业务模式就是合理的，大多数人会对他所设计的机制能否最终实现怀有疑虑。而在这个过程中，一旦遇到挫折，不论给员工提成多少，他都会觉得希望渺茫。我们很多企业就正面对这样的问题。

因此，当一个企业的机制没有起作用，没有获得大家的信任之前，一种商业模式没有经过市场的检验之前，我们需要一种力量，把团队激励起来。这种力量能够让团队对你的机制、对你的管理、对你的商业怀有信心。所以，当我们再来看雷军讲故事的时候，你会发现，他的思路及语言是异常清晰的，极具鼓舞性的。那么他的追随者，就会信任他的引领，这种信任的价值是无价的。雷军经常说："你要相信我，相信我比你有钱。"这其实是一个领导者的动员能力，他所具备的这种力量，满足了吸引更多人才加入的基本要求，是他获得成功的一个关键要素。

而现实是什么呢？大多数企业家都希望效仿华为的成功，但是，在追本溯源、条分缕析之后，我们发现，最根本的问题不在于机制、不在于管理，而在于他们不是任正非。事实上，华为的机制并不复杂，华为的管理也很普及。多年以来，华为为外界输送了大量优秀的人才，他们已经将华为的管理和机制带到了全世界。但是，正如吴春波老师所说，华为其实没有秘密，但是，最难复制的是任正非。这其中的道理在于，只要有任正非在，那么大家就都相信，华为的机制是有信誉的、华为对未来的承诺是有信誉的。这其中最重要的因素在于领导力。

所以，当老板是一件很难的事。在企业的成长过程当中，企业家需要不断地进行自我锤炼、实现自我超越。在创业期，他甚至可以一无所有，没有资源，商业模式也没有经过验证，对未来的每一个描述都会有"吹牛皮"的嫌疑。在这种情况下，没有一定的方法，是无法把团队凝聚起来的。所以，每一个把企业做到一定规模的老板，都具有一种才能，具备相当高的动员能力，让人愿意矢志不渝地追随他。

在创业初期的老板，往往都拥有把人聚集起来的种种手段，也有管理小规模企业的精力与能力。但是当企业持续扩大的时候，老板必须要授权给他人，对管理力量进行补充。这个时候，就必须要借助机制的力量。而老板与老板之间的区别，一个人能不能把企业做大，也在这个时候显现了出来。当企业做到一定规模之后，只有一部分老板能够完成自我超越。而不能实现自我超越的这部分人，就只能维持在小企业阶段，难以继续做大做强。

所以，企业要完成转型，首先要完成从“企业家的企业”到“企业的企业家”的转型。企业家早期创业是基于个人冲动，与其说创业是企业家服务于企业，不如说企业是企业家实现理想的平台。但是当企业做大以后，企业家在企业当中的角色其实是按照企业的发展要求来扮演的。所以，在企业二次创业之时，尤其是从机会成长期向系统成长期过渡的时候，企业家必须完成自我超越，去完成组织重构的过程。

任正非就非常重视这一过程。在 1996 年到 1997 年的时候，华为确立了《华为基本法》，这其实是任正非针对自我的一次立法。“基本法”的确立，使任正非由一个任性的老板，变成了一个符合企业发展要求的老板，这是他所实现的一次相当大的自我超越。

当然，持续的发展之路难免有遇到商业危机的时候。尤其是在今天，传统的商业过时了，大部分的传统企业遭遇了互联网的挑战，因此，企业就要进行持续的变革，要进行顺应时代发展的变革。这个时候，老板要摆脱在“旧时代”形成的习惯，摆脱自我对成功的依赖。他不仅仅要摆脱自己过去的思维方式，还要领导团队、领导组织、领导企业改变过去的思维，所以，他还需要实现再一次的自我超越。在过去，企业形成的经验、流程、模式，都由老板亲手设计而成，而当外部环境发生了改变，也需要老板亲自来引导变革。因此，毫无疑问，企业的成长过程实际上始终伴随着领导者的自我超越。每个企业在一定时期停止了成长的原因，多数是因为领导者停止了自我超越。

所以，当我们的老板提出“我套用你所做出的机制设计和管理设计，希望成为下一个华为”的时候，笔者会告诉他：“在技术层面，不论是机制，还是管理，或者是模式，咨询顾问都可以帮助你。但是，自我超越取决于老板自身，取决于你终身的学习能力和变革的意志。”所以我们说，领导是先于机制的。

四、互联网时代，营销的“变与不变”

程绍珊

企业营销唯一的变革动力就是来自于市场、来自于消费者。面对风起云涌的互联网时代，营销模式需要守正出新，就有必要引入互联网思维，对整个营销模式进行创新、变革和重塑。然而，在这个过程中，营销模式中的一些本源的东西仍旧需要坚持。

（一）互联网空间改变了什么？

互联网对传统营销模式的改变主要体现在四个方面：

第一，消费者行为发生改变，更注重体验。如今，消费者的价值趋向由以物质需求为主转向精神诉求。90 后的物质生活较为优渥，导致其精神需求迥异于 80 后。以新生代为主体的消费者更加强调品质、体验及服务。因此，当消费者主体发生改变的时候，消费行为也在悄然改变。

以往，物美价廉是衡量产品的标准，但现在，除了产品本身仍然是受关注的因素外，消费者更倾向于选择高精神附加值品牌和品牌带来的美好服务体验。品牌创造的精神和体验的溢价成为商品内在价值主导。比如，80 后的新手妈妈习惯于在网上买奶嘴、纸尿裤，而 90 后的新手妈妈却有着完全不同的行为。她们会在网上比较这些母婴产品，然后在线下体验，一定要亲自为宝宝挑选有品质的产品。

第二，渠道发生变化，做生意的方式变了。传统营销方式注重渠道的作用，因为渠道是离消费者最近的一环。这一商业价值观的形成是基于信息闭塞、物流落后等背景。而随着互联网的强势崛起，信息数量呈现几何级增长，信息传播渠道日趋多元化，很多意见领袖、达人和“大 V”通过网络就可以留住粉丝，“粉丝经济”的效果不容小觑。

互联网为营销提供了弯道超车的机会，导致“渠道为王、决胜终端”的观点赖以生存的土壤逐渐变得贫瘠。当然，实体渠道连接消费者的作用不可能完全被互联网所替代，但却给营销模式提供了多种选择，如 O2O、O + O、P2P、B2C 之类的多种营销模式层出不穷。

第三，企业用于传播和与消费者互动的工具、方法发生了改变。过去，由于信息的匮乏，消费者只能被动接受信息，所谓“广告一响，黄金万两”。而自媒体为人们的沟通搭建了便捷的平台，人人都可以同时连接别人与被连接。在春晚也逃不脱沦为背景音乐命运的时代，企业传播及与消费者互动的方式也要紧跟时代的步伐，放弃以往的“高举高打”策略，转而采取“贴近社区、贴近终端”的“小而美”方式与消费者互动。

第四，服务的手段发生改变。十多年前，很多企业就意识到服务营销的重要性，但由于传统环境的局限，无法有效落地，农资企业就是个典型案例。农资企业面向的客户是农民，很多时候需要企业派技术人员手把手地教，导致服务不仅成本高而且效率低。现在，借助于大数据的支持，企业可以精确地了解消费者的需求，并采用一对多的手段。

尤其是在服务业中，由于大数据的介入，给这个行业带来了翻天覆地的变化。比如，以前出租车司机需要开着车满世界找消费者，消费者也只能在严寒酷暑中站在马路上等出租车，信息的不对等造成了“爹找不到娘，娘找不到爹”的状况。然而，借助于互联网的大数据分析，滴滴打车横空出世，对传统出租车行业进行了颠覆式创新。未来，互联网还将深度改变以信息对称性决定产业效率的细分领域。

然而，无论互联网的冲击有多大，营销模式也有需要固守的方面：

第一，消费者的主体地位不变。有人说，互联网为创造消费者需求提供了无限可能，这种观点有点言过其实。事实上，需求只能被引导，而不能被创造。而且，引导消费者的需求是个循序渐进的过程，不可能一蹴而就。所以，即使是在互联网时代，也依旧要遵循消费者价值最大化的准则，倾听消费者的声音。

第二，对价值创造和营销效率的追求不会变。很多新兴的互联网企业舍本逐末，放弃价值创造和营销效率，采取“圈羊套猪”的发展模式，只为 IPO 而战。面对外界的质疑，这些企业永远声东击西，对现金流避而不谈，只炫耀自己的粉丝数和流量，以及融资进行了几轮。然而，这种模式终究难以为继。

在产业社会中，为消费者创造价值和追求营销效率的提升是永恒的主题，所有颠覆这两个原则的商业模式最终都会失败，未来企业一定会回归到“养羊、吃羊肉、剪羊毛”的本源。

（二）营销如何拥抱“互联网+”热潮

“互联网+”无疑是现在最热的关键词，越来越多的传统企业将会面临着互联网的渗透与改造，全面链接的时代已然到来。那么，营销又将以怎样的变革拥抱“互联网+”热潮？

首先，营销理念从价格导向转向价值导向。以往，企业理念受价格导向的支配。诚然，价格策略具有见效快的优势，但这种策略的局限也很明显。从长期发展的角度来看，价格战是在透支企业的整体竞争力，长此以往会使企业进入亚健康状态，不利于企业的长期发展。现在，更多消费者愿意为高品质的产品和服务买单，他们正在摆脱“价格决定一切”的消费模式。消费市场正变得更成熟，竞争也趋激烈。相应地，营销的理念也应该朝价值导向倾斜。

第二，营销重心从渠道运作转向消费者服务。在互联网时代，“渠道为王、决胜终端”的深度营销模式所起的作用正逐渐被边缘化。“天变，道亦变；得心者，谋天下。”所以，企业在逐渐减少对渠道投入的同时，应同步加码与消费者互动的投入。

第三，营销手段减少高举高打，增强情感互动。以往的营销模式中，对“人”的界定有点偏颇，只是简单地给“人”贴上“交易”或“经济”的标签，而忽略了其社会和情感需求。而在互联网时代，营销乃至整个管理学系统都要完成从“经济人假设”到“社会人假设”的转变。在营销中，既不要机械地把消费者当作高高在上的上帝，也不要低估其智商，要把消费者当作朋友，洞察其内心，建构激发其内心共鸣的生活、美学、感动、情绪、欢乐等场景，并与之进行情感交流和互动。基于这个逻辑，产生了部落经济和社群经济，对鸡犬相闻的古朴生活的崇尚，也就是对情感交流的向往。在这些小圈层中营销，即使价格略高，也在消费者可以接受的范围内。

第四，打破边界限制，多做跨界营销及易业联盟。一方面，同以往相比，行业边界及市场边界都不再像以前那么明确，消费者所需的服务也趋向综合化。另一方面，互联网降低了资源的成本，扩大了资源的范围，并为整合相关资源提供了便利性，营销已脱离以往封闭的状况，变成了一种基于全价值系统竞争的全渠道营销。借助大数据信息平台，企业可以围绕目标消费人群，整合上下游资源，为消费者提供更完备的服务。比如，家具厂商可以整合灯具、瓷砖等厂家共同营建一种舒适的、令人放松的生活场景，为消费者提供系统的解决方案。

（三）未来四种营销模式将崛起

消费者的生活形态决定营销模式的变迁，任何企业想要在激烈的竞争中抢得先机，都需要了解消费者心理特征，把握其需求变化的蛛丝马迹。在互联网的热潮中，将有哪些基于消费者需求的营销模式会崛起？

第一，社区化加O+O，注重线上线下互动的模式。随着消费者生活节奏的加快，很多家庭功能趋向于社会化，如做饭、洗衣、育儿等功能逐步被社会相关服务机构所代替。为了满足消费者对生活便利性的需求，理发店、干洗店、幼儿教育等业态在小区周边如雨后春笋般冒了出来。同时，在消费者社交需求的驱动下，商圈逐渐演变为社交与情感互动的场所，这也是小区周边的餐饮业悄然减少而 Shopping Mall（大型购物中心）大多靠餐饮、服务、娱乐、体验等拉动消费的最好注解。

在社区商业化和商圈社交化两种趋势的共同作用下，催生了线上线下并行发展、互相融合的 O + O 模式。线上方便消费者互动沟通，他们可以在线上搜寻、评论、分享等；线下方便消费者进行体验，更有深度、更贴心的服务体验能吸引更多的消费者到店消费。所以，即使在互联网如此发达的时代，服务性的便利店也具有不可替代的作用，满足了消费者对于理发、SPA、按摩、教育、干洗等生活便利性的需求，这也正是社区商圈大有可为之处。此外，一些专业的领域，比如由社区养老所衍生的社区医疗，以及由幼儿学习画画、弹琴等需求所衍生的艺术培训机构，也是社区商圈潜在的发力点。

然而，对社区商圈的解读也要避免过度。有些学者认为未来的社会结构是由社区组成的网状结构，人与人之间不需要产业分工，由要情感需求和依赖感维持，这种观点有点过于理想化。

第二，基于大数据的以消费者驱动的定制营销模式。大数据使得定制越来越简单，工业 4.0 使得生活成本越来越低。在这种情况下，定制式营销模式会变得非常重要。然而，随着时代的变迁，定制式营销的内涵也已发生了变化。以前消费者的隐形需求是由工匠挖掘出来的，他们的专业性决定了产品的形态，而现在消费者的需求可以借由大数据系统来模拟。

以常见的生活用品杯子为例，以前杯子的质地和做工都由工匠做主，他们在这一领域多年积累的经验使其具有权威性。

但现在，消费者可以提供关于这个杯子的个性化需求，借由工匠的工艺和手法来使自己的想法成型。

这种定制式消费驱动是基于大数据的技术，是由消费者的需求驱动定制，而不是以专家为导向。但是，需求不能被创造，只能被发现和引导。消费者不低头，没有人能够摁住消费者喝水。即使风头强劲的苹果手机，也是由于乔布斯挖掘了消费者对于手机的潜在需求，并由苹果手机呼唤这些需求，表达了消费者对于手机功能的那些渴望。

再以家居行业为例，这一行业的痛点与刚需并不在于个性化，而在于智能化。在挖掘消费者需求方面，智能家居能够发挥很大的作用。小小的智能开关的价值并不在于节省了摁开关的时间，而在于它能记录人们的行为和生活方式，如最早开灯和最晚关灯的时间，或者最长一次的开灯时间发生在什么时候。通过这些数据，就能得出消费者的生活及工作节奏，并据此挖掘、分析其需求，进行正确的引导，进一步发展为定制化。比如，基于数据分析，可以得知消费者的身体尺寸、经常出席的场合及运动的频率，并据此推荐适合消费者的服装面料及款式。

所以，未来家居的发展逻辑是以智能化为方向，记录消费者的行为，更有效地满足消费者的需求，使其生活更舒适。

这种定制不同于工业化定制，工业化定制虽然面向消费者的一端是个性化的，但其后端的实质却是模块化的。这种工业化定制只能称为工业 2.0 或 3.0，达不到工业 4.0 的程度。工业 4.0 可以借助机器人和 3D 打印机，完全实现个性定制化。

第三，基于消费者体验的全方位营销。即使在互联网时代，人们也无法完全生活在虚拟世界中，人与人之间的交流仍旧是必不可少的，日益追求精神、情感方面的满足。产品或品牌能否超越产品功能而给消费者带来感官、情绪或价值上的满足将变得越来越重要。简言之，就是商品不单要有“功能”效益，还要有“体验”效益。

因此，体验式营销将会是一个重要的趋势，互联网工具和大数据只是为了实现这一目的提供工具和方法。消费者的体验涵括企业文化、产品、行为、情感、服务五个层面的内容，全方位的体验营销也应着重从这五个层面发力。

第四，社会化的营销。圣雄甘地曾经说过：“地球能满足人类的需要，但满足不了人类的贪婪。”营销的本质就是刺激人们的购买欲望，互联网的便捷如同打开了潘多拉宝盒，打破了很多营销的壁垒，成为社会化营销的温床。企业的营销行为被放大，传播变得更加有效且成本低廉。

但对于营销来说，互联网是把双刃剑，在拆除边界、提供便利的同时，也会很难扼制人们疯涨的欲望。当金钱的欲望掩盖了情感和商业伦理的时候，营销就会变味。如果企业只是利用互联网营销技术不断调动消费者无谓的购买欲望和奢求，长此以往人类必将面临环境的重压和资源的枯竭，杀鸡取卵式的发展只会破坏生态和行业的健康。因此，每个企业在引导消费者需求，追求利益最大化的同时，一定要注意欲望的边界。

从商业伦理的角度来看，未来企业之间不再是博弈对立的关系，而会是一种生态依赖的关系。企业会的营销行为也应该从共生、共赢、共创、共享理念出发，规划行业行为，回归消费者的本质和商业的本质，有利于推动社会的进步和产业的优化，以实现整个行业和社会效益的最大化和可持续发展。换言之，也就是企业应该承担起社会责任，而不是像现在这样，只在自己的小圈子里蒙着头追求把产品做到极致。

另外，社会化营销还要注意形式和内容的度。一般来说，形式和内容三七为合适的比例，**营销应该坚持内容为王**。过于酷炫的形式往往能迅速给消费者洗脑，在短期内达到很好的营销效果，但却如烟花般短暂，一纵即逝。互联网使得信息更加透明，对企业伦理标准要求更高。在营销过程中，企业要注重展示其道德观、经营理念和企业精神，以获得消费者的认可和共鸣，这也是内容营销的一部分。如某些主打外卖的平台，当其杂乱肮脏的加工厨房被曝光后，这个平台还能走多远？

内容包括经营理念、技术积累、商业模式、服务导向等，对内容的经营如文火煲汤，把企业的产品、服务、价值观、体验熔为一炉，引导消费者理性地观察、选择。

曾经风靡一时的小米手机为什么已现颓势，销量在持续下滑？因为它们缺乏核心的技术，产品迭代换汤不换药，草根定位和饥饿式营销对品牌的支撑效应终究有限，消费者也不会持续为情怀买单。

而华为则是个相反的案例，其商业逻辑经得起考验，产品技术含量高，在消费者心目中打上了很深的品牌印象标签，赢得了消费者的长久关注和支持。所以，企业应该回归本质，即产品及服务上，在消费者心目中建立极致的品牌形象，否则只能充当悲情的品牌教育者或引导者。很多大学生在校期间，都用小米手机，穿李宁服装，而一旦毕业后挣了钱，第一件事情就是把李宁换为耐克，把小米换为华为。

混沌与秩序Ⅱ

第二篇　变革中的企业组织

一、重构战略、组织与人的新思维

彭剑锋

互联网发展到今天，对企业经营管理的影响，已经从流通领域进入经营管理的各个层面，影响战略思维、公司治理制度、组织模式与运营系统，进而影响整个产业价值链。互联网不再是简单是一个工具、一种技术，它全方位地改变了人们的生活方式，改变了整个企业的战略和运营。如果我们没有互联网思维，就不能用互联网思维重新审视企业的战略、经营管理，也就会落后于这个时代。

从企业经营管理的角度看，互联网思维的本质是什么？是颠覆式思维与创新压倒一切的思维。

现在，在整个市场体系中谁说了算？消费者说了算；整个价值配置体系中谁的价值优先？是客户价值优先；在整个价值创造要素中，谁是主导要素？是人力资本；在整个商业生态中，谁是敌人，谁是朋友？人人可能成为朋友或敌人，是你中有我、我中有你的互动交融的有机生态圈。

互联网使我们真正进入商业民主时代，真正进入客户价值优先时资代，真正进入人力资本价值时代，真正进入了开放合作的有机生态时代。这是互联网给我们真正带来的新思维。

互联网对管理思维的影响是全方位的，尽管互联网时代企业新的命题很多，但战略、组织、人是历久弥新的企业经营管理的三大永恒主题，因此，笔者认为重构互联网管理思维，仍然要回归到三大经典命题：战略、组织、人。

（一）重构战略和治理新思维

1. 六大战略新思维

互联网时代，企业战略新思维的关键词主要也有以下六个方面：

（1）战略是方向，是洞见趋势，把握时机，进入战略状态，不是线性规划而是非线性机会要素的捕捉。

互联网时代战略不是线性规划，不是三年、五年的系统而精确设计的战略。战略是一种方向，是洞见未来趋势，把握时机。过去做战略是基于昨天、站在今天看明天，而现在的战略是基于后天看明天；过去是站在企业看企业与产业，现在是跳出企业看企业，跳出产业看产业，甚至是站在月球看地球。

战略是非线性要素与机会的一种捕捉和把握。因为当前所面临的外部环境完全是不确定和混沌的，在战略成功的决定要素中，非线性要素的能量累积和释放会产生质变、裂变或聚变，因此正确方向的选择、趋势的洞见及时机的把握成为战略的核心内容之一。

战略在某种意义上更需要企业家精神，洞见未来，准确把握趋势，对未来做出正确的假设，完成未来发展的系统思考与顶层设计。

（2）战略是创新，是平台化的商业模式创新，是客户价值创新。

战略在某种意义上就是要创新。这种创新主要是一种商业模式的创新，客户价值创造方式的创新。今天我们所讲的企业商业模式更多是指平台化的商业模式，这种模式总的来讲就是平台经济、平台战略。全球最大 100 家公司之中，60 家是来自平台的网络业务。以平台为革新的商业模式核心是平台化的商业模式、设计、构思，因此我们进行战略设计时也要有架构思维，要有创新的平台化模式构思。

（3）战略是引爆，寻找并激发价值引爆点。

过去的战略是把方向、目标确定下来以后，通过策略去落地。互联网时代的战略则是一种引爆——寻找、激发价值的引爆点。

在互联网时代，所有价值要素都在一个网状结构中，要预料一个商业模式的爆发点、一个企业的高成长点到底在什么地方。因为在价值网中，所有的变量并非线性、渐变的，而是一种非线性的、累积到一定程度以后产生爆发的状态。可能一个小小的变量就会引发大趋势。

所以，移动互联时代，企业的战略不再是简单地画战略图、战略设计，而是要在预期市场、在实际市场之中不断寻找引爆点，一旦找到引爆点企业就找到能高速发展的机遇。笔者认为引爆点的产生来自契约、规则、机制与制度的战略性设计与重构。

（4）战略是探索，是迭代创新优化，不断试错、逼近目标的过程。

互联网时代，战略的形成过程是迭代创新优化的过程，是一种不断试错探索、在试错过程中不断接近引爆点，不断探索未来路径，不断逼近目标的过程。互联网时代的战略，不再是预先所设计的战略目标，然后如何去达到的过程，而是探索如何更逼近目标。

为什么现在会提出“去 KPI”，这并不是说企业不需要关键绩效了，而是企业的绩效来自于调整的过程、逼近目标的过程，在探索过程中不断优化。

（5）战略是能力，是组织平台化整合能力与资源平台化配置能力。

战略是一种能力，是组织平台化整合能力及资源平台化的控制能力。企业能不能使战略落地，关键在于平台的搭建。这个平台包括外部资源整合和内部资源的分配。谁能不断发现引爆点、谁能不断发现客户价值，企业资源就给谁。

（6）战略是人。互联网思维的核心是人，是客户与人才，因此战略最终体现为客户价值与人才价值优先战略！

2. 重构企业成长发展 DNA——治理新思维

企业除了要找到战略的发展方向，还要构建企业成长发展 DNA，这个 DNA 就是公司治理体系。笔者一般将公司治理概括为六个要素：第一是产权结构优化，第二是权力的分配与决策，第三是货币资本与人力资本矛盾关系，第四是管控模式，第五是高管的激励约束，第六是相关利益者价值平衡关系。这六大要素仍然是公司治理的核心命题。

但与此同时，要抓住互联网时代的公司治理本质——新权力正在颠覆旧权力，信息透明时代的共创、共治、共享机制。

（1）新权力颠覆旧权力。

我们知道，过去公司治理的核心是要解决权力分配与信息不对称的问题。现在，企业是一个透明体，所以今天的公司治理必须建立在新权力颠覆旧权力的基础之上。所谓的新权力，就是消费者参与创造、消费者与企业之间的合作与分享、员工的自主与自我管理的新权力。过去的权力主要是在股东、在厂商，今天的权力真正转移到消费者和人力资本身上。所以互联网时代公司治理的本质是权力的转移。

互联网时代颠覆的是权力分配的秩序。为什么电商能主导整个产业价值链？根源是因为它先拥有了消费者，也可以说是优先拥有了消费者需求选择的信息。

权力一方面转移到了消费者，从过去的供应商、制造商权力主导，到现在真正转移到了消费者；另一方面，企业内部的价值链也从渠道管理转移到了供应链。如果还不能认识权力的转移，还不能认识到消费者的主导权力，还不能认识到供应链在整个企业战略经营过程中的地位，还抱着生产厂商思维的话，我们就会丧失市场和消费者。

必须认识到权力已经发生变化，这个权力不再仅仅是股东权力优先，而是消费者主权和人力资源主权有限时代。

（2）商业民主与规则体系透明。

现在规则是透明的，是大家一起参与制定的，完全是信息对称和商业民主，包括群体智慧、群体行动。这就导致企业的决策机制发生了革命性变化。在企业的管控上，需要有机自治管控思维，而不再是过去那种简单的财务管控、战略管控或运营管控思维。互联网时代企业的竞争能力体现在你能够控制多少资源、整合多少资源、影响多少资源，最后通过你的商业平台，你能分配多少资源。如果分配的游戏规则不能得到大家的认同，大家就会用脚投票把你抛弃。

所以互联网时代的管控模式、管控规则一定要**转向基于共创、共享与共治的新思维**。

（二）重构组织新思维

企业的战略最终落到组织上，互联网时代有组织出现了许多新特征，如平台化、去中心、分布式、自组织自主经营体等，在这里不一一列举和讲解。概括起来讲，新旧组织的差别与特点主要是什么？可从六个方面比较：

（1）组织学习。新组织跟旧组织之间的本质差别是什么？从组织的学习来讲，传统的组织通过权威、经验来获得知识，互联网时代则是通过零距离、无时限、无障碍的互动沟通的方式来产生知识，以及构建知识共享系统。

（2）组织结构。传统组织结构是自上而下金字塔式的结构，进行大一统的管控，现在的组织是以客户为中心的网状价值结构，是与外部互动的一个生态的组织。

（3）组织目标。组织目标过去是为过程服务，追求阶段性的成果，到了互联网时代完全以结果为导向，可通过多种多样的路径达到目标。

（4）组织动力。过去组织权力是运行的主要驱动力，企业的权威是自上而下的行政权威，而今天企业的动力机制来自于价值观，来自于使命感与责任担当，来自于基于文化的领导力驱动、客户化流程驱动。

（5）组织边界。过去，组织及分工是明确的边界，现在组织更多关注交互合作、开放组织的边界，所以出现了无边界组织。随着组织边界的打破，组织和员工的关系也随之发生了变化。过去企业雇佣员工、通过合约激励员工，双方之间是一种博弈关系，是一种交易关系。今天，员工跟企业是合作关系，员工通过平台实现自己的价值，员工跟股东之间是平等的人力资本和货币资本的关系。过去是单向雇佣关系，现在劳动者也可以雇佣资本，资本和劳动者之间是相互合作关系。

（6）组织特性。过去的组织主要是专业化，专业职能模块是组织的节点，也经常成为组织的隔热墙、绝缘体。今天，组织是一个资源的配置平台，专业职能模块就转变为“资源池”，是资源的后台支持服务体系，而不再是一个专业化管控体系。

（三）互联网是人的革命

互联网的本质是人，是人的又一次革命。互联网使企业经营的本质真正回归到人，核心是经营客户与经营人才。因此，这是一个真正以人为核心的客户价值与人力资本价值优先的时代。

互联网时代对人的管理新思维，笔者曾概括为一些关键词，如人力资本主导与人力资本价值管理，粉丝人力资本，大数据人力资源，使命驱动与自主经营，以人的价值创造活力为核心，人才价值体验，等等。

总的来说，笔者认为互联网时代重构人的新思维，要把握住以下几个主要方面：

（1）互联网时代人的存在概念，从“我生故我在”到

“我思故我在”。互联网使人具有网络身份界限与实体身份界限的双重性，而网络身份是无界限的，人与人之间跨越时空、零距离、无边界、无障碍沟通与交流、分享与体验……

（2）互联网时代资源是随着大多数人的偏好自由流动，而非被独占且强制分配的，所有妨碍创造力产生的举措都将被摒弃，失去吸引力。因此，互联网时代掌握和拥有更多人的需求和偏好成为商业模式创新的核心。

（3）互联网时代是一个多中心或去中心的时代，人人可能成为组织的核心，但人人又不是中心，不断贡献最好创意的人会成为中心，因此中心可能随时转换。

（4）互联网时代权力来于网络粉丝的认可，同行的认可。粉丝的认可，决定你的权力。粉丝也是人力资本，粉丝可能成为企业最好的产品创新与品牌推广者。

（5）互联网时代任何一种激发点的契合均可形成社群，可轻易维持黏性不同的多社群。社群互动所产生的知识与群体智慧将成为企业的重要资产，社群激发的集体行动将成为劳资关系矛盾的新焦点。

（6）互联互通时代更加强调职业自治以及基于职业伦理的人才自治机制，更强调全面认可激励、参与互动。

（7）互联网时代，更强调使命驱动和人才自主经营，更加强调以价值创造为核心，在尊重人的基础上，更强调以价值创造者为本。

关于互联网时代的人力资源思维，还有很多很多。总之笔者认为，互联网时代是人的一场新革命，是人的全面经营与价值创造时代。

二、时代呼唤平台化组织

全怀周

近年来，平台化成为企业组织管理的热点，尤其是海尔平台化组织改造实践为企业管理学界注入了新的活力和话题，引起很多企业纷纷效仿。应该说平台化是互联网时代的一个产物，是企业面对新竞争形势下的一种选择。平台的概念由来已久，并且已经深入社会、经济、生活的方方面面。如与老百姓生活息息相关的菜市场，如 eBay、淘宝等线上交易，事实上都是平台的概念。

但是，在互联网时代，企业组织平台化的实践案例仍比较鲜见。一方面，与企业的生存发展环境有关，规模、垄断、点子、信息不对称等要素是过去近 40 年企业成功的关键词，少有企业能够预见并领先于环境的变化，并且往往屈服于过去成功的模式和惯性；另一方面，**企业难于打破的，恰恰是组织和人，这就意味着组织变革往往面临极大的挑战，也直接导致了企业组织变革的缓慢。**

（一）为什么要推进平台化组织变革

企业变革往往发生在面临瓶颈的时期。按照一般的企业生命周期理论，从成立到成长、从稳定到衰退，变革多发生在衰退阶段。我们将之定义为被动式变革。互联网时代的一个重要特征就是“快”，用户需求变化快，信息对称传播快，同质产品上市快，推陈出新速度快。在传统的企业生命周期理论下，各个阶段的时长会大大缩短。从这个意义上，企业变革的频率也无形中被加快。在此情况下，企业变革就必须从被动式向主动式转变，能够快速迎合环境变化，就已经能够先人一步。

互联网时代的核心是什么？是用户。无论采用什么样的商业模式，无论是“+”还是被“+”，能够快速、有效满足用户需求的企业才能具备起码的生存能力。国家提出的供给侧改革，实质上就是围绕用户，去除“供方”冗余产能、劣质产品，更好地满足市场需求。

当然，贯彻用户思维于企业经营之中的途径有很多，打造平台化组织是手段之一。

以海尔为例，其组织变革的核心是拉近企业与用户需求之间的距离，由企业制造转变为用户需求拉动，由传统的科层制组织模式转变为多触角、直入用户的生态组织模式，实现企业组织的平台化，如图 2－1 所示。

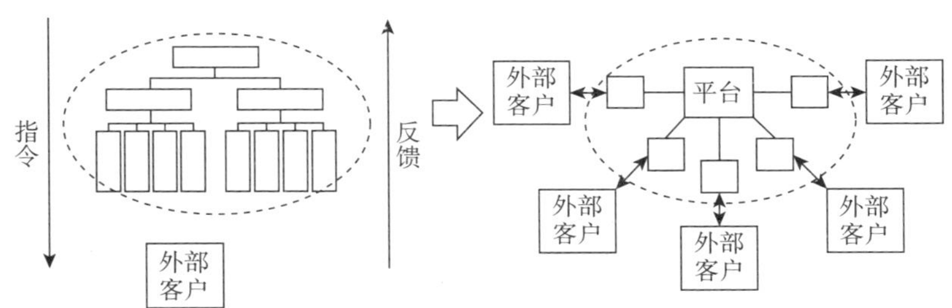

图 2－1　平台化组织的基本形式

因此，平台化组织变革，主要围绕着三个主旨展开：

第一，实现对外部环境的快速响应。贴近用户需求，通过企业组织模式变革，主动、紧密形成对用户需求的及时把握，打破由企业少数人观察市场、制定对策、层层上报的决策机制，通过开放式、灵活性的组织模式，实现短时期内快速迎合市场需求变化。“风口”上的小米通过用户模式“创造”手机及生态圈产品对于组织模式变革具有一定的借鉴意义。

第二，实现对内部机理的有机协同。提高企业内部各组织单元之间的信息传递和决策效率。这里所指并非简单的扁平化概念，而是强调用户思维的落实。目前没有实践表明分工理论已经过时，也没有迹象表明打破组织边界是企业的必然选择，各司其职仍是组织系统的核心。任何一个组织，无论是封闭的还是开放的，无论是严格的还是灵活的，靠“做事”来落实目标是企业中组织存在的理由。平台化组织中，需要改变的是企业内部组织单元之间的责权利以及与外部市场的接口关系。

第三，实现对效益效率的科学匹配。效益与效率犹如紧密结合的 DNA 链条，二者缺一不可，只是在企业不同发展阶段侧重点有所区别。基于对外部环境的敏捷反映和内部组织单元的有机协同，提高组织的运行效率，进而提升企业经营效益。这也就是我们通常所说的，组织落实的是企业战略，企业战略是围绕效益和效率来制订。

（二）平台化组织的三个基本内涵

如果我们仅仅把平台化定义为企业组织模式变革范畴的话，似乎过于狭隘。平台化组织的打造，是对企业经营思维的一种转变，是对企业经营模式的一种变革。因此，平台化组织，并非简单关注组织形式本身如何去设计，而是要站在企业经营的角度来思考问题。笔者认为，平台化组织，基本内涵包括三个方面。

1. 平台化组织是以分工为前提

无论采取什么样的组织形式，无论采取什么样的理念，科层制也好，生态圈也罢，企业组织存在的本质仍然是以分工理论为前提。作为一个整体，企业扮演的是整个社会经济中的一个小单元，从事的是某一方面或几方面的业务。在企业组织内部，各个机构或者现在比较流行的“经营单元”的叫法，承担的是企业内部某一方面或某几方面的业务。主要变化在于业务的运作机理有所不同，开放性、扩展性有所差异。

2. 平台化组织是以客户为中心

现在普遍流行的科层制管理模式，是典型的指令式模式，自上而下层层传递指令，自下而上层层反馈，管理决策往往聚焦于金字塔的上端。在互联网时代，这种经营决策机制对外部市场需求的反应速度已经明显滞后。平台化组织打造的目的之一，就是拉近与外部客户的距离，对客户需求即时响应。我们与外部客户的需求贴合越紧密，对企业内部的服务与支持要求就越强。由此也会导致内部组织单元分工和定位发生变化，也就产生所谓的“内部客户化”。

3. 平台化组织是相互独立而又紧密协同

举个形象的例子，在一片森林中，植物、动物、土地、小溪各有各的功能。在这样一个生态环境中，任何一方都可以独立生存，但是缺乏任何一方，生态环境就会被打破。没有溪水，植物就会干枯，土地就会风化，久而久之就形成恶性循环，生态圈就不复存在。因此，平台化组织的构建过程是一个系统工程，需要不断平衡才能实现自我进化。

（三）企业组织变革过程中的难题

平台化成为一个新的热点管理词汇，有的企业甚至提出“无平台，不企业”、“不搞平台化只有死路一条”，似乎要把组织平台化上升到一种“不做就会死”的高度。笔者的观点是，平台化是企业组织变革的趋势，这种“势”一旦起来，在一定时期内将很难被打破。

目前组织平台化仍然处于探索阶段，尚未达到成熟的状态，包括海尔仍然有很多问题还处于摸索过程。考虑国内企业经历近40年的发展所形成的管理惯性，工业时期传承下来的组织管理模式，如果实现这种变革，企业家必须要做好直面重重挑战的准备。

（1）直面“破”与“立”的挑战。平台化组织是围绕客户需求建立起来的一种快速响应系统，是一种变革而非简单的优化。在此过程中，“破”的难度要远远大于“立”。从海尔几年下来的平台化组织变革实践中可以看到，去除中间层，通过小微化、创客化解决延伸客户需求触角，由被动指令式向主动迎合式的转化问题，总部实现的是服务与资源支持角色定位。这种模式可以说是一种“伤筋动骨”的变革。能做到这一点，首先需要企业家的魄力与勇气。在既有组织框架下，企业是否能够促动各方角色定位的转变，打破现有的职能边界和利益格局，是决定平台化组织变革成败的核心。

（2）直面“僵”与“活”的挑战。“势”的把握与“惯性”的打破，对企业而言难度是一样的。所谓管理惯性，即长期以来所形成的一种管理思维和管理模式定式。纵观中国企业的发展历程，在经历野蛮成长阶段后，逐步迈入了规范化管理阶段，也即管理模式基本定型，如严谨的组织结构、标准的业务流程、严谨的管理制度等。“按部就班”成为常态化的工作方式，长久下去将逐渐变得僵化。如果没有持续优化机制跟进，在一定程度上就会导致企业丧失活力和灵活性。平台化组织恰恰就是要解决这个问题，在最大程度上激活组织效率。如此一来，似乎就会产生不得不面对的矛盾：灵活性与既有机制之间的冲突如何解决。

（3）直面“统”与“分”的挑战。无论采取何种组织模式，都必须围绕一个基本命题：企业存在的价值。企业价值定位是贯通所有经营管理活动的主线，也是组织落实的主线。统与分的问题，就是要解决目标、活力、效率三者之间的平衡性问题。从学理上来讲，三者之间是一致的，不存在根本冲突，然而从实践上就会带来很多困惑，例如组织单元之间的分工和定位问题，管控力度的大与小问题，利益分配机制问题等。

（四）实现平台化组织的基本路径

平台化组织在形式上具有多样化特点，企业构建需要遵循的核心理念是“形散神凝”。如前所述，平台化组织是以分工为前提、以客户为中心的系统。从实现的基本路径上来讲，笔者认为应当把握住三个要点。

一是经营理念的转变。客户化必须要贯穿于组织体系设计全过程。典型模式如图 2 -2 所示：

对内而言，客户化是指视同组织单元、员工为内部客户，以满足内部客户的需求为组织设计的基本理念。在具体落实过程中，“共享中心”模式可以作为此种理念的诠释与参照。

以华为为例，通过人力资源共享服务中心、财务共享服务中心、IT 共享服务中心、全球技术支持中心、投标共享中心等的打造，将事务性、服务性等相对辅助性的职能集中到“中心”，面向全公司提供服务，通过对事务工作的集中处理提高效率和专业化程度，最大限度满足员工需求。

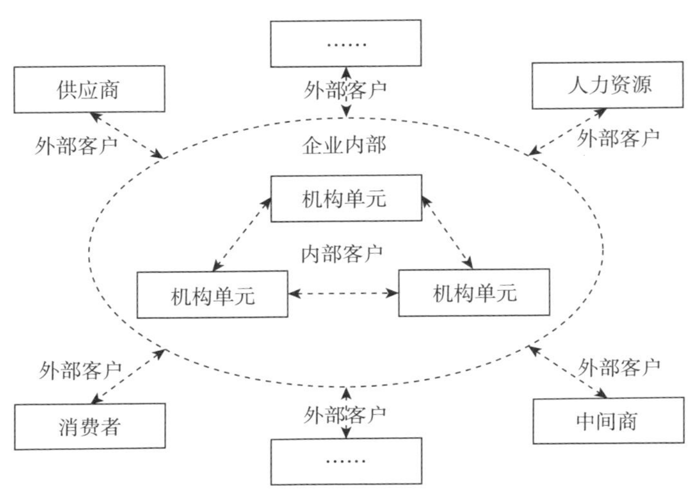

图2-2 “客户化”经营理念下的组织模式

对外而言，客户化是指建立与多方相关利益主体，包括最终客户、上游供应商、合作伙伴、社会资源等的“零距离”关系。这就要求企业建立适度灵活的机制，尤其是要赋予前线人员一定的灵活性和决策自主权，并且通过一定的激励约束机制提高前线人员的主动性和创造性。

在此情况下，就要实现由传统的利益共同体向事业共同体的转变。例如，我们曾经讨论过的如何转变企业与员工关系的问题，在平台化组织模式下，必须要扭转“企业给员工发工资”为“员工主动挣工资”。海尔的小微化管理实践对企业具有典型的借鉴意义。

二是协同关系的转变。笔者认为在平台化组织中，协同的基本概念有两个：一个是BP（Business Partner，业务伙伴），一个是SP（Service Partner，服务伙伴）。

从BP业务伙伴上来讲，就是要加强不同管理部门之间的交叉和深入程度，打破原有的各干各事、彼此之间业务不熟悉的状态，如此才能真正发现内部客户的需求，实现相互渗透、相互支持。以人力资源管理为例，尤里奇提出的人力资源三支柱模型明确了人力资源专业部门在企业中的价值定位和工作方式，即现在比较火的 HRBP 的应用。

从 SP 服务伙伴上来讲，更多是指企业总部的价值定位。平台化组织模式下，为有效促进业务单元的活力与效率，就要求企业从一个管控者角色向服务者、资源支持者角色转变，在此情况下，传统组织模式下的目标计划式管理——下目标、定计划、监督实施、沟通反馈，或者一竿到底的职能式管理，都将受到变革冲击。

SP 概念落地的关键，我们借鉴市场的概念——供方、求方和资源三个基本要素，就是要识别内外部客户需求、谁能够满足这些需求、企业能够提供什么资源。以企业内部为例，我们让一线听得见炮火的人做决策，企业就要及时提供弹药装备，而不是让一线人员仅仅充当“侦察兵”，发现敌情报告指挥部后，等指挥部拍板后再决定送什么物资。

比如企业外部，以海澜之家为例，实质上搭建的是线下实体销售平台（门店），任何符合款式质量要求的服装均可进入门店销售。这样既解决了自身产能不足或投入过大的风险问题，又充分带动了服装生产企业的销售，同时满足消费者个性化需求，如此就打通了供应商（服装厂）—企业（门店）—消费者之间的关系，有效解决了供求平衡和各方利益问题。

三是组织模式的转变。在学习海尔组织变革实践过程中，笔者经常从反面考虑这个问题：平台化组织形式是否就是海尔模式？正是由于目前的平台化组织还未形成常态化应用，划小经营单元、自主经营体、创客化等似乎都可以用来解释平台化组织，所以很难下一个严谨的结论。这里面重点谈两种组织模式：百货商店模式和投资公司模式。

做一个形象的比喻，百货商店模式就是企业盖了一座百货大楼，里面有若干经营区，把这些经营区承包或者出租出去，所有人负责的是大楼的运营，比如消防安保、水电气及对经营区的管理。承租人负责的是在许可范围内经营区的自主经营。承租人可以是企业方的人，这种关系叫作责任落实，包产到户；也可以是企业外的人，这种关系叫作不求所有，但求所用。

回到企业组织模式，典型特征是：企业构建统一的管理平台，提供统一的资源支持，适度放开经营自主权，让业务单元满足客户多样化、个性化需求。如此一来，通过统一化的管理模式，灵活性的资源调配，自主性的经营决策，实现多方利益共赢。

所谓投资公司模式，就是企业搭建一个对内外相对开放的创新平台，只要满足公司业务发展要求或者盈利要求的项目，均可纳入这个平台中。企业负责提供必要的资金、设施设备、原材料甚至人力等资源的支持，并通过一定的利益分享机制，例如提成、股权、众筹等，实现共赢。

与一般的“孵化器”不同的是，此种模式下，创新更多的是围绕内外部客户需求，由员工甚至是企业之外的人自主挖掘产生而非指令式。

在创新过程中，企业的定位是一个服务者和支持者，创新者定位于自主经营实体，与自身利益捆绑并对结果负责。

具体到企业组织模式，典型特征是：构建创客化的组织单元，或者开放式的创新管理机制。企业负责创新项目的评估及资源投入，创新者负责提出项目需求以及项目的设计与实施，由企业和创新者共享收益。

三、互联网时代的组织与人力资源趋势

郭　伟

历史永远有其内在的轨迹。互联网时代并不可能改变一切，未来也并不是完全不可预知。所谓互联网时代，就是以互联网为手段，重构满足人类生活方式方法的时代。

随着互联网在人类生活中的应用领域不断扩大，互联网企业已从单纯的信息服务、交易服务、社交服务，迅速涉足了旅游、家居、能源、金融等几乎所有传统行业。与此同时，传统企业互联网化的趋势也在2015年迅速发酵，不互联网化，就被互联网化。所谓的互联网公司与非互联网公司的区分，在迅速融合的今天已经越来越没有意义。

企业的组织形式与人力资源管理经历了什么样的发展逻辑？在互联网时代，组织形式与人力资源管理又受到怎样的冲击？又应当如何应对和调整？

（一）传统组织的发展逻辑

企业是什么？德鲁克精辟地提出，企业的价值和使命就是“满足客户需求”。随着技术的不断创新，企业满足客户需求的方式也在不断创新，组织形态也随之不断演变。

1. 满足客户需求是组织变革的根本目标

无论是蒸汽时代的家庭作坊，还是大工业时代的数万人工厂，抑或互联网时代小而精的创新型团队，其存在的价值与目的都是为满足客户需求。然而，太多的企业在组织设计与变革过程中忘却了这一基本原理，只从自身业务组合角度考虑问题，这样的思考方式本身就是错误的。

曾有个客户询问笔者："销售线上事业部设置的原则是依据行业还是区域？如果按行业设置，银行是单算一个事业部，还是应统一设置金融事业部？"当笔者问他现在及未来各领域的业绩贡献时，他认为现在建设银行贡献最大，业绩几乎占银行业的60%，而银行业又占所有金融行业的70%左右，未来业务格局不会有大的变化。

当笔者接着询问做出贡献的客户是否应该享有更好的服务时，他的回答是肯定的。所以，设置建设银行事业部、银行事业部和金融事业部，每个事业部大概10人左右，建设银行、别的银行和其他金融企业就都享有与业绩贡献相对等的服务了。他思考了半天，终于承认企业建制始终遵循的是满足客户需求原则，而不是一般的社会分类原则，这才是组织设计的基本逻辑。

2. 专业化分工是组织变革的总体趋势

从原始时代到农业时代，人类社会中生活生产的最小单元是家庭。人们需要吃饭就去采摘或种植，需要穿衣就去缝制兽皮或纺织，当时的人们过着自给自足的生活。在工业时代产生了社会分工，每个人只做自己最擅长的事，这样效率最高。人们可以拿自己的产品与他人的进行交换，以满足自己其他方面的需求，由此整体社会生产效率达到最高。

从那时起到现在，从一家企业生产一件产品，到一家企业只生产一件产品的某个部件，不断精细化的专业分工一直是企业发展的总体趋势。大体看来，经历了以下几个阶段。

（1）基于活动的单一企业分工。

从家庭作坊到工厂，最大的变化是由一个人完成整体生产过程的方式，过渡到了一群人各自分工完成整体生产过程。

对于单个企业内的专业化分工，最经典的当然是波特模型了。这个模型将企业活动划分为研、产、销等创造性活动，采购、物流等辅助性活动，以及财务、人力、计划等支持性活动。图 2－3 所示。

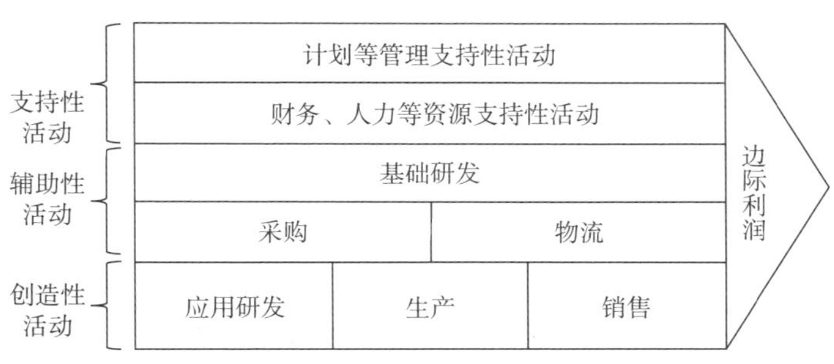

图 2－3　波特模型

（2）基于协同的集团企业分工。

集团化企业的生产逻辑很清晰。以某家公司为例，它最初只经营一种产品，只为国外某一行业服务，其组织形态完全符合波特模型。随着业务的扩大，产品品种增多了，生产基地也在增加。与此同时，公司又开拓了国内很多市场，服务对象也拓展到更多行业，因此，公司内部就产生了生产、销售、研发等创造性活动本身的协同问题，并产生采购、物流等辅助性活动的协同问题，以及财务、人力、计划等支持性活动的协同问题。同时，还产生了效率与风险、质量与速度、计划与应变等新的协同问题。其组织形式如图 2－4 所示。

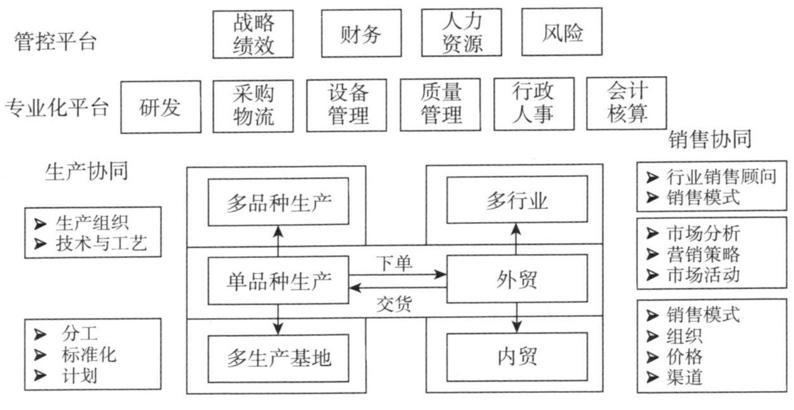

图 2－4　某公司的组织形式

（3）基于价值的多维企业分工。

20 世纪以来，专业化分工更为精细化，企业组织形态越来越呈现出网络化结构。

在销售线上，按区域、行业、客户等维度，细分出不同组织；在生产线上，按产品、方式、区域等维度，也细分出不同组织；在研发线上，按品种、方式、区域等维度，也细分出不同组织……即使是人力、财务等纯粹职能系统，也根据价值创造的不同，而细分出战略决策、事务服务等不同组织。如图 2－5 所示。

3. 协同方式是组织变革的内在逻辑

（1）领导与计划协同制约组织变革。

专业化分工必然带来协同问题。西蒙认为“所谓组织就是

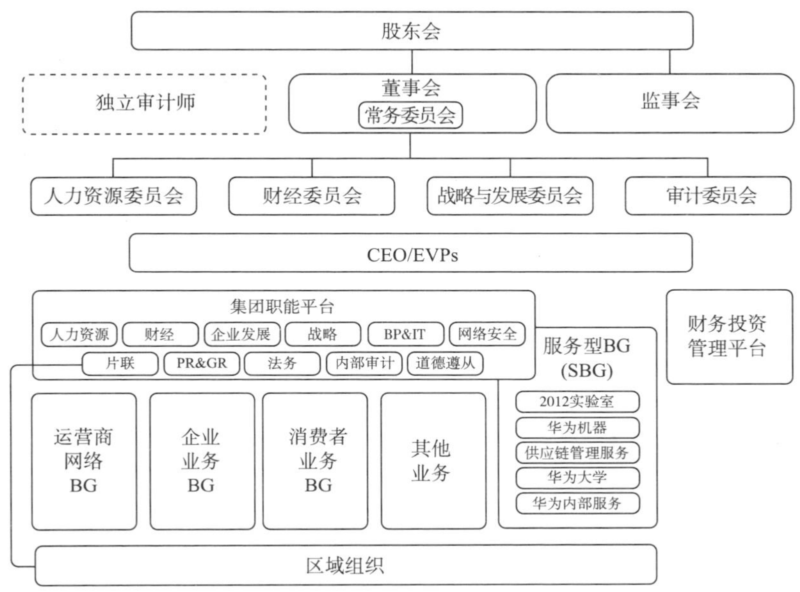

图 2－5　企业组织形态呈现出网络化结构

解决协同的方式方法”。

在波特模型中，领导与计划自然成为解决协同问题的主要手段。沿用领导与计划协同方式，集团公司最容易想到的是增加集团职能部门、强化集团计划预算的管理办法。可以想象，随着公司规模不断扩大，创造性活动的协同与辅助性活动的协同将被区域公司甚至分公司、子公司等承担，集团公司总部将成为单一的管理中心，主要负责战略牵引、计划落实、资源配置、风险防范等职能。从单一企业逐步发展到集团公司，大多经历了从运营管理到战略管理的过程。

（2）信息技术与流程协同使得集团公司组织逆发展。

随着信息技术的发展，协同可以通过流程、项目等新的形式解决，集团公司开始出现从战略管理到运营管理的逆发展。

比如，青岛啤酒拆分原有75家分公司的职能，只留下生产职能，使之成为75个生产基地。同时，青岛啤酒组建面向所有市场的销售体系、物流体系、售服体系，而创造性活动、辅助性活动和支持性活动的所有协同都由总部负责。无独有偶，海尔（2009年前）、神华等大型集团也都朝着这一方向转变。

为什么规模越来越大的集团公司可以从战略型管控转向运营型管控？道理很简单，解决协同的方式已经不再只依靠领导与计划。大家发现，协同问题中有许多是常规性的。整合信息流之后，只要建立起信息处理规则，就可以形成处理此类协同问题的流程。无论工作人员身在何处，依据流程完全可以像在一家企业那样实现协同。于是，集团公司依靠信息技术与流程，回归到了波特模型，如图2-6所示。

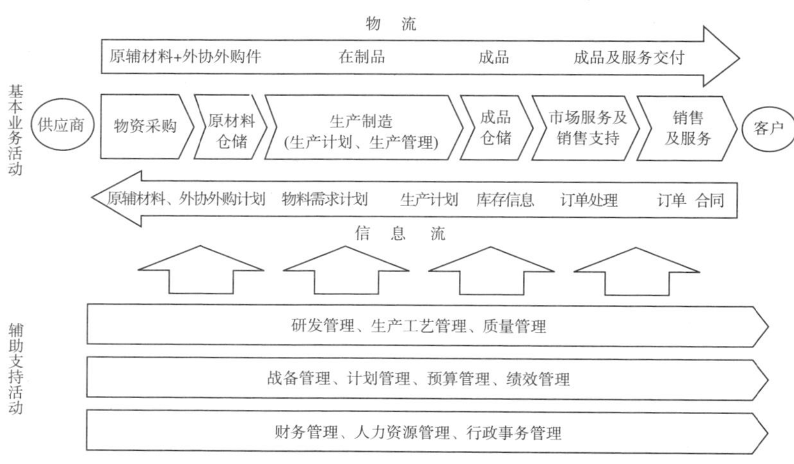

图2-6　集团公司的波特模型

（二）互联网对传统产业与组织的冲击

从以上趋势，我们已经可以看到互联网时代组织变革的端倪。设想一下，如果集团公司无限扩大，流程化程度越来越高，直至扩展到全社会，是不是每个人都可以纳入整体生产过程中，而成为单个生产单元？互联网时代的组织正是沿着这一逻辑发展而成的。

1. 互联网对传统产业的冲击

（1）平台化。

以往，企业完成产品到客户的联结是线性的。从了解客户需求开始，到设计、采购、生产、包装、销售、配送，直至售后服务，产品是沿着这样的路径到达客户终端，并满足客户需求的。这条路径我们称之为产业价值链。传统企业或者经营整条价值链，或者在链条的某一环节实现着自身的价值。

而在互联网时代，企业实现产品到客户的联结是平面的，平台化的。从了解客户需求直至满足客户需求，都是在一个平台上完成。比如小米模式，了解客户需求无需调研，而是组建社区直接收集意见；研发无需组建队伍按部就班，而是整合社会资源迅速形成专业意见；生产无需建立工厂，而是制订标准委托加工；销售无需打通渠道，而是网络平台直达客户。

对比分析互联网时代的组织与传统企业，互联网时代的企业更像是置身于全社会为某一集团公司之下的某一生产环节，通过信息技术实现资源整合，完成协同，达到满足客户需求的根本目的。

（2）专业化。

以往，产品与服务追求尽量大而全。只有越全面地满足客户需求，企业发展才越有保障。而在互联网时代，产品与服务不求大而求精，不求全面而求极致。只要某一点做到最优，就有生存的空间。过去，企业鼎足而立的现象很普遍，跑赢某一地域的竞争对手，就可偏安一方。而互联网时代则是赢家通吃法则，平台可以轻易渗透任何角落。没有别人无可替代的亮点，就只能被整合。

2005 年参观某区域人才招聘网时，笔者曾质疑他们如何在中华英才网、前程无忧、智联招聘等巨头挤压中生存，对方不以为然，认为全国性招聘网无法完全替代区域性招聘网络。虽然道理不错，但如果不做定位上的区分，不体现出自身特有的专业化，最终只能被兼并，或者被挤出竞争行列。

对比分析互联网时代组织与传统组织，可以看出，互联网时代的企业更像是将全社会视为一个集团公司，自身聚焦于某一需求，专业分工更为细致化。在专业化的基础上，通过资源整合来完成满足客户需求的全过程。

（3）速度化。

如果说传统企业赢得竞争的点还有很多，那么在互联网时代，速度几乎成为竞争的唯一要点。只有速度快，才能先于对手建立平台；只有速度快，才能先于对手占领市场。

笔者曾经见过一家只有 20 多人团队的国外公司，他们创造了年收入近百亿元的奇迹。该公司针对课程开发者分散与受众同样分散的情况，打造了线上和线下平台，面向全球人员收集原创课程并发布。尽管有的课程只是两句话，有的课程只是三个观点，但只要有价值，受众就会给予评价。该公司总裁告诉笔者，他们要做的事只是与最受好评的课程原创者签订合作协议，然后包装课程，再销售出去。

在互联网时代，哪怕是非常不起眼的需求，都会创造出巨大的商机。然而，互联网时代又充分体现出先入为主的规则，速度为王，赢家通吃。最近 WeWork 模式比较火，许多中国公司纷纷进入这一领域。笔者认为，地产商们或许可以凭此模式掀起一波获取资源的热潮，但真正做此模式恐怕已经有点晚了。

2. 互联网对传统组织的冲击

针对以上三点，互联网时代的企业组织也呈现出与传统不同的特点。

（1）组织无边界。

以往企业中的人、财、物有明确的边界，但平台化本身就是“只求为我所用，不求为我所有”，而专业化与速度化更要求最大限度地整合最好的资源，赢得先机。如果说传统经济社会中的最小细胞是企业，那么互联网时代的最小细胞已经细化到了个人。每个人都能充分发挥自己独有的价值，在某一领域中为很多不同组织提供专业服务。

比如，到家美食汇充分利用当地小区的退休老人、全职太太等资源，既最大限度地节省了人工成本，又解决了客户的信任问题。当然，互联网时代的种种行为也正在给传统社会规范带来冲击，未来劳动关系如何界定及是否需要界定等问题，都将是研究的课题。

（2）管理无层级。

过去为保证战略传承和执行效率，企业要建立层层组织，往往形成高层决策、中层管理、基层执行的金字塔形模式。而在互联网时代，满足客户的方式已经平台化。组织中每个单元、每个个体都以其专业能力实现价值，管理越来越契约化、机制化、非专业化，而以管理为生的中高层，自然也渐渐缺乏存在的价值。因此，互联网时代的企业更加体现出管理无层级的特点。比如，乐食派使产品的制作过程几乎完全标准化，服务也基本标准化，然后去除了所有中层，绩效管理直接针对服务员。这大大提高了响应速度，减少了运营成本。

（3）运行无法度。

过去，“行有行规”，每个行业都有特定的共性模式。而在互联网时代，只有共性思维，没有共性模式。大量具备互联网思维又脱离原有行业束缚的企业跨界，反而出人意料地成功了。传统金融领域企业必须具有资质，以保证投资人安全。而互联网金融 P2P、O2O、众筹等模式的兴起，越来越模糊了金融企业与非金融企业的界线。

（三）互联网时代的组织与人力资源变革

为应对互联网的冲击，许多所谓的组织与人力资源管理概念都需要抛弃或更新。

1. 从组织管控到合伙机制

在传统企业中，由于组织有边界，如何实现有效管控是组织发展的关键命题。组织如何提供持续服务，如何不断提高效率，如何营造文化，如何有效配置资源，如何合理分权等，围绕组织管控产生了无数的课题和方法。在互联网时代，平台化的运行模式、极致专业化的服务和速度化的响应都要求最大限度地整合资源和简化组织。应运而生的合伙机制不但成为互联网时代企业满足客户的常有生态，而且成为企业内部建立协同的模式。

比如，海尔从2007年至2009年邀请IBM打造集团化管控模式，与其他企业一样，整合研发、生产、销售等功能，形成集团一体化经营模式。

到了2009年，张瑞敏认识到这种模式能让海尔不断提高效率，却不支持甚至扼杀了海尔的创新。因此，他果断中止了该项目，提出自主经营体的概念，像阿米巴一样开始划小组织内核算单元，推行企业内部类市场化运行。

2012年后，为消除传统观念和强化平台意识，海尔去除了所有分公司、子公司、部门的称谓，统一称为某某平台。主管也不再称总经理、主任等称谓，而统一为某某平台负责人。

2. 从绩效激励到分享机制

在传统企业中，战略—计划—预算—绩效—激励是企业运营的主线。围绕这一主线，如何将战略分解至各组织目标，如何将目标细化为可执行计划，如何配置合理预算资源，如何实现过程管理从而落实计划，如何有效激励，都是企业经营管理的核心问题，也由此产生了一系列工具与方法。

在互联网时代，在专业性的基础上实行合伙，在合伙制基础上实行核算，在核算明晰的基础上实行分享，成为最为简洁的组织内部运行法则。越来越多的企业放弃了KPI、平衡记分卡等传统管理工具，开始推行内部类市场式运行模式，并按各自贡献，以约定好的分享方式共同参与价值分享。比如海尔提出的“人、单、酬一体化”，不论职务高低，不论组织层级，公司上下一律按每个人服务的对象价值、实现的价值获取相应回报。

3. 从人资管理到人才开发

在传统企业中，人力资源管理在解决了企业用工合规、内部氛围和谐、人员管理有序的基础上，围绕着价值创造、价值评价和价值分配，以焕发员工激情为目的，进行着一系列的管理活动。

20 世纪 90 年代后，在创新成为企业经营主题的背景下，又增加了围绕着人才标准、人才甄选、人才培养和人才使用这条线，以能力持续提升为目的，进行另一系列的管理活动。

在互联网时代，人力资源管理的两条线本质没有变化，但实现的方式却发生了巨大变化。前者以合伙机制为基础，以分享机制为落实，将原有的管理行为转化为市场行为；后者以专业化为基础，以合伙制为保障，将原有管理行为转化为协作行为。

四、不确定的外部环境，不变的组织伦理

朱海波

虽然外部环境的确发生了非常大的改变，但从企业实践的角度来看，笔者认为组织伦理没有改变。对这个问题的认识，包括以下几方面：

第一，明确组织的责权利。一方面，企业作为一个基于目的、契约的营利性组织，对效率与活力的关注是永恒的。笔者一直认为，如果企业作为一个营利性组织不关注盈利、不关注价值创造是没有意义的。另一方面，商业模式、战略决定组

织，这也是不变的道理。不管是传统的产供销的模式，还是目前的平台模式或所谓的生态模式，都是由战略决定组织。

第二，要关注价值创造、价值评价、价值分配的机制。之前的组织模式是责任—权力—利益，现在组织模式的确可能要倒过来，是基于价值创造的利益如何匹配资源和权力的问题。对于组织模式来讲，笔者更关注组织管控机制，这是核心。

管控机制基于三个方面：一是传统组织管控模式，是基于组织内部的分工、权利、义务，以及利益分配；二是基于治理结构的管控。随着组织原有的自体系向外部进行拓展，有了产业链相应的上下游，然后进行参股、整合、并购等。这时候的管控走向了治理结构的管控；三是价值观管控，或者称为情怀管控。目前乐视的生态组织模式，个人认为就是价值管控的逻辑。与组织管控机制相对应的，组织模式会由直线职能式向平台式、生态式转变。

第三，组织的变革一定与企业的战略调整相匹配。从某种程度上说，组织变革之前，一定要明确人才的动态适配。从笔者接触的企业来看，他们往往先从别的企业挖人过来做储备。比如某家汽车企业从上汽挖到了做 CEO 的人才，这实际上就是在为组织的变革和战略的延伸做提前量。

第四，企业以因岗设人为主，因人设岗要以战略和价值原则来衡量。笔者一直在企业里面坚持的原则是，一定要以因岗设人为主，因人设岗为辅。因人设岗要以不违背企业的战略和价值原则为衡量标准。一方面不会对组织造成损害，另一方面，如果能在战略上做一些提前量是最佳的。

比如，我们曾去美国 Facebook、Google 调研，发现他们内部都有一些目前不产生业绩的小组和研发人员，在当前阶段他们对组织可能没有价值贡献，但是从战略发展的角度来讲，未来可能会有贡献。在这种情况下，是可以因人设岗的。

第五，关于组织的情怀管理。对于情怀管理，一直没有明确的定义。笔者所理解的情怀管理，有点儿类似于文化管理，但又不同于文化管理，更多的是一种追求的概念。比如，乐视生态是把组织和人的追求融合到一起，是基于客户需求的生态链而完成的组织生态链的构建。从这个角度上来讲，笔者认为是客户的需要决定战略，而战略决定组织。未来的组织里面，可能会由过去的刚性管控机制逐步转向大家共同情怀、共同追求的管控。这是我们需要研究的一个命题。

五、激活组织，坚持做好三件事

夏惊鸣

（一）让竞争流动成为企业动力源

如果薪酬体系形成，但我们没有按照评价升优降劣。如果我们不能够有效地将那些做成事、有潜质的员工选拔出来，不断给予机会，他怎么成长？**如果组织结构中岗位的主体——员工不能有更优秀的员工流入，或它的能力不断提升，我们的组织能力就没法提升。**因此，竞争流动是动力机制的那个“决口”，没有竞争流动机制，整个组织就像一个“平湖”一般，死气沉沉。

美的集团是中国为数不多跨入世界500强的民营企业。美的集团之所以成功，就在于它能够使“人才脱颖而出”的机制。人才怎么脱颖而出呢？除了有职位等级、薪酬等级、目标承诺与绩效评价外，必须产生竞争流动。每年的7月份，美的集团各事业部的述职评估会，在内部称之为“杀人大会”，因为不合格的经营者会遭到淘汰。一方面，组织能力就是通过优胜劣汰的流动而成长，另一方面，优胜劣汰的流动确保整个组织始终处于激活状态。

（二）干部的表率胜过一切管理

企业在小的时候，你会感觉到那个时候，大家充满了正能量，充满了激情，一声令下，大家排山倒海，没日没夜，一定要完成任务。但随着组织的扩大，不断建设管理体系，过去的激情、协同反而不见了。加强管理反倒出了毛病，到底怎么回事呢？

我们忽视了一个最为重要的管理因素——领导！

管理不仅仅是流程、制度、机制等，更重要的是管理者的领导。企业小的时候，有什么制度、流程和机制呢？不就是企业家的领导吗？要达到什么目标，如何达到，如何分配任务，这个过程有什么问题，与大家一起讨论如何解决，最后做得怎么样，如何分配等。

为什么能够管理得好呢？为什么大家愿意充满激情地去干呢？那是因为企业家的表率作用：他自己充满激情，把企业当作自己的命，没日没夜；他自己非常务实，就在一线，身先士卒；他自己就是精益求精，不断创新改进；他自己就是追求成功，不达目标誓不罢休；他能够公正地判断谁创造了价值，应该如何分配价值……

试想，如果所有的管理都能这样，还需要什么管理制度呢？就像我们说的，管理越少越好，就是这个道理。当然，这又是不可能的，所以，管理体系是必需的。但是可以说明一个道理，管理中的一个重中之重的要素是：领导！而领导重中之重的作用就是表率。用一句话概括就是，表率胜过一切管理！

其实有了这一点，很多问题就迎刃而解，文化建设、干部管理等，一个核心目的就是希望我们的管理者按照期望的去做表率、行动，那么，自然就带动了整个组织。

（三）一切为了前线的胜利

在组织的成长过程中，由于组织、人员越来越复杂，管理功能越来越丰富，越来越多的管理远离经营，员工越来越不明白自己的工作对争夺市场、服务客户、提升能力、激发活力有何意义，许多人的工作就是在相互制造工作。一个典型的问题也就随之产生：相互批判，敷衍塞责，一开会就是一个相互的批判大会，就是一个扯皮大会。员工经常发出感叹："在我们公司做一件事真难，与外部打交道比与内部打交道更容易。"

那么如何形成"协同于争夺市场"的整体力量呢？笔者曾经看过一篇关于护士发错药的博客（医生哥波子的博客：良知的回归在于文化），很能说明这个问题，我们就来看看这个案例体会体会。

假设一个护士发错了药，经常发生的景象是：领导会劈头盖脸训斥护士一顿："你怎么搞的，发生了医疗事故，你付得起这个责任吗？人家到医院来闹怎么办，你好好给我写一个检查，全院通报批评，这个月的奖金你也别想领了。"（节选）

发错药当然不是一件什么好事情，但发生这类事情经常这么处理后，整个组织会出现什么景象呢——多一事不如少一事。大家都规避做事情，做多错多；大家都规避责任，一遇到问题首先要把自己摘出来；大家都谨小慎微，整个组织氛围消极、沉闷、被动！

我们再看看某医院护士发错药后，他们是怎么处理的。

这位护士叫玛丽，在一家医院已经工作了三年。这年气候异常，住院病人激增，玛丽忙得脚不沾地。一天给病人发药时，她张冠李戴发错了药，幸好被及时发现，没有酿成事故。

但医院的管理部门依然对这件事情展开了严厉地“问责”。

首先问责护理部。他们从电脑中调出最近一段时间的病历记录，发现玛丽负责区域的病人增加了30%，而护士人手并没有增加。调查部门认为护理部没有适时增加人手，造成玛丽工作量加大，劳累过度，人员调配失误。

然后问责人力资源部门的心理咨询机构。玛丽的家里最近有什么问题？询问得知，她的孩子刚两岁，上幼儿园不适应，整夜哭闹，影响玛丽晚上休息。调查人员询问后认为医院的心理专家没有对她进行帮助，失职！

最后问责制药厂。专家认为谁也不想发错药，这里可能有药物本身的原因。他们把玛丽发错的药放在一起进行对比，发现几种常用药的外观、颜色相似，容易混淆。他们向药厂发函：建议改变常用药片外包装，或改变药的形状，尽可能减少护士对药物的误识。

那几天玛丽特别紧张，不知医院如何处理。医院心理专家走访了她，告诉她不用担心病人赔偿事宜，已由保险公司解决。还与玛丽夫妻探讨如何照顾孩子，并向社区申请给予她10

小时义工帮助。玛丽下夜班，义工照顾孩子，以保证她能充分休息。同时医院特别批准她放几天假，帮助女儿适应幼儿园生活。

这以后，玛丽工作更加认真细致，也没有人发生类似错误。她和同事们都很喜欢自己的工作，想一直做下去。

那么从这个案例中，我们体会如何形成“一切为了前线胜利”的整体力量呢？从管理学上来说，有这么几点启示：

（1）要区分控制功能与支持功能。在一个企业，审计是完全的控制功能，维护规则，不可能去支持争夺市场。但有一点，审计尽管不能直接支持争夺市场，但审计经营成果，也是等于审计“争夺市场成效”的真实性。而支持性功能如人力资源等，一旦前线有问题，后方与前方要形成一个整体——为了争夺市场，形成什么策略，如何配置资源，各支持部门如何行动。

（2）要以“争夺市场”为终点，思考整个流程的原因与责任。比如，该案例中涉及“发错药”的方方面面：人员配置、当事人的工作状态、药品本身等。

（3）首要的是解决问题，而不是区分责任如何处罚。探寻整个事故的过程是为寻求解决方案服务，而不是为如何处罚处理服务。

其实，要形成一个良好的组织氛围，只需要一点，每一个人的出发点是：如何去解决问题；管理机制的出发点是：如何鼓励大家去共同解决问题。就是这么简单！只有这样才能形成“胜则举杯相庆，败则拼命相救”的组织氛围，才能形成“一切为了前线的胜利”的组织氛围！

第三篇　组织中的人

一、迎接人力资本价值管理时代

彭剑锋

通常来讲，人力资源管理的演进，一般分为人事行政管理阶段、人力资源专业职能管理阶段和战略人力资源管理阶段，笔者认为现在已经进入了第四个阶段，即人力资本价值管理阶段。

激活价值创造要素和价值活力将是在人力资本价值时代的主旋律。那么，今天的企业如何基于新的价值体系，去思考人力资源管理体系构建？笔者认为要具备八大新思维。

（一）人力资本与货币资本共创共享企业价值，资本与劳动相互雇佣

人力资本与客户价值优先时代，人力资本成为企业价值创造的主导要素。企业的竞争力体现为人力资本价值创造力，在

于知识创新与企业家创新创业精神。人力资本与货币资本共创共享企业价值，资本与劳动相互雇佣。笔者认为人力资本、货币资本将都是“资本家”。

“人力资本与客户价值优先”，这是互联网时代（知识经济时代）最典型的特征，任何一个企业、任何一个组织要想持续生存，获得持续的竞争能力，必须做到客户价值优先，必须做到人力资本价值优先。

尤其在移动互联时代，人力资本日益成为企业价值创造的主导要素。这其中有一个进化的过程。

从亚当·斯密开始，经济学家、管理学家就在探索企业的价值到底是由谁所创造的问题。亚当·斯密提出土地、资本、劳动，后来研究者还加上企业家要素。

到 20 世纪 90 年代我们开始研究华为。华为作为高新技术企业，它的价值创造要素是什么，我们认为是知识创新者。

到互联网时代，企业价值创造的要素发生了深刻的变化，尤其是知识创新者和企业家日益成为企业价值创造的主导要素，这改变了过去资本和劳动之间的博弈关系。原来是资本雇佣劳动，而新经济时代是知识在雇佣劳动，劳动在雇佣资本。在知识创新者和企业家与资本博弈的过程中，人力资本越来越占据主导地位。

知识与人才雇佣资本，资本与劳动相互雇佣。**我们现在很多企业，如阿里巴巴、腾讯，如果单从资本的角度来看，这些企业都是外资控股，但是为什么这些企业还能够控制在人力资本手上？就是因为在人力资本价值优先时代，不是完全由资本说了算，而是由人力资本说了算。**某种意义上，是劳动在雇佣资本。所以这个时代，有人力资本家、知识资本家、货币资本家之分。

所以这个时代是人力资本和货币资本共创价值、共享价值的时代，而且企业在实践中已经形成了鲜明特点。比如：

（1）华为模式。20 世纪 90 年代我们在华为制订《华为基本法》的时候就提出了知本论，从资本论到知本论，其实就是强调资本和劳动之间是相互雇佣的关系。正是这种相互雇佣，体现出人力资本价值创造的作用。华为的虚拟股权制（利润分享制）是典型代表，华为公司 86% 的员工拥有 96% 的收益权，实现了共同致富。在华为，任正非占股份 1.24%，某种意义上他也是人力资本。所以说是知识在雇佣资本，劳动与资本一样具有剩余价值分配权。

（2）阿里巴巴模式。阿里巴巴的第一大股东软银集团孙正义占有 36%，第二大股东是雅虎，马云只占 7.74%，但是阿里还是控制在人力资本（马云及其合伙人）手中。这是因为美国的资本市场认可同股不同权，人力资本对企业就具有了比资本更大的经营所有权和管理权。所以，这种合伙人制度本质上是一种高端人才共同致富的制度，所以能够造就阿里巴巴的 8 位亿万富翁，50 位千万富翁，240 位百万富翁。

上面两个案例都是在讲人力资本合伙制（劳动合作社也有类似合作机制），从企业的实践以及笔者的观察研究，笔者归纳出人力资本价值时代的四个典型特征：

（1）人力资本成为企业价值创造的主导要素。人才雇佣资本，构建以人力资本为核心的企业价值创造机制（责、权、利、能），形成业务合伙人、事业合伙人、企业合伙人，人力资本共享愿景和利益。

（2）人力资本与货币资本共创共享企业价值增值。人力资本真正成为企业的价值创造要素，人才和资本相互雇佣，人力资本具有对剩余价值的索取权。

（3）人力资本不仅分享利润而且参与企业决策。同股不同权，人力资本拥有超越资本的经营权和话语权。

（4）资本和劳动之间是平等关系。这并不是在否定资本的作用，而是已经形成了劳资双方基于价值平衡的薪酬分配关系。

人力资本价值时代是对以往的革命性的变化，企业要解决收入分配问题，就要让劳动者参到企业的利润分享，让劳动者参与企业的决策。过去的薪酬是老板说了算、资本说了算，未来则是基于劳资价值平衡的一种分配体系。应该说人力资本合同制度与劳动资本合同制度是深层次解决收入分配问题最重要的一种手段和方式。

（二）让每一个员工成为价值创造者，是人力资源管理的核心目标

人力资源管理的核心目的是激活人的价值创造，激发员工价值创造活力与创新、创业能力，让每位员工成为价值创造者并有价值地工作！

在人力资本价值管理时代，一定得回归到激活人的价值创造，让每个员工有价值地工作，让每个员工成为价值创造者。

值得学习的是海尔、华为。像海尔的划小经营核算体，提高员工自主经营能力；像华为的“少将连长”人才流动模式，就是在激活人的聪明才智，让员工快速响应市场和客户需求，

提升整个组织对客户价值创造的能力。

包括还有一些企业在提去中心化、去威权化，建立底层威权，像华为的“人才铁三角”和“倒三角组织”，这些组织模式的创新也都是为了激活人的价值创造能量。

另外，在人力资本价值时代，企业要最大化地避免人才浪费，避免出现“企业规模越来越大，人员效能反而越来越低”的情况，而是要努力实现员工碎片时间有效管理，提升人力资源效能。

（三）建立分层分类、客观公正的价值评价体系

人力资源管理的核心是价值链管理：价值创造、价值评价与价值分配。企业薪酬分配的关键是分层分类的价值评价机制。

从国有企业来讲，国企薪酬改革是要有所区分的，垄断型国企、公益型国企、竞争性国企定位是不一样的，价值创造点也是不一样的，要以不同的价值点来确立国有企业的价值分配的依据。

民营企业也是一样，企业价值分配的依据要基于价值评价体系，包括岗位的评价、能力的评价、价值观的评价、绩效的评价等。所以价值分配要解决内部公平和外部公平的问题，最终回归是否能够建立分层分类的客观公正的价值评价体系，建立和健全科学的价值评价体系才能合理分配价值。无论是国企还是民企，这是企业持续成长的关键。

（四）基于对人性的洞悉、对人的价值的尊重，构建人力资源机制

特别要强调的是，以人为本不是简单以人性为本，而是以

价值创造者为本，以持续奋斗者为本。柯达、诺基亚都是在提“以人为本”，为什么这些提“以人为本”的企业都倒下了？因为它们违背了价值创造的规律。企业要有盈利能力，企业就要按劳分配、按能力贡献分配，所以企业强调要以价值创造者为本。

有些企业强调员工幸福，追求员工幸福这个目标没有错，但是让谁幸福？如果让庸人幸福让懒人幸福，那这个企业就离死亡不远了。所以做企业一定是围绕价值创造，一定不能违背价值创造规律。我们谈价值分配、谈薪酬改革，不能违背企业经营的本质，不能违背企业作为市场竞争主体的本质。

因此，我们应该尊重人的价值创造，让价值创造者、持续贡献者获得回报。同时还得通过竞争淘汰机制让价值创造者有幸福感、有成就感。这要求企业要建立客户价值导向的高绩效文化，依据价值贡献来确定分配。

（五）建立科学的价值测算体系，让每个人的价值创造变得可衡量

人力资本价值管理的前提是价值判断。信息的对称与互联互通，对人的价值创造能力和实际价值创造水平进行计量与评估已经成为可能。

一是将会计核算引入人力资本的价值计量。像海尔的人单酬计量体系，能够计量到几万员工，每个人都有一张人力资源财务报表，收入基于价值创造，能够让员工了解人力资源的价值创造表是盈还是亏。此外，人力资源价值管理已经进入了信息对称阶段，只要企业对人的价值创造进行客观、公正的计量，并做到信息对称，实现公平计酬，员工的抱怨就会大大

减少。

二是用业务结果衡量 HR 的价值。计量人力资本如何推动业务量的增长，需要建立人力资本的效能指标，通过建立人力资源的效率指标来进行核算。人力资本对企业业务成长，尤其从规模成长转向有效成长时期，需要科学地衡量人力资本和价值。

（六）不断提升员工的价值体验，定制个性化人力资源服务和产品

基于大数据的人力资源决策与产品服务创新，成为企业业务发展的核心驱动力，促进了人力资源产品与服务的客户化与产品化，标准化与定制化。

如通过大数据参与人力资源决策，如 HRBP 与客户经理，如基于大数据的人力资源管理平台化。另外，人力资源的管理在互联网时代要强调价值体验，要加强互动沟通，最终实现人力资源产品与服务的客户化与产品化，标准化与定制化。

补充一点，我们一些国有企业目前市场化程度不高，一个部长级的国企领导的人力资源价值体验是年薪一千万元的民营企业家所感受不到的，比如医疗服务、社会地位感等。所以，国企的薪酬改革不光是从报酬上，还得从人力资源价值体验角度去考虑，它体现的是综合价值，不只是货币价值。

（七）人力资本价值管理时代更需要全面认可激励，并且及时进行兑现

人力资本价值管理时代，需要对员工的价值贡献要进行全

面认可与激励。

全面认可激励是指全面承认员工对组织的价值贡献及工作努力，及时对员工的努力与贡献给予特别关注、认可或奖赏，从而激励员工开发潜能、创造高绩效。

就目前经济和社会状况来看，在薪酬水平不可能大幅调整的条件下，如何调动员工的积极性，尤其是80后、90后的积极性是需要去探索的命题。像有的企业采用积分制激励，通过积分制对合理化建议进行积分。还有合作积分、企业文化实践积分、员工绩效积分等，进行不同的荣誉奖励，建立不同的荣誉体系，这种做法就值得借鉴。

年轻一代的员工更需要认同，更需要全面认可激励去激发其内在的活力，所以薪酬不光是物质的，还有精神层面的。在今天尤其需要对员工的价值贡献进行及时的认可激励。全面认可激励是符合时代的人的成就需求，不再是满足简单的物质层面的需求。

（八）构建互动与交互式人力资源价值网，不求人才所有，但求人才所用

以跨界思维和无边界管理，构建互动与交互式人力资源价值网。

这个时代，员工与客户角色互换，是在价值互动与交互中共同创造新价值。像现在的粉丝经济，如何对粉丝进行价值分配和奖励，已经成为这个时代新的命题。在这么一个“员工变成客户，客户也是员工”的时代下，人力资源的价值分配、薪酬分配是需要延伸到粉丝的，需要设计出不同的奖励手段，应用好物质和精神双重激励，鼓励粉丝参与产品制造和价值创造。

再就是要坚持开放合作，不求人才所有，但求人才所用。互联网时代的人才不再是简单地忠诚于企业，而是忠诚于专业和兴趣，在这种条件下，人力资源不再是简单的人才所有制，而是社区所有、社会所有。在这种条件下，我们需要建立开放合作模式，进行无边界管理，不断去激励员工创造价值，不断去帮助员工提升内在竞争能力。

二、人是主角：组织将围绕人来创造价值

孙　波

不管是组织形态，还是其衍生出来的命题，如组织变革、人力资源管理变革等问题，都是在发展过程中逐渐演变的。当然，这种演变并不是说今天的一定比过去更高级，不是这个概念。**企业管理的这种演变笔者理解为是与时代的相适应性。**

而时代是一个“时点”的概念，在这个时点所发生的一切并不一定都是更高级的阶段，比如今天的环境就比过去的环境好吗？今天出现的各种病症都比过去高级吗？并不是这样的。从这个角度来讲，今天我们探讨组织的问题、人力资源管理的问题，其实并不是割裂和过去的联系，要重构一个更高级别的体系，而是要去研究一个适合现在时点的人力资源管理状态究竟是什么。笔者认为这里面有一个贯穿过去、现在和未来的主线。如果我们抓住了这个主线，可能就能更清晰地看到它的演变脉络，以及它和企业经营之间的关系。

时代演进中的主线是人在组织中的定位和角色的不断变化。这种变化是不断适应客观时代背景的表现和结果，也是驱

动组织人力资源管理不断变革的主要原因。

（一）“人是目的”论重塑了人在组织中的定位

工业化初期，整个时代的主题应该就是“机械化”，这时我们谈组织中的人，更多的是把人身上所蕴含的人性化、个性化的要素抛开了，简单抽象为一种“力”的提供者，是劳动力。组织以其提供的体力和劳力为基础来核算付出和收益。

随着时代变迁和工业化的发展、竞争环境的不断形成、行为科学等管理理论的成熟等，对人的认识的也进一步深化。人们发现，人除了抽象成“力”之外，更会受到很多因素的作用产生不同的价值。这个时候对人的认识就深入了，开始关注作为个体的人，而不仅仅是将人作为抽象的“力”的输出存在。同样的岗位由于岗位任职者个体的差异会产生差异化的价值，这个阶段人岗匹配的概念就产生了。人岗匹配的概念是让合适的人到合适的岗位上去。但是，前提是人依附于事情本身，即在什么岗位上拿什么钱，以岗定人、以岗定薪，这就是当时人力资源管理的核心。

随着知识经济的发展，创新成为这个时代的主题。人作为知识主体，以其所具有的知识资本可以和资本平起平坐了。人在组织的权重越来越大，有的时候甚至反过来，资本开始追逐人力资本了。这时候，人在组织中的独特性和作用就空前突显了。

虽然康德很早就提出过“人就是人，而不是达到任何目的的工具”的“人是目的”论，但是从企业组织出现至今，这一理论并没有被践行，甚至被遗忘。海尔张瑞敏却鲜明地喊出“人是目的而不是工具”的口号，并把它作为海尔在互联网时代管理变革的理论基础。

笔者认为明确地提出“人是目的”并将之应用于管理实际中，本身就是一个巨大的突破。这个提法再一次厘清了在这个时点上，组织中的人和组织之间的关系，人不再是为实现目的的一种工具，不是依附于事情才存在的。人本身就是目的，是个性化的独立存在，以人为目的，就是要从人的角度考虑和组织之间如何互动。

虽然目前缘于种种顾虑，企业还没有形成一致的、明确地“人是目的”论。但无论如何，这种回到人本身来定位人在组织中的角色、人与组织的关系，会使得整个人力资源管理体系发生翻天覆地的变化。就像当年从简单的劳动投入来评价人转变为以人的能力来评价人一样，在这个时点上，人和组织关系的变化将是大势所趋，这是笔者的判断。

（二）组织将围绕人来定义能力、创造价值

从组织能力建设来说同样会发生转变。过去进行组织能力建设是通过一种结构化的设计让人在其中发挥作用，结构是主要的，有了结构以后再来看看怎么把人安插在其中，围绕任务目标实现最高效率的运转，人的角色是由组织结构决定的。而当人成为目的之后，人不再是由结构和事情决定，而是基于人本身价值的发挥来构建结构、驱动组织和组织业务的发展。

当然，很多人目前并不认可这个观点，认为人还是依附于组织的，笔者认为这是看问题的角度不同所致。从现实来看，大多数的情况的确是人依附于组织，但如果基于未来、用发展的眼光看可能就会有不一样的判断。

笔者最近也一直在通过各种渠道跟踪和研究海尔的管理实

践。海尔在互联网经济背景下进行的管理变革创新，尤其是海尔所提出的“人单合一”、基于双价值循环的人力资本增值管理模式等管理创新与尝试，已经打破了传统的组织概念，完全在试图构建一个开放的平台系统。这个时候真的很难说是人依附于组织才有价值，还是组织依附于人创造价值。

当然，人来驱动组织在现实中还有很多制约条件。比如海尔现在之所以能做这么大胆的变革，跟它的股权结构等都是有关系的。如果它是一个完全意义上由大股东控制的股份制公司，这样变革可能会令股东觉得没有安全感或者因为现实利益受损而阻止。举个例子，海尔作为一个家电企业，当把目标定为做世界最大的家电企业时，目标是清晰的，收益和风险都是可控的；可要把人作为目的，把人的发展作为目的之后，企业的未来有各种各样的可能性时，股东很有可能就会因为觉得无法掌握而阻止变革。

但从未来的角度来看，企业的演进一定不会像在工业文明时期一样是单一线性的轨迹，而更多需要非线性的创新，需要有各种可能性，企业要做的是怎么培育和发掘这些可能性，并使之在组织平台上有进一步的发育和延展，并且组织能够促使其与更多的社会资源对接。这个时候你会发现组织能力确实需要重新定义了——过去组织能力定义是基于结构化的设计来保证效率，现在的组织能力是保证这些有创意的人能有资源去把创意变成一项业务，要让创新的种子能在组织平台上发育、长大，最终能够创造价值。组织需要的能力是怎么能服务于人、服务于价值创造活动的能力，以及组织内部的价值导向塑造能力，比如是否有鼓励创新的机制和文化等。

如果一个组织内部仅仅是以利润贡献或者财务收益等指标

作为导向的话，可能就不具备创新创意的基础，没人会去做创新研发，因为创新有时候是不带来直接收益的，甚至可能产生不了价值。但如果一个组织不仅关注财务指标，同时也关注个人的成就动机，关注个人对创新机会的捕捉，对于非财务性的收益价值也给予高度认可并允许试错，那这个组织内就会形成鼓励创新的组织氛围。这涉及组织内部的评价、绩效、薪酬认可等。如果目标导向就是能赚到钱就好，那现成的业务和产品是最容易赚钱的。虽然谁都知道钱会越来越难赚，但谁也不会有动力去尝试新业务。

（三）未来将通过价值观来整合人、组织人

有人问，当人作为目的之后，怎么“集中力量办大事”实现组织的目标？笔者理解是，首先要看组织目标是什么。组织是只有财务目标，还是既有短期的财务目标，同时也有更为远大的解决社会问题、实现某种使命的目标？两个目标之间如何兼容并蓄，反过来构建组织能力，这是要研究的问题。比如海尔现在既有创新的小微，也有传统核心业务，虽然目前它的销售额和利润额有下降，但从非线性成长的逻辑来看它是没有问题的。

比如阿里巴巴，它现在的发展还仅仅是在延续电商的模式吗？绝对不是这样的，它现在其实面临最迫切的问题是怎么让站在第二排、第三排的人涌现出来，配置资源给他们，让他们去创新、尝试。包括它很多的收购，背后的逻辑就是发展新模式。当发展多种可能性成为它的目标后，就完全不是原来那种依据组织结构来安排人在其中的位置，而是依据人和人的价值创造来构建结构、配置资源，这就使得人与组织的关系发生了

颠覆性的变化。

过去，企业的战略规划可以提出具体的、可实现的目标，比如要成为行业第一名，当年的销售额要达到多少、利润达到多少，这在市场相对固化、环境相对稳定的情况下是可以这么去规划的，也可能依据战略目标去整合人、整合能力。

但在现在的环境下，战略规划是不是还可以这么做？可能它只能是一种方向或者是一种模式了，用这种模式能走到哪一步，会发生什么变化都说不好。那这时候你只能先去整合一群价值观相同的人，一起按照一个模式或一个方向性目标，按照最大的成功概率去走。这个时候，组织的目标不再是一个战略的绩效目标而是一个价值追求，是通过大家对于一种共同价值的追求而整合在一起的。

这就是我们说价值观管理会越来越成为管理核心的原因，未来将以价值观管理塑造组织能力。但是其核心根源在于对人在组织中的定位和角色的根本变化。当你以这个为基准再来看组织面临的问题时，你的视角和逻辑就都不一样。否则，以固有的传统逻辑去思考面对的新问题，可能真的是无解的。要认识到，组织的逻辑变了！

所以今天我们再来看人力资源管理和组织能力建设的问题，要看到问题背后的逻辑变了。要用新的逻辑，即对人的认识的新变化来看问题，不能再用旧逻辑来看新问题。

从人事到人力资源再到人力资本的概念的发展，其背后是一脉相承的，就是对人的认识的深化和演变。

（四）管理新命题：如何提高组织的自适应性

人力资源的组织方式已经在发生巨大的变化，海尔是传统企业中的变革先锋，而腾讯、阿里巴巴这些互联网公司也在发生变化，总的来说都是在从过去职能管理模式、三支柱管理模式走向平台化支撑模式。笔者觉得这种尝试是符合大势的，方向一定是这样的。

包括咨询机构现在给企业提供管理问题解决方案时，也不再是模块化的专业职能建设，更多的是以经营为导向的组织变革。这种变革可能是组织结构形式上的变革，可能是人员管理模式上的变革。

组织变革一直是从两条路径来展开的，一个是从组织结构本身发生变化开始，另一个是从人员发生变化时开始。具体会表现为三个阶段：行为变—过程变—文化变。行为变是具体的实施动作上的变化，过程变指流程发生变化，文化变来支撑和固化前两个变化。当我们以组织变革的视角去解决企业管理问题时就展现为一个系统性的变革过程，而不是单一职能的改变。管理问题的解决称为组织变革或组织能力重塑都可以，但人力资源管理专业职能建设的概念将会越来越淡化。

从组织变革的角度回过头来再看人力资源管理体系的演变，笔者认为有三个阶段：

第一个阶段是追求效率阶段，围绕着效率设置职能模块，互相协作起来以保证人力资源专业职能本身的高效和闭环运转。

第二个阶段是支撑战略的阶段。为了支撑业务运转、提升效率而进行的结构和模式调整，HRBP、三支柱模型的出现是典型特征。

第三阶段就是适应性的问题。外界不断在变化，企业组织的人力资源体系能不能适应这个变化。笔者认为这是未来组织变革的所有内容，无论是结构设计还是制度安排。如何提高组织对环境的自适应性，并以此为目标来构建组织能力和推动组织变革，这是这个时代，也就是“现代”要去关注和研究的管理新命题。

三、企业关键人才生命周期管理

张小峰

从农业经济的土地和奴隶，到工业经济的工厂、资金、设备，再到知识经济的核心人才，不同商业时代有不同的商业逻辑。

当前时代，人才取代资金，成为生产要素中不可或缺的一部分，无论是人力资本还是知本，在同货币资本的博弈中，逐步占据了主导地位。

过去，经营企业是经营客户、扩大市场、产品/服务创新、渠道拓展，而当前时代，经营企业其实就是经营人才。

曾经一度学界也有纷争，“人”是手段还是目的？是工具还是受益者？从物质的角度来看，既可以把人视为一个个体，也可以把人视为一种物质要素。如果从后者来看，组织即是由“人”构成的合作系统，那么组织的存续，即要维持合作系统的均衡状态。任何不均衡状态都有可能毁灭组织，而如何在不均衡状态中实现动态均衡，就需要满足“人”的需求，激发“人”的动机。由此而言，作为组织系统中个体的“人”，就是目的。企业经营的一切逻辑，要围绕企业中的“人”的需求展开。

人是目的，即企业运行的一切逻辑，要围绕人的需求展开，满足人的动机，激发人的活力，创造人的价值，提升人的能力。在这个过程中，组织作为“人”的系统集合，自然也会成长起来。

我们在帮助企业解决战略和组织问题的同时，也在思考如何解决“人”的问题。

围绕组织中的人、人与组织如何实现系统的动态均衡，华夏基石提出关键人才生命周期模型（CIP 模型），以此或许可能破解关于人的一些困惑。

华夏基石关键人才生命周期管理模型，主要从人才界定与盘点、胜任力模型构建、人才选拔与招募、人才业绩标准、全面人才激励、人力能力培养、人才职业发展、人才动态管理八个步骤，来实现人才的“选用育留”。

关键人才的生命周期管理，不仅仅是实现“战略牵引”和“能力提升”，同时还应该实现“风险防范”和“动态管理”的职能。人力资源部门的所有工作，就是创造企业战略目标实现所需人才的整个生态系统。

（一）关键人才界定与盘点

企业内部所有人才及岗位都很重要，但是，有些是解决问题的，有些是创造机会的。企业要想发展，首先要明确哪些岗位能够帮助企业寻找机会、把握机会、实现目标。

通过对公司战略目标及运营目标分解，界定关键成功因素，明确关键人才定义。

如图 3－1 所示，我们服务过的某家银行在做人才界定的时候，从战略方向着手，根据业务及管理现状，将战略方向确定为发展目标，进而分析达成发展目标所需的关键成功因素，以及由此确定的关键人才。

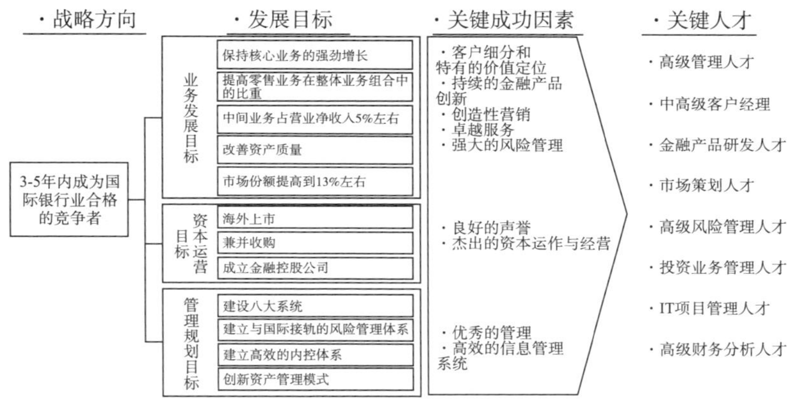

图 3-1　某家银行关键人才的确定过程

界定出推动企业发展的关键人才之后，还需进行现状的人才盘点和目标的人才规划，通过人才数量、质量和结构的差距分析，确定未来一段时间的人才计划，并以此构建整体的人力资源管理的战略价值实现系统。

（二）关键人才胜任力标准构建

“选人比培养人重要”，在明确承载战略目标实现的关键岗位及人才群体后，如何构建选拔和培养的胜任力标准，是需要思考的第二个问题。

区别于以往的（冰山）胜任力模型，华夏基石 CIP 模型将胜任力主要体现在能力（capacity）、意愿（intention）、特质（peculiarity）三方面，如图 3-2 所示。

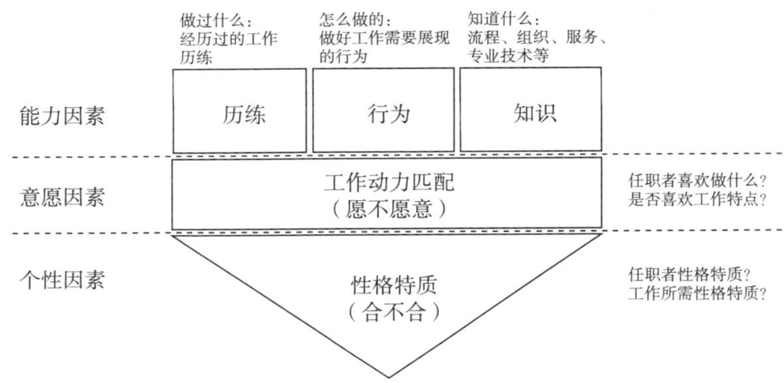

图3－2　华夏基石 CIP 模型胜任力的三个方面

（三）基于 CIP 模型的人才选拔与招募

结合华夏基石 CIP 模型，人力资源工作者可以通过表3－1中的手段进行关键人才的选拔和招募。不同的胜任力特征，可以通过不同的方式来确定，如表3－1所示。

表3－1　关键人才选拔和招募的手段

<table>
<tr><th colspan="2">胜任力类型</th><th>内涵</th><th>表现方式</th><th>测评方式</th></tr>
<tr><td colspan="2">历练</td><td>专业经历、行业经历、管理经历、完成工作所需能力</td><td>简历、经历</td><td>简历筛选、面试</td></tr>
<tr><td colspan="2">知识</td><td>完成工作所需的系统化原理和事实，以及相关技能</td><td>职业认证标准
任职资格标准</td><td>现对面测试、现场笔试</td></tr>
<tr><td colspan="2">行为</td><td>完成工作任务所需展现出的必备行为要点和注意事项</td><td>行为标准</td><td rowspan="4">行为事件访谈、行为观察、测评中心技术、问卷测试等</td></tr>
<tr><td colspan="2">工作动力匹配</td><td>是否喜欢工作所具备的特点</td><td>工作动力测评</td></tr>
<tr><td rowspan="2">特质</td><td>性格</td><td>是否喜欢工作所具备的特点</td><td>行为倾向性描述</td></tr>
<tr><td>领导风格</td><td>建设性行为和非建设性行为的表现及分布</td><td>行为倾向性描述</td></tr>
</table>

（四）明确人才业绩标准

人才选拔到位之后，仅仅只是解决了人才的来源问题，人才的使用、发展和动态管理，是后续需要跟进的人才管理手段。

业绩标准，即绩效考核的标准，其目的在于使得岗位目标能够承载企业战略或经营目标。通过关键岗位的业绩标准，来承载企业战略目标的落地与实现。

一般采取的考核手段有 BSC（平衡计分卡）、KPI 等业绩标准，同时在新时代下，也涌现出价值观考核、能力考核、态度考核、潜能考核等各类方式。企业可根据自身特点，针对关键人才，制订适用于自己的考核标准。

（五）构建全面激励体系

在组织系统中，员工既代表职能，又代表个体。所以满足员工的需求，是人力资源从业者时刻思考的问题。

而员工的需求，又是生理因素、物质因素、社会因素等一些因素构成的系统集合。所以，针对关键人才，企业要设计集货币、福利、认可等为一体的，包含经济性和非经济性诱因的全面薪酬体系，如图 3－3 所示。

（六）人才能力培养

根据关键岗位的能力、行为要求，结合岗位任职者目前的个人情况，建立有针对性的培养与开发体系。

培养体系一般可包括课程培养、专业学习、导师教练、轮岗锻炼等方式，如图 3－4 所示。

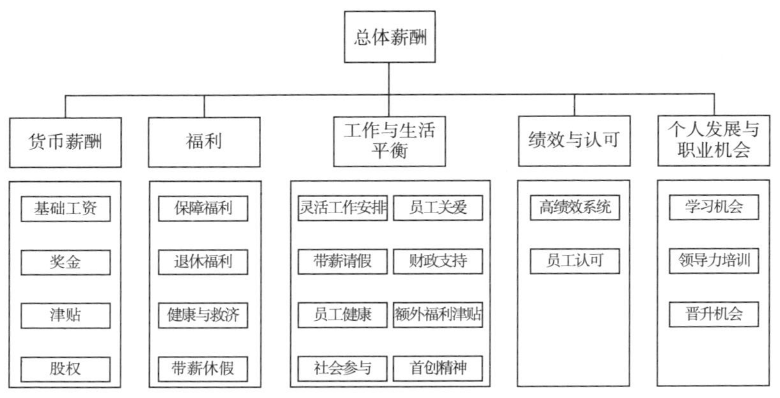

图3－3　全面薪酬体系

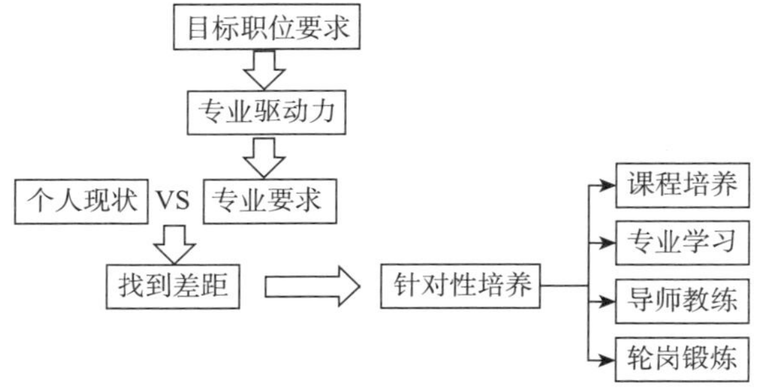

图3－4　人才培养体系

（七）人才职业发展

根据公司战略实现能力差异和岗位特质，需要对公司内部岗位进行分层分类，并以此构建职业生涯发展体系。

企业内部发展路径包括Y、H、h、n、网状五种类型。不同类型在员工分类管理、通道选择、未来发展等方面有不同的路径选择。

各类职业生涯通道都可以分为专业、管理两大序列。依据组织需求，员工可在序列间、职种间、通道内选择职业发展，如图 3 –5 所示。

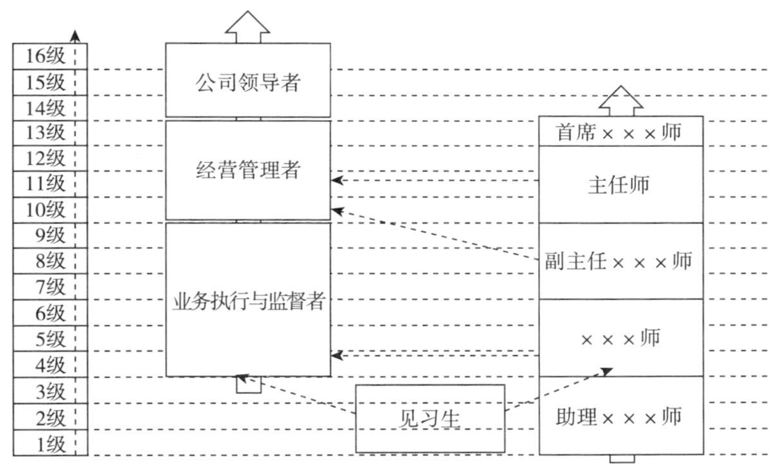

图 3 –5　职业生涯通道的专业、管理序列

（八）人才日常动态管理

通过以上手段，企业可以建立起关键人才的“选用育留”机制。除此之外，还应建立关键人才的日常盘点机制（如图 3 –6 所示），通过对能力、态度、业绩、潜力的盘点，确定其后续的任用、退出等对应管理措施。

以上内容即人才生命周期管理的基本思路。

人才管理是企业发展的重点和核心问题。人才生命周期管理只是一种思路和方法，具体到企业的日常工作，则需要因地制宜，实事求是，根据不同行业特点、企业特点、业务类型、

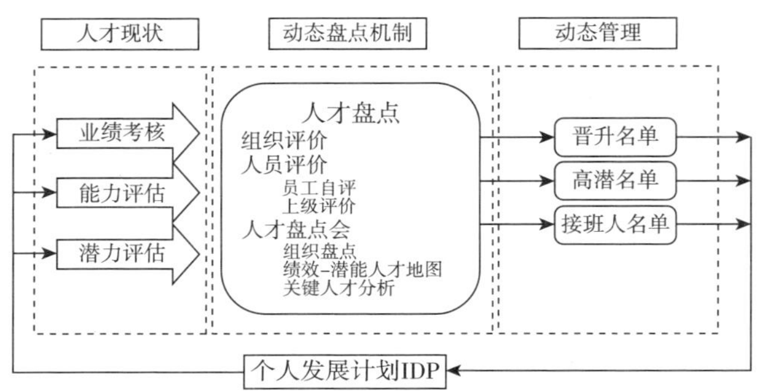

图3－6　关键人才日常盘点机制

管理模式、人员现状，进行针对性的方案设计。唯有此，才能建立适用于本企业内部的人才管理体系。

四、用企业家智慧“海纳”经理人

张百舸

（一）一个优秀的中国企业家是什么样

企业家（entrepreneur）一词源于法语“entreprendre”，意思是“敢于承担一切风险和责任而开创并领导一项事业的人”，隐含“冒险家”的意思。笔者认为，企业家精神形成与其成长的社会环境息息相关，因而中国企业家精神显然也应有中国特征。

虽然在现下的中国，企业家研究样本还较少，但通过对那些能被称为企业家的少量人群进行分析和研究后会发现：除传统的创新冒险特质之外，中国企业家精神还包含两大特质。

一是具有“人性洞悉及调控力”，这是对企业内部经理人而言。彭剑锋教授曾说过，“中国大凡成功的企业家都是人性大师”。如何理解？中国市场经济虽然发展了近四十年，但法律环境依旧存在提升的空间。如商业犯罪等相关法律还不健全，加之受功利主义等不良人文环境的影响，相较于发达经济体，人们的法治精神、契约精神仍然还有一定差距。

我们常说，中国 MBA 教育发展了二十多年，培养了一批专业的经营管理人才，但无法建立类似西方发达经济体那样的职业经理人才市场，没有招之即用的职业经理人。所以，中国企业在管人方面会更加复杂，尤其是面对一群专业自负、经验自信但随时会恣意妄为的经理人，如何将他们捏合成一个“力出一孔”整体呢？这考验中国企业家的智慧。

二是具有“政治灵巧力”，这是对企业外部公权力而言。即企业家既要赢得政府支持，又不能与政府官员建立“勾肩搭背式”的私人友谊。正如联想创始人柳传志所言：“在中国做企业，不与政府打交道是不可能的”，但如何与公权力建立近而不亲的关系呢？这考验中国企业家的智慧！

笔者研究发现，中国一些成功的企业家在这方面都有自己独到的方法。比如：华为任正非在处理政府关系上奉行“鸵鸟理论”，即“任你大叫小叫我就是不叫”；美的何享健恪守低调原则，“管你大会小会我就是不参会”；联想柳传志奉行“看不清大球小球就打擦边球”的政府关系处理原则；王石奉行“不管大礼小礼我就是不礼”的“政治不干锅”哲学。

（二）一个优秀的职业经理人是什么样的

没有企业家的企业很难成为伟大的企业，没有职业经理人的企业也很难成长壮大。回顾华为、联想、华为、万科这些优秀的大企业，都是依赖职业经理人发展壮大起来的。若没有职业经理人，企业就会出现战略与执行严重脱轨。

企业家勤于思，职业经理人敏于行，前者更具行业洞察力、战略决断力，后者更具专业分析力、专业执行力。马云曾说过，他参加蚂蚁金融内部业务会议时，几乎听不懂那些职业经理人的专业词汇。但没有这帮职业经理人，蚂蚁金融也不可能发展得像今天这么好。

那么，一个优秀的职业经理人应该是什么样的？笔者认为，一方面是有专业能力。中国多年的MBA教育，以及近40年的市场经济发展，已经培养了一批专业化能力较强的经营管理人才。另一方面也是最重要的，是要“有操守”，一是表现在敬业性方面，即恪尽职守，而不是“拿着企业的薪水，抱怨企业的待遇”。

笔者以前在企业工作时，常告诫自己的下属“腿永远长在自己屁股下面”，“要么踏实工作，要么辞职走人”，抱怨只会空耗生命。所以真正的职业经理人会用脚投票而不是用嘴投票，真正的职业经理人从不会非议自己的“老东家”，即使曾经非常不如意。

二是表现在“守规矩”方面，即自觉遵守公司各项规章制度，不逾矩、不违规、不贪腐、不谋私，也就是华为任正非所讲的“利出一孔”。

（三）用企业家精神选任职业经理人

首先要舍得分享。优秀的企业家都知道“人力资本是一种投入产出关系”，即大投入大产出。企业家在人力资本投入上一定要舍得，著名经济学家周其仁甚至说过，“加个薪你都这么费劲，就别当这个老板”。职业经理人靠其专业、经验、能力、业绩获得报酬，老板靠资本投资获得剩余价值，而职业经理人又是所有资本投入中最具活力、最具增值的资本。

其次应知人善任。即企业家要善于洞悉人性，精准把握职业经理人的特性，包括优点、缺点。第一切忌追求“完人”，因为这个世界上本来就不存在“完人”，要善于发现、使用那些有缺陷美的、不逾底线的、可塑造的职业经理人，因为这类职业经理人在自我改善过程中往往会释放对企业而言很大的正能量。第二要坚持“大拇指”理论，即用人所长、避之所短。第三坚持“事中选人”。企业一定要强调“做人先做事”，即在做事过程中发现人、培养人，因为企业组织是一个事业载体，职业经理人必然是“精于做事”的人。有些老板喜欢强调“做事先做人”，其结果人也做不好、事也做不好，因为人本身没有好坏之分（法律裁决除外），唯有人做事中的行为才有是非之分。

第三是修炼人格魅力。捏合职业经理人“力出一孔”靠的是企业家的人格魅力、领导力而非行政权威。笔者发现，像业务员背景的任正非、小作坊主背景的何享健、科技掮客（本文是褒义，指将科技成果转化为市场产品的人）背景的柳传志、社会活动家背景的马云、工程师背景的李彦宏等知名企业家，都具有极强个人魅力，这也是这些企业为什么能吸引、培育、留住大批职业经理人的原因之一。同时，笔者也发现有些企业出现领导人社会职务越来越高、架子越来越大，企业人才“逆淘汰”现象越来越严重，即优秀人才纷纷出走，平庸员工越聚越多的现象。

不确定性是当下中国市场经济体制的特征之一，面对不确定性，使企业免于“倾覆”的是企业家精神，使企业不断成长壮大的是职业经理人的才能。

五、权力是争取来的，而不是老板赋予的

陈　明

经理人加盟一家企业，任职某一个岗位。此时，这个岗位对经理人来说更多的是一个名称，而职位名称相对比较容易得到。岗位背后除了名称外还包括责任、权力、利益、能力等诸多内容，此时的经理人还处在“名不符实”的阶段。

“在其位谋其政。”要“谋其政”首先意味着你必须担起相应的责任。责任和权利之间的关系并不像教科书中描述的那样——责任和权力相匹配。大多数情况下是“责任大，权力小”，也有一些情况是“权力大，责任小”。

更为重要的是，权力要靠争取，权力获取是一个逐步的过程，具有明显的滞后性。获取权力的方式就是所谓的机制。例如，有的机制是靠责任和业绩来争取权力；也有的机制是靠关系来争取权力。

利益最后才“姗姗来迟”。大多数时候，你只有干出成绩才能兑现利益，这当中涉及一个诚信的问题，存在一定的风险。

权利和利益必须经过考验才能获得。这是经理人的最大挑战，也是他们抱怨最多的地方。

一个人的能力在某个时候是个定值，你不能指望某一天突然能力大增，能力主要是在实践中得到逐步提升。

权力、责任、利益和能力具有时间上的不一致性。老板和经理人之间的信任是基础，没有信任无从谈起。但信任是一种实践，必须用行动来证明经理人值得信赖。

（一）先责任，后权力

经理人的逻辑是：他在这个位置上，老板就应该授予他一定的权力，保证他一定的利益。老板不授权，他很难承担责任，因为责任大，权力小。任务完成不了，就是因为没有权力。老板给多少权，他就干多少活。

老板的逻辑是：授权给经理人，关键要看他能承担什么责任，能不能办成事。平时只给经理人一个基本利益保障，然后根据经理人的贡献支付报酬，也就是经理人必须先干出业绩，才能有所回报。

这就是经理人与老板之间相互纠结的本质。

老板和经理人信任的突破点是：经理人必须在权力和资源有限的前提下，把责任先担起来，通过个人努力把事情做成，帮助老板实现目标，给老板信心，逐步争取权力。随着权力的增大，平台变大，经理人就能做出更大的贡献。经理人贡献越大，在组织中地位越高，利益收获也就越大。由此进入一个良性循环。

信任从本质上讲不是别人给予的，也不是你想要就能得到的，而是用行动争取的。经理人从“名不符实”转变为“名符其实”的关键是信任。

（二）权力该如何争取？

虽然职位说明书对总经理或部门负责人的职权做了界定，

但实际上权力的真正边界受到个人风格、上下游协作、承担责任的意愿、个人能力等诸多方面的影响。

例如，碰到一位能力强、敢于承担责任、积极协作的人，他抢的“地盘”就比较大。老板认为这个人能力强、敢担当，就会将一些“模棱两可”的任务分配给这个人来做。因为老板觉得给他做，成功的可能性最大。一些新业务或重要的任务也会渐渐向他倾斜。于是公司的机会和资源都向他倾斜，他所领导的部门逐步成为“强势部门”，成为组织的“承重墙”，他个人的责任与权力逐步增大，成为要职要员。

1. 找理由是无济于事的。

哪个老板都不喜欢经理人讲理由，他最想听的就是这件事要做成，经理人打算怎么做。其实，企业里的很多问题老板心知肚明，老板需要经理人来解决问题，而不是听经理人抱怨。

有经验的经理人知道，经理人要让老板做选择题，而不是把问题推到老板那里，让老板做问答题，甚至给老板一堆不能达到目标的理由。优秀的经理人必须明确，自身的价值就是解决问题，创造价值。

据笔者的观察，大多数优秀的职业经理人有一个共同的特点，即知道自己的长处是什么，自己能做成什么，能给企业带来哪些改变。他们与老板最初接触时，就开诚布公地谈到自己的长处，自己能给企业做出哪些贡献。老板不喜欢那种会上拍胸脯、满嘴承诺，但工作落实不到位、干不出实际成绩的人。

2. 为下属担责

老板也不喜欢每次遇到问题就把责任推卸到下属身上的经理人。每当老板要了解问题的缘由时，这类经理人就说自己并不清楚这件事，或者推说是下属执行不力造成的等。过去官场中，这种做法叫“丢车保帅”。实际上，老板心里是很清楚的，问题的根源在经理人身上。一些有经验的老板在事先就同经理人约定好，对于类似情况责任都要记在经理人身上，因为即使问题确实出在下属身上，经理人也必须担负起做领导的责任，把问题“兜住”。

为下属承担责任，也是勇于担当的一种表现。放手让员工干，即使员工做错了，替员工承担责任，这是培养员工的一种好办法。明白的老板对此会很欣赏。

3. 尊重“老人”

有些年轻人能力比较强，非常有激情，经常“指点江山，激扬文字”，总觉得资历老的人或前任已经不适应企业发展，对他们表现出不尊重。即使有时候“老人”确实不能适应企业的发展，必要的尊重还是需要的，况且更多时候还要争取“老人”的支持。

你怎么对待“老人”，别人都会看在眼里。这个人就是老板。即使老板个人也认为“老人”需要让贤，但年轻的经理人如果对“老人”不敬，老板也会记在心头。敬重曾经做出过贡献的老员工，是经理人的一种品德，具备这种品德能促进老板的信任。

当然，信任是相互的，经理人如何赢得老板的信任是关键；从另一个方面来说，老板如何赢得经理人的信任也很重要。

现在有一个说法很流行：员工与企业的关系有三个角度——利益共同体、事业共同体和命运共同体。要想达到事业共同体和命运共同体，没有相互之间的信任是不可能的。

老板要获得经理人信任，最为关键是要让经理人觉得和老板一起能把事业做起来，而且自己能获得好处，共享成功。老板的能力、品质、胸怀、境界等都很重要。

信任是管理的基础，没有信任，管理的成本就会很高。老板与经理人之间的相互信任非常关键。

经理人必须通过行动赢得老板信任。一旦建立起信任关系，老板才会放手让经理人去做，并在背后支持经理人：遇到困难力挺经理人，遇到失误包容经理人。

老板也需要赢得经理人的信任。一旦经理人信任了老板，不仅管理成本很低，而且会激发出经理人的潜力，死心塌地为企业做贡献。

一旦相互之间建立起信任关系，权力自然而然就会到来。(本文摘自陈明所著《老板、经理人双赢之道》

六、海尔实践：从组织激励到自我激励

云　鹏

在企业发展过程中，如何激励和激活员工积极性始终是个难题。激励不够，员工的积极性难以调动；激励充足，组织一样面临许多问题，包括激励的有效性、持续性和方向性等问题。

上述问题从根本上说是传统激励思维的弊端所致。传统激励本质上还是一种雇主和雇员的思维，雇佣关系一定程度上使得激励内容成为雇佣双方的博弈焦点，组织为了完成目标就得“讨好”员工，在这种思路下，激励变成了“贿赂”和“交易”。久而久之，员工就把奖励当作了理所

应当的事。

因此，由组织激励变为员工自我激励，从而使组织期望的激励目标与员工期待的激励目标相契合就非常重要。此外，从组织激励系统完善性来看，建立科学的绩效评价机制、清晰直接的价值创造和回报机制、持续的目标牵引机制，也是非常重要的内容。

（一）海尔“三环四阶”对赌激励系统

海尔三十多年的变革实践，通过不断的组织平台化建设和小微生态圈建设，初步形成了基于双价值循环的人力资本增值管理模式，构建了“贯通三环，四阶联动”对赌激励系统，简称“三环四阶”对赌激励系统，如图 3 –7 所示。

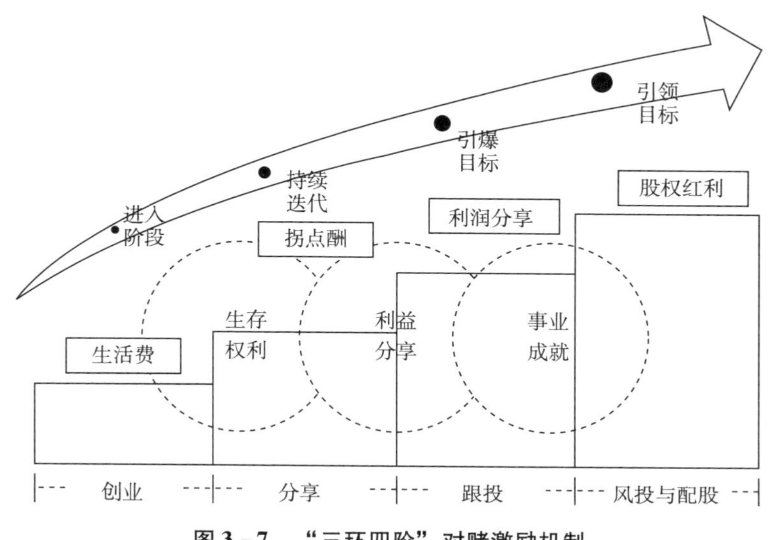

图 3 –7　“三环四阶”对赌激励机制

对赌本来是指投资方与融资方在达成协议时，双方对于未来不确定情况的一种约定。海尔用这个概念来设计企业与人的对赌共享机制。

“三环四阶”对赌激励系统中，“三环”是指激励层次贯通了生存权利、利益分享、事业成就从低层次需求到高层次需求的全过程；“四阶”是指从小微抢单进入阶段开始，到持续快速迭代阶段、引爆目标阶段，到最终实现的引领目标阶段，全过程覆盖，建立一体化的有差异的薪酬水平等级。目标的实现和薪酬水平直接对应，是平台、小微和创客不同主体之间在开始价值创造前，根据预期贡献对赌确定的。

对赌激励以小微为基本单元，通过建立对赌契约，承诺目标价值及分享空间。在达成对赌目标后，小微按约定分享对赌价值，并可在小微内自主分配到小微成员。当按照预单和预案的目标实现价值创造拐点的时候，小微成员可以分享不同拐点的薪酬。当价值创造引爆了用户需求，在行业中发展势头迅猛，实现价值创造的超额利润水平时，小微成员可以进行超值利润分享，并且可以进行投资拥有小微的虚拟股份，成为该项事业的主人。当小微价值创造实现行业的引领，并吸引到外部资本风险投资时，海尔可以根据对小微的贡献，为小微成员配股，小微可以脱离海尔，成为独立公司并实现上市。

贯通“三环四阶”对赌激励系统的有三个理念：

1. 树立“挣工资”理念

海尔强调的不是企业“发工资”而是市场“挣工资”的理念，改变了员工被动地听从组织安排，服从领导安排的状态，打破了组织内部与市场的绝缘状态。所有员工面向市场，积极寻找自身价值释放的空间，为用户创造价值，价值创造的越多，报酬越高。海尔人形容为“放养野生”，只有“放养野生”才有生命力和活力。

2. 建立利益共同体

任何一个公司的发展都离不开各利益相关者的投入或参与，企业追求的是利益相关者的整体利益，而不仅仅是组织主体的利益。海尔与小微的对赌，在不同的节点设定了超利润分享的利润率，比如小微的预期利润为 1000 万元，超过预期利润的 0～200 万元，小微享受的超利润分享比例可能会是 30%；超过 200 万～500 万元，超利润分享比例可能会设定为 40%；超过 500 万～1000 万元，超利润分享比例可能会设置为 50%。按照薪酬收入与价值创造的非线性联系，从而激励小微不断创造更高的价值。

3. 让员工经营属于自己的事业

海尔的管理层一直在思考着这样的问题：只有让员工经营真正属于自己的事业，才能最大化激活个人活力。实施以小微为基本运作单元的平台型组织，企业与员工不再是劳动雇佣关系，而成为市场化的资源对赌关系。从一定意义上讲，海尔对小微的对赌使得小微能够把工作当成自己的事业来做，也就是所谓的“自己的店当然自己最上心”。

与传统的激励方法相比，“三环四阶”对价值创造的不同阶段采取了有差别的激励方式组合，增加激励性；激励反映出的是创造的价值水平，强调信息对称，即时激励和认同；强调激励结果是自己价值创造的回报，体现的是公平性。整个对赌不同环节和阶段的目标由被激励者自行设定，根据最优结果确定方案。

表 3-2　传统激励和“三环四阶”对赌机制的对比

传统激励方法	“三环四阶”对赌激励
一次定价，只能反映过去价值	打通三个激励环节
目标薪酬，不分等，刚性增长，长远感受不深刻	不同阶段激励效果不同，层层递进，明确
升上去降不下来，不能直接反映创造者的价值	能升能降，创造者的价值与创造出的价值紧密联系
反馈不及时，滞后	及时反映，信息对称，激励效率高
奖励的贿赂思想，雇佣双方是对立的	自我价值的实现，公平性与共赢的体现
组织驱动，指令性	自我驱动，自主管理

（二）海尔对赌激励流程

目前海尔的研发、制造、工艺、销售等生产运作流程中的小微都变成了小微生态圈中的一个个节点，节点间完全市场化结算。所有小微同步面对用户需求，共享用户资源，共享信息，都要通过交互用户需求，找到一个针对用户需求的成熟解决方案。

小微生态圈实现的是同一目标、同一薪源下的共创共享。小微在运营实践中不一定都是真正的注册公司，但是所有的运营流程包括组织布局、损益核算、财务核算都是独立的运作模式。在核算损益的时候，每个小微并不融合在所在平台之中，而是在财务方面拥有一个独立的损益表，包括直接收入项，用户圈的边际收入项、支出项，以及最终的结余，都是独立核算。

小微生态圈各价值创造主体的共赢过程是，用户小微超利来自于实现用户超目标利润的增值分享，其他价值创造环节小微的超利来源于与用户小微同一目标的超利分享解构到节点的价值贡献。如图 3－8 所示。

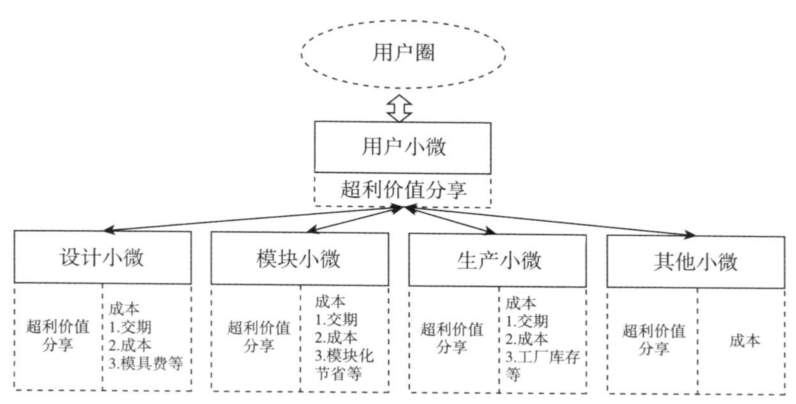

图 3－8　小微生态圈各价值创造主体的共赢过程

以免清洗洗衣机小微为例。

第一步，明确用户价值。

从发现用户痛点开始，到逐渐找到用户关注的价值生态圈；从细分用户群体到扩展更大范围的用户圈；从找到价值实现形式，到明确未来可能的发展目标；从找到价值创造的科技创新形式，到明确未来的迭代路径。

2013 年，全自动洗衣机员工孙传滨在收集用户意见时，在“天健社区”上看到网友抱怨洗衣机内筒肮脏得惨不忍睹的帖子。经过收集，他发现还有 1960 万的用户对此有不同程度的意见和改善要求。用户痛点摆在那儿，如何解决这一课题？海尔洗衣机的 HR 接口人仲娜看到了孙传滨的创业想法后，通过全员交互抢单，搭建了一个为关注洗涤健康用户群提供解决方案的全流程小微团队。这个小微团队独立核算、自负盈亏，并且价值到人，明确了每个人的单。

在这一机制驱动下，免清洗小微团队发起了一个“脏桶解决方案”的交互。这个过程吸引了990多万的用户参与、15万人的交互，众多研究机构和全球一流资源供应商参与，形成了846个创意方案。

通过交互国内外专家、研发资源一起把方案转化为产品，并由网络用户投票和线下用户体验，选出了最佳产品方案，最终成功确定了“智慧球”研发方向，也就是“免清洗”洗衣机。

第二步，同一目标。

用户小微按用户的需求明确有价值的单，与平台主签订实现最优价值单的对赌契约。一般对赌契约包括四个阶段：接入阶段，时间间隔短，一般应在3个月内实现赚到生活费的目标，并明确解约条件；持续迭代阶段，明确迭代目标和实践，拐点达成，明确分享比例；引爆阶段，明确价值数量，演进节点，小微跟投比例；引领目标阶段，确定最终成果价值，小微配股数额。

免清洗小微还确定了不同阶段的具体目标、完成时间，以及实现目标所带来的产品销量、收入和利润。并在此同一目标下，分解单的实现节点，开放发布不同节点单的抢单项目。

表3-3　免清洗小微不同阶段的具体目标

单	免清洗引领目标					
	拐点1	拐点2	拐点3	竞争力目标	挑战目标	颠覆性目标
目标竞争力	相比同期同品类产品2个月产品销量	单品类超越三洋，三星，LG	相比同期增幅3倍	月度目标为所在用户群行业现有容量	月度目标为两倍所在用户群行业现有容量	颠覆产品品类和市场容量限制

第三步，对赌抢单。

设计、供应商模块、生产、销售等各节点小微依据项目背景、用户需求的功能、性能、外观及目标成本和交货期等提出抢单竞争力方案。用户小微最终从目标竞争力等综合维度选择最佳竞争力方案，择优录用，签订对赌契约。各小微在独立核算、自负盈亏的基础上，与用户小微目标节点签订对赌契约，贡献价值采取市场化结算，通过用户评价，形成小微倍速、引爆、引领的自驱力。

在HR用户付薪机制驱动及全流程的并联协同下，免清洗洗衣机的2014年目标由3万台变成了20万台，每个节点都签订对赌契约。2014年在达成目标的同时，全员持续交互用户，全流程又制订2015年挑战200万台的大目标进行对赌，并计划通过个性化定制粘住用户资源，快速实现产品的持续迭代升级和汇聚用户流量。

例如，免清洗小微的虚实营销节点实现了建码、获单、出样的同步。首先在天猫上进行全球首发，十万人抢预约体验，限量3000台预售一空；紧接着线下每个城市的引爆，上海首发三天内实现1002台的引爆。直销员三天的工资超过原来三个月的总和。成都、长沙等一个又一个的引爆，迅速实现市场份额由20%到50%，2个型号拉动3000元行业销量占比由5.2%到8.8%，免清洗单品类行业份额为7.3%，超过很多一线家电品牌。

第四步，同一薪源。

小微生态圈全流程同一目标，各节点小微承诺在完成竞争力目标的前提下超出部分进行分享。分享按照不同拐点目标的价值采取不同的比例，分享比例逐级提高。各小微独立核算损

表 3-4　节点小微与用户小微对赌单

小微	小微主	职责	并联的人	承接的竞争力	对赌的单					
					类别	项目	拐点一	拐点二	拐点三	预案
并联节点小微一					横轴					
					纵轴					
并联节点小微二					横轴					
					纵轴					
并联节点小微三					横轴					
					纵轴					

益账户，在账户内自行分配薪酬。各小微不能完成价值增值目标的，超出一定期限自动解约，退出生态圈。

随着用户订单的迅速高涨，生产产能也是快速提升，免清洗小微与生产 A 线签订对赌承包合同。免清洗洗衣机日产能由原来的 200 台/天，3 个月内提升至 3000 台/天。销售小微的市场销量也由 3000 台迅速提升至 5 万台，到 12 月份超额完成年度 20 万台订单、20 万台产量的对赌目标。免清洗小微根据对赌目标完成情况，也进行了从 10% 到 20% 比例不等的超额利润分享。小微生态圈内各小微也全流程根据价值贡献进行相应分享。

第五步，小微账户内自主分配。

小微生态圈内按照对赌关系，各节点小微的损益收入是用户小微的费用成本支出。小微都拥有独立的损益账户，并按照收入和成本支出确定盈利。小微的损益承接到小微成员，根据小微账户情况，多挣多发，少挣少发，不挣不发，没有保底。

每个小微要根据单的预设节点，在开展价值创造之前，与小微成员对赌预设出不同拐点的价值分享数额。有竞争力的目标对赌是有竞争力的薪酬分享标准，实际创造的价值越大，挣出的可供分享的薪酬资源就越大。

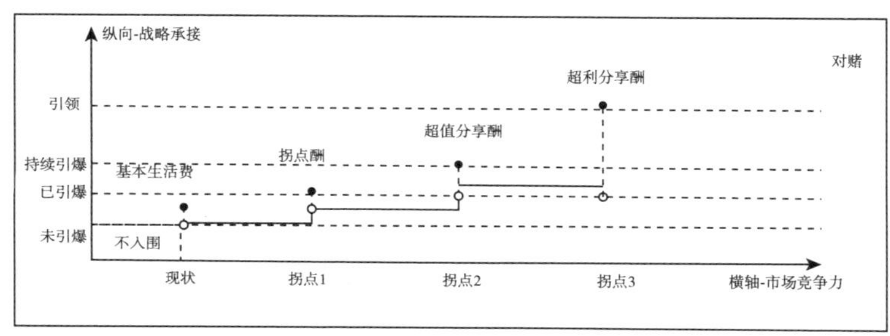

图 3－9　对赌预设不同拐点

（三）海尔对赌激励系统的四个机制

1. 基于预“单”预“酬”的自主激励机制

海尔的对赌激励系统实现了由组织激励向员工自我激励的转变，其重要内容就是按单预算和按单预酬。

按单预算是以小微的竞争力目标为核心预算人工成本效率，并根据小微实际创造的价值配置人力资源，通过“事前算赢（事前预算赢利）、事中显示、事后兑现”三个前后衔接、流程闭环的活动来达到激励效果。

“事前算赢”，是将确定下来的人工成本效率作为对赌目标，由小微按人工成本效率自挣成本资源，自主分配。事中显示是小微价值创造过程中应挣人工成本与实挣人工成本差距及对小微影响的动态显示，根据显示结果小微采取相应措施。事后兑现则是小微在实挣人工成本资源范围内，根据预算和实际差距自主决定如何分配使用。按单预酬机制，则是小微在对赌资源空间内，基于年度单的目标竞争力，确定薪酬的项目和薪酬的竞争力，使承担高目标的员工，获得高竞争力的薪酬实现高单高酬，单酬联动。

2. 基于二维点阵价值创造评价机制

二维点阵工具是一个价值创造预赢的管理工具，也是一个衡量单的完成情况的工具。每个小微和小微成员都要根据单的情况提前预测实现单的过程拐点、时间和实现路径。拐点体现的价值增值，表现为产品、收入和利润增长情况；实现路径则是保证拐点出现的重要措施，包括与用户的交互情况，产品的迭代情况，以及小微生态圈的资源优化情况等；而明确的时间管理则保证单的顺利完成。通过二维点阵的运用，海尔实现了价值创造、价值评价和价值分配在整个价值链上的贯通。

3. 用户付薪机制

用户付薪机制改变了传统组织付薪模式使员工与市场绝缘的状态，让每一名员工都能建立个人价值创造与最终价值需求最直接的关系，也就是每名员工都要有个人的单（价值创造）的具体承诺，都要找到自身为终端用户创造的价值。

在实现途径上，一方面是生产运营全流程并联，另一方面是各小微都要和用户小微进行对赌结算，所有结算资金的来源都是用户小微。所有小微采取独立账户、损益独立核算，内部分配自挣自花的模式。

以设计小微为例，设计小微为用户小微开发之后，由用户小微进行结算。而产品的销售业绩关系到用户小微的盈利能力和设计节点的盈利。设计小微的全部收入来源于用户小微的支出项，而如果设计小微无法按约定及时提交节点方案产品则其自身也无法实现盈利。

4. 持续性的目标牵引机制

期望理论认为，个体以某种特定方式采取活动的强度，取决于个体对该行为能给自己带来某种结果的期望程度，以及这种结果对个体的吸引力。“三环四阶”对赌激励系统设置了持续的目标牵引机制，不仅发挥了正向的牵引作用，同样还有约束和淘汰作用。

员工参与价值创造伊始，从最基本的挣生活费到拐点薪酬、超利分享，再到股权，形成了基于需求层次提升的动态激励，激发员工的积极性和主人翁意识，从而驱动小微的持续发展，实现组织与员工共赢。

第四篇　互联网时代如何重塑文化价值观

一、这个时代需要什么样的企业价值观

王祥伍

企业文化是企业适应特定环境的产物，特定的文化一定与特定的环境相关联，而企业价值观则是企业文化的核心表达，是企业适应特定环境的经验的集中表达。

相对于企业所处的传统环境，移动互联网的到来使企业原有的生存环境发生了巨大的变化。这种变化最根本的表现为信息传递的即时性、低成本及去中心化。即时性使信息传递几乎不再具有时间差异；低成本使得人们可以几乎零成本地获得海量信息；去中心化使得每个人都可以成为信息的发布者。每个人都可以成为一定区域或人群的信息中心，信息拥有和信息发布不再是社会或企业中专属于管理者的特权。

移动互联技术导致的上述环境变化，给企业传统的生存方式带来了新的挑战，同时也带来了新的机会。企业必须主动适应移动互联时代的环境变化，及时调整企业所持有的价值观，才能够更好地适应移动互联时代。

那么，移动互联时代的企业需要持有什么样的价值观？

（一）诚信透明的价值观

传统时代因为信息传递方式的限制，很多消费者、合作伙伴无法真正全面地了解企业信息，因为信息传递手段较少。企业比较容易进行信息封锁，比较容易通过广告宣传等方式掌控客户、合作伙伴和社会所能够获得的企业信息，从而能够做到掌控顾客、合作伙伴及社会的看法。在这种情况下，企业因为功利性的目的，经常会主动地对信息进行隐瞒、筛选、加工和再造，要做到真正的诚信实际上是不容易的，因为不诚信也可以过得去。

而移动互联时代则相反，无论什么组织，再高级别的保密信息都可能被泄露（就算是美国中情局掌握的信息都可能被斯诺登式的人物泄露），更不用说是企业的秘密。所谓的“纸包不住火”已经成为残酷的现实。

在信息已经不可能被垄断、被隐瞒的环境下，要想维护好企业与客户、合作伙伴、社会的关系，最好做到诚信透明，不要自作聪明地欺骗他人，不要利用所谓的信息不对称来获得额外的商业利益。

（二）平等分享

传统时代因为信息拥有的数量是不平均的，信息拥有的权力是不平等的，因此每个人实际拥有的权力是不平等的。拥有信息越多的人在组织中就拥有越多的权力，相反，拥有最少信息的人往往也是组织中拥有最少权力的人。信息造就特权，特权导致难以平等分享，拥有信息和特权的人在组织中总是会利用手中的信息和特权影响企业的价值分配，从而使自己在企业的价值分配过程中占据优势。

而移动互联时代消除了特权赖以生存的信息拥有差异化前提，每个人因为拥有等量的信息而变得平等起来。尽管这种平等仍然是相对意义上的平等，但却是决定意义上的平等。因为一旦信息拥有量平等了，其他特权及依附于特权的分配不公都会在光天化日之下冰雪消融，难以持续。

企业所采取的平等分享表现在两个主要方面，一个是对外的，企业与客户的平等分享，表现为以客户为中心的价值导向；另一个是对内的，资本、管理者与员工的平等分享，表现为以人为本。

（三）开放合作

移动互联环境下由于信息传递的实时性和低成本特性，导致所谓的“距离死亡”，即人们之间的信息交流和沟通协同已经几乎不再受距离因素的影响，这使得企业的边界将会发生或实际上已经发生巨大的变化。原来因为距离较近的原因适合企业内部做的事情，比如零配件生产、会计服务、软件设计服务等，在移动互联时代变得可能更适合企业外部人士去做。

传统的企业一般都会把研产销供等作为企业的基本业务，很少有企业把其中的一个环节进行外包的，而移动互联时代，大部分企业则基本不会做全四个环节。如有的企业专注于营销和研发，而把生产和供应外包给市场，比如苹果和小米科技；

而有的企业则只专注于生产和供应业务，比如富士康和歌尔声学等。具有开放合作意识的企业往往更能够充分利用移动互联所带来的这种便利，把自己不擅长的事情外包给市场上的企业，从而更容易获得效率优势和成本优势。

（四）尊重包容

信息交流的加速和低成本、信息接收和信息发布的去中心化，使得移动互联时代信息的数量呈爆炸式增长趋势。信息的爆炸式增长带来的是企业生存环境的复杂化和多变性，客户需求复杂多变，市场竞争复杂多变，政府政策复杂多变，等等。企业现实持有的任何一种价值观都可能在急速变化和急剧复杂化的环境中失效，而企业要想持续发展，也必须使自己的价值观变得多元和更具有包容性。只有这样，当企业的主流价值观遭遇挑战而变得失效的时候，多元化的价值观或者说持不同价值观的团队往往能够带领企业走向未来。

（五）契约和自律意识

移动互联时代使得社会中的民众和企业中的员工拥有了更多的权力，而能否把这些多出来的权力运用到企业发展中去，变成驱动企业发展的正能量，需要企业倡导和持有另外一种价值观，即契约和自律意识。因为任何一种权力，不论被谁拥有，如果没有相应的约束，或者说没有相应的约束机制，都有可能被滥用。基层民众和员工拥有的权力也是这样，如果没有足够的外在或内在的约束，权力被滥用的情况也难以避免。所以，移动互联时代的企业更需要倡导契约意识以形成外在的约束，倡导自律意识以形成内在的约束。

移动互联技术让信息更快、更低成本地流动，让更多的人拥有了更多的信息，并让每一个人都成为信息的发布者，同时也让更多的人拥有了信息带来的权力。这是不同于几千年传统的一个巨变，这种环境的巨变必将淘汰那些在价值观念上因循守旧的企业，而能够在巨变中生存下来的企业将是那些能够随着环境的改变而改变自己价值观念的企业。这些价值观念包括但不只是：诚信与透明、平等与分享、开放与合作、尊重与包容、契约与自律。

二、最好的文化是响应人性

黄健江

（一）文化是对人性的响应

从某种意义上说，企业文化可以脱离时代，脱离具体的产业形式。但是，纯粹地从组织的角度来说，企业文化要遵循两点：第一，企业文化必须反映企业成功的规律和道理，如一定要以客户的价值观为企业的价值观，所以企业文化一定得迎合企业成功的客观要求。第二，企业文化一定得响应人性。这两个点是任何企业做文化必须遵循的东西。

（二）经济形态变化对文化提出挑战

现在，中国有几种代表性的经济形态：一种是存在于大城市的互联网经济。这种经济形态是对大规模集中的工业生产组织方式与价值创造过程的一种否定。其组织的边界发生了变化，模糊化了。

第二种是区域性经济。如浙江省、福建省、广东省等地，形成一村一品、一乡一产，或者是一县一产的经济形态。意大利的中南部其实也是这样，其陶瓷工业、制鞋工业、皮革工业全部是这种模式发展起来的。说明这种组织模式能形成区域性竞争优势，甚至有可能在全世界的产业价值分工里占据非常重要的位置。

第三种是大工业组织。代表性的如富士康。大组织、大工业某种意义上来说最不符合中国人的文化特点。富士康这种形态的组织，是典型的工业革命时期的组织形式。富士康为什么不能在一个地方长期持久地生存下去，而要不断地搬迁？

因为，富士康这种工业组织方式无法持续依托于一种文化，只能通过搬迁在另外一个新的文化环境里成长。深圳是个最典型的例子。

富士康刚进驻深圳的时候，深圳经济还是起步阶段，所以富士康一度风头无二。但之后当深圳经济逐步发展起来后，对企业的“软环境”有了更多要求时，富士康的生产和管理方式等却没有任何改变，因而发生了员工跳楼及劳资纠纷事件。富士康不得不向外地搬迁。

当富士康进驻河南时，河南的经济相对比较落后，农民还没有更多的选择，所以他们选择了富士康。但他们不无挣扎，内心并不淡定，也并不认为自己会在富士康工作一辈子。假设当这些人在富士康工作十年之后，那时河南经济也逐步发展起来，人们能找到更好的工作时，富士康可能就失去了在当地雇佣的基础了。

在工业经济时代，生产资料是集中化的，生产资料的生产过程及对劳动者的要求也是集中化的，富士康是工业发展到极致的典范。

但是，未来的生产方式将发生很大的变化：

首先，纯工业经济的大生产模式已经不再完全依赖于人了，而是依赖机器人和智能化生产系统。但凡不完全依赖于人力，而是依赖于智力投入的生产，都可以采用分布式组织。这个时候，生产就从大组织回归到相对小规模的团队，甚至是个体，由他们来承担经济责任，而且可以独立核算。

其次，互联网技术解决了经济体和经济体之间的交易机制和内部价值认定，完成了对工业经济的初步替代。比如，京东奠定了其在家电零售企业的地位，其品牌得到了业内的认可，有助于其与其他商家的合作变得顺畅。从这个角度来说，中国传统的在社会组织化程度相对比较低的经济状态下孕育出来的小农经济文化特征，是能够适应现在的互联网经济的。

工业组织是基于权威而建立的，必须有一个很明确的权威。

就像指挥军队一样，这符合工业经济的要求。但现在随着技术的发展，在工业经济中，只要能够集中生活资料、生产过程和劳动者，机器就会在一定程度上替代人的劳动。以前需要1万人的工厂，现在也许只需要一千个或几百个知识劳动者进行设备监管维护就可以了。这些知识劳动者围绕工厂运行的所有环节，形成一个一个的小经营体。虽然传统工业经济的生产过程仍然存在，但是基本实现了智能化和知识化，其组织方式发生了变化，对文化的要求也就不一样了。

比如，一个5万人的服装工厂，大概有50人的设计师队伍，或者是一个设计工作室来支撑全部的设计。这个工作室的设计师可能都是熟人，甚至师兄弟的关系。这样的一群人可谓志同道合、价值观趋同。这种小经营体的模式就与中国社会的家庭经济或小农经济的文化特征接近——当人和组织没有违和感的时候，生产力就能爆发出来，达到相对最大化。

从这个意义上来说，中国传统的经济形态，如家庭经济、村庄或族群，甚至是地域经济，也许无法支撑大工业组织，但在后工业时期，在“平台化 + 生态”的互联网经济形态里，是能起到支撑作用的。

（三）企业文化的本质是为企业服务

文化在企业里有三个层次。

第一个层次是解决产业权力和政治权力的问题。简单地说，它不再是只解决企业内部人和组织、人和事、人和人的关系了，要解决的是企业和政府，企业和社会等“非企业的问题”。

第二个层次是基于产业的文化，即用企业文化的各个层面，如使命、价值观、愿景进行组织和管理。

第三层是基于业务的文化。比如，在开发一个单一产品的项目组，或在一个大公司里面的某一个业务单元，这些组织方式用使命、用愿景，用团队文化、熟人文化，或者家庭文化就可以支撑。

第一个层面的文化是企业秘而不宣的，如同隐藏在孔雀漂亮羽毛后面的屁股。第二个层面的文化是企业最应该宣扬的文化，用它来阐释企业在全球产业竞争体系里面自身的竞争思想及组织模式。第三个层面的文化可以归结到团队文化范畴里。

这么多年，企业改造的大多数是第二个层面意义上的文化，即解决价值从哪儿来，价值怎么生成，怎么组织企业去实现和创造价值，这种价值在人与人之间是一种什么样的关系等问题。

这个层面的文化仍然是下一个阶段企业要着重建设和塑造的。因为企业是一个功能性组织，企业文化本质上是为企业服务的，所以企业文化一定是强势的。当企业构建自己的规则系统时，一定会反映出企业的利益，这个本质不会变。

在实践中，企业文化存在的问题也基本源于此。

第一个问题是，根本没找对企业（事业）成功的规律，而是有点主观唯心主义，一厢情愿。譬如唐万新的“七个锅盖九个锅”，或“孔府家酒”只靠营销就想持续成功。其结果是不管其文化搞得再好，人才士气再高，凝聚力再强，队伍再嗷嗷叫，也是白搭，所谓南辕北辙。马再强健、车再扎实，方向不对，即使命、经营逻辑、战略不能反映事业成功规律，只能是白跑，甚至可能离目的（地）愈远。

第二个问题是企业的使命、经营逻辑和战略体现了企业的成功规律，却提不出对人的思维方式和行为方式的要求。只知道挥起指挥棒，说“向东”，却不知如何诱使与逼迫人“向东”。个人只凭喜好做事，东向者愈东，西向者无动于衷，甚至心怀鬼胎，则事业同样难成功

第三个问题是，假设前两点都解决了，但提炼出的对人的思维与行为要求，以及据此采取的机制，完全是反人心、逆人性的，则组织倡导的文化建设就不会成功。

（四）尊重个体是文化契约的根本

文化本质上是一种契约关系。对个人权力认识的不同，笔

者觉得这是东西方文化在企业组织里出现冲突的根本问题。

诸子百家里面最接近西方理论的，就是道家。杨朱主张，“拔一毛而利天下，不为也”。为了社会苍生，拔他一根毫毛都不干，这是一种极端的利己主义。但是，站在个体角度这么做也无可厚非。

与人共处，这种思想就会转化为合理的利己主义，即个人有主张自己利益的权力，而合理的利己主义是培养进步文明的前提。但一直到现在，主流价值观并不宣扬杨朱的这一观点，不刻意强化个人应该有权主张自己的权力的思想。

国家的法律也好，企业组织的规则也好，都是在处理人与人之间的关系。但是，处理人与人之间的关系的前提是承认个人的权力，真正的文明一定是建立在尊重个体权力的基础上。

要处理人与人之间的关系，就需要个人把一部分纯粹利己的东西让渡出来，然后形成大家认同的规则。

人之所以是理性的，就因为人具有选择的智慧，可以权衡在什么场合下使用什么手段能够达到目的。有时候，一个个子矮小的人也有可能与姚明那样的巨人抗衡。但仅有智慧是远远不够的，人还要具备德行。德行不但能创造价值，还能带来权威。当某人德高望重的时候，在乡村或某个组织里就能起到“规则”的作用，所有人都服他。

尊重个体的权力是个人和国家、组织之间的契约关系的根本所在。当企业构建自己的规则系统时，一定会反映出企业的利益，这个本质是不会变的。但同时，企业文化还具备另一特征，即尊重人性。

尊重人性有两方面的含义：第一，尊重员工自私的想法；第二，尊重员工选择的权力。

当员工进入一家企业时，就要遵循企业的规则，在此前提下以劳动换取生存所需的物质，并获得精神满足。如果不认同企业的规则，那就只有卷铺盖走人了。因此，任何一个企业文化的构建都要同时满足这两个条件：第一，符合组织高效率创造价值的需求，这是必然的条件；第二，符合员工的选择。只要符合这两点，企业所倡导的就基本上是合理的。如果其中有一点不符合，即使企业文化说得再天花乱坠，也起不到应有的作用。

人性中都有对于美好生活的向往，虽然人们所向往的目标会有个体的差别。比如，有人梦想事业有成，能拥有套大房子；有人希望家庭和睦，子女能健康地成长。在企业中，只要员工能够遵循企业文化的导向去工作，就可能实现自己的愿望。这是文化构建的第一个要素，即尊重人性、响应人性。

但有时，企业文化的导向却与此背道而驰，是违背人性的。比如，企业要求员工在喝咖啡休息的时间也必须工作。在这种情况下，就产生了矛盾：组织文化的要求是反人性的，但是组织文化的管理机制又是响应人性的，员工需要在这种两难境地中做出选择。那些愿意遵循企业这套游戏规则的人会留下，而那些愿意继续喝完那杯咖啡，愿意保留在周末休息等权力的员工会选择转身离去（注意：是主动选择，而不是被迫离去）。这是一种相互选择，是一种契约精神。

任何一个老板都会受社会价值观及个体成长环境的影响而形成自己的价值观。他们的价值观有可能与上述两个规律是交集的关系，是完全合拍的，不会有违和感。有些不符合刚才说的那两个规律的东西，这时，企业家如果想要成功的话，在某种意义上就要革自己的命，而不是革企业的命，要有从企业家的企业变成企业的企业家的觉悟。

有些企业也提出“共同发展，共享成功”，理念是没错，但重在落地。

笔者印象非常深刻的是，在 2007 年时，和彭老师曾就美的集团的文化对何享健进行访谈。何享健谈了一个小时，他的主旨就是讲两点：第一，一个人不能包打天下。企业要做大，不可能仅仅依赖于个体的力量和智慧。老板要舍得授权、放权。第二，既然一个人不能包打天下，就要具备“有钱大家挣”的意识。

岭南人崇尚财聚人散，财散人聚。这句话不是挂在嘴上的，美的是真放权，真分享，真给钱。这就是对人性的响应。

三、企业文化建设的新特征和新方向

宋杼宸

笔者首先想强调的是，互联网思维不只是互联网公司才有。作为一种思考方式，互联网思维是对传统企业价值链的重新审视，并且将传统商业的“价值链”改造成了互联网时代的“价值环”。同时我们也清醒地认识到：互联网之所以这么快地拥有了时代特征，是因为它本身就是一种文化。它体现出某种价值，贯彻了若干种价值体系，比以往更为开放、更懂得分享、更懂得承担责任、更为透明。

了解了这个概念之后，我们看看互联网时代给企业和企业文化带来了哪些显著变化？第一是网络化，第二是平台化，第三是信息多元化。

网络化就是借助云计算和互联网技术，把虚拟世界和实体世界连接到一起。传统文化带来的是科层组织，而网络化带来的是扁平化的组织。扁平化组织容易把企业、员工和客户变成一个“利益共同体”。之前在科层组织里面员工是听领导的，但是在互联网时代，员工也好，企业也好都要听客户的，是围绕客户来设计产品和服务。如此巨大的变化使企业员工要去真正弄明白：客户是什么？客户是谁？为客户创造什么价值？为客户创造价值的同时为自己创造了什么价值？

再说平台化。平台是一种可以快速配置资源的框架，所有的资源都能以最快的速度配置，并力求最大的共赢效果。传统经济驱动企业发展的原动力是钱德勒所说的“规模与范围”，但是驱动互联网时代前进的原动力是平台。

信息多元化，是指信息的来源渠道多元化、信息的数据海量化、信息的价值判断多样化。此时对企业来说，价值观管理就成为企业文化建设的主题。价值观管理作为一种管理思想，是由美国的西蒙·L·多伦提出来的。他认为，进入21世纪，随着知识型员工数量的不断增长，依靠员工的个人价值观与组织的集体价值观来进行管理，已成为有效提升组织效率的最重要手段。在互联网时代，价值观管理尤其重要。以后有机会笔者还将深入探讨这个命题。

显然，互联网时代的企业文化建设，对老企业来说是如何适应互联网带来的变化，对新企业来说是如何体现时代特征。这是因为企业文化是企业适应特定环境的产物，是企业适应特定环境的经营哲学和价值观的集中表达。

那么，互联网时代企业文化和价值观如何体现时代特征？

首先，企业价值观的塑造应该体现互联网时代的特征。我们价值观体系里有经营理念和管理理念，互联网时代的这些理念和传统的概念有很大的差异。举个例子，过去制订战略都会按照传统的长效机制和经典理念研究一个长期战略，但是由于互联网时代变化太快，此时的企业需要的不是“长战略”，而是“快战略”。也就是要根据外部世界的变化非常快速地制订一个制胜战略，取胜之后，必须马上再制订出一个新的战略来替代原来的战略。这就叫作“瞬时竞争优势”。

这个理念是美国哥伦比亚大学的一名教授提出来的。她认为不断地把“瞬时竞争优势”连接起来，方能够保证公司在较长的周期内取胜。这类公司摒弃了“稳定是业务的常态”这一传统观念，甚至不再以“稳定”为目标。公司鼓励持续性的变革，规避僵化带来的风险。它们的战略观与众不同——认为战略是流动的，以客户为中心并且不受行业限制。在制订战略时，这些公司定义竞争领域、评估新业务机会及创新的方法也与传统方法截然不同。这种颠覆性的创新，对企业界冲击很大。类似的变化，笔者认为在塑造价值观时要反映出来，体现出时代特征。

其次，就是要真正形成以人为本的价值观。前面讲了扁平化组织带来的巨大变化是体现出每个员工如何以客户为中心，在满足客户的同时去实现自己的价值。显然，在网络化组织中，整个管理的重心就从管理员工的群体逐渐变成企业的领导帮助员工去实现客户的想法。领导的任务相应地变成了协助每个员工实现个人和组织目标。企业文化建设的目的在于创造一种促进员工不断学习的组织氛围，形成组织不断创新的核心能力。

新的管理环境要求组织高层应致力于企业文化的新发展，实施分散性的管理策略，增强组织的机动性、灵活性，把员工的个人组织行为纳入集体范畴，尊重和培育其个性化的发展，使员工的创造性和个性的发挥成为互联网时代企业生存和竞争的核心动力。这势必要求管理者以分散化管理来保障组织的有机性和灵活性，放松组织的集中控制。但分散化管理的同时，必须依靠企业文化来维护组织的运作，将员工的个别行为整合到企业目标中去。以人为本就此成为必然。

最后，文化管理成为企业管理的最高阶段。原来做企业文化咨询时，我们更多会强调企业要有自己独特的文化，有较强的文化引导力和约束力。但是，在互联网时代体现出的通过价值导向引导企业管理策划、动作信息传递等，达到能够使每个员工知道事该怎么做，用什么标准去做的目的，笔者觉得这应该就是以文化为中心形成新的管理机制。

原来一直有个没有特别想明白的问题：为什么企业管理的发展是一种由古典管理、科学管理到文化管理的递进，并且文化管理成为现代企业管理的最高阶段？在互联网时代里我们可以找到答案，因为网络型组织的有效性取决于组织的自我协调能力和自我实现能力，而这种能力是靠价值观、靠文化来管理的，来源于组织的文化。

彼得·德鲁克把网络化组织比喻成一个交响乐团，在这个“交响乐团”中，只有一个最高指挥，构成组织的成员是大量的各类专家。他们依照自己的“乐章”工作，而“指挥”与“乐手”、“乐手”与“乐手”之间的“指令”“交流”就是电子脉冲和网络。正是组织目标、价值原则这些无形的文化因子构成一个无形的“电磁场”，成为组织中一种无形的组织和协调力量，从而使各组织成员个别的行动能围绕组织目标有序地进行。

由此我们也可以得到另一个结论：**互联网时代企业文化建设的方向就是三个面向：第一个面向客户，第二个面向员工，第三个面向可持续增长。**要树立客户导向的经营理念，前端对客户负责，后台对前端负责。企业从管理高层、中层干部、一线员工到后勤人员的全体员工，从市场调研、研发、生产、销售到售后服务的全部价值链活动都要围绕顾客需求的满足而运作；要坚持以人为本，因为员工满意和上下同欲意识的培养非常重要。

企业文化必须以人为本，员工满意、员工忠诚是客户满意、客户忠诚的先决条件，进而决定着客户是否满意企业提供的产品或者服务，这是一个连锁性的环节。在互联网时代，员工的积极性与创造性及附属于员工的知识对企业文化的影响、对企业的成功比以往任何时代都要重要，深深影响着企业的存在与发展。

四、转型期企业文化建设的三个核心命题

苗兆光

目前，企业必须面对的现实是中国社会正处于转型期。**在此社会背景下，企业在进行企业文化建设时，应处理好如下几组命题：**

第一，正确处理社会文化与企业文化的关系。

社会文化、社区文化是社会群体为了解决外部生存和内部

整合形成的一组范式。

比如，近亲不结婚就是要保护种群的生存质量和延续而建立的一种规则；孝道是上下代之间的契约，要求上一辈人对下一辈人承担无限责任，而下一代对上一代人也承担无限责任，这样一个种群就有了连续性；“义”是朋友之间的义无反顾，另一方面也强调滴水之恩当以涌泉相报，本质上是一种社会公认的契约关系；古代的师徒制要求师傅像父亲一样对徒弟承担无限责任，同时也要求徒弟对师傅也承担无限责任。这些都是社会文化的一种目的性，解决了人类自身的内部整合和外部生存的要求。

企业不可能脱离社会文化的大背景而独立存在，也不可能做逆社会潮流的事。企业本身也是社会的一部分，塑造企业价值观的本身就是对社会文化的参与。虽然社会正处于转型期，但整个社会的向好趋势仍然是明显的。企业在进行文化建设时，应当借鉴战略制订的思维，顺应社会发展大势，顺势而为。

第二，从企业家的价值观到企业的价值观。

企业的价值观是由企业的目标、使命、愿景演绎出来的一组价值原则，这个原则跟个体的价值观可以不完全一致。

员工只有在履行公司职务的时候才必须遵循企业的价值观，在履行个人的行为时应允许个体的价值观存在，与企业是一种价值交换关系。个人的价值观在组织中表现为动机，企业为了激发员工的积极性和对企业目标的认同性，要通过利益分配和控制机制让员工形成企业与员工之间的交换，引导员工形成组织的价值观。

区分清楚这个概念以后就会发现，其实员工价值观多元化并不是坏事。

企业在进行企业文化建设和价值观整理的时候，不必把多元化问题看得多严重。员工层面的价值观多元化的严重程度远远小于企业家把自己凌驾于组织之上，而不是把自己置于组织之下的问题。企业管理层到底信不信企业有价值观，能不能真正立足于把组织当作一个脱离老板个人意志的独立生命体，赋予其目标及宗旨体系，这才是企业文化与价值观管理的核心问题。

个人认为，员工价值观多样化的问题之所以变得突出，或者经常被拿来作为文化与价值观管理的阻碍，根源在于大多数企业老板不是从企业宗旨思考企业应该建立什么样的价值观，而是把自己的价值观试图强加给组织。这会让员工觉得组织的价值观没有合法性。这种价值观既不是用来支撑企业目标的实现，也不是用来平衡企业各个利益主体之间的利益。

解决的正途还是回到我们过去常说的一句话：企业家要转型，要由企业家的企业转变为企业的企业家，真正把企业看作一个独立的生命体，以及各个利益相关方实现各自目标的一个平台。

第三，认清企业文化建设与管理面临的三大挑战。

企业在与社会互动的过程之中，文化真正遇到的第一个挑战是在过去几十年里，中国传统文化出现断层，导致文化变得无序。

第二个挑战就是西方文化的冲击。西方文化与我们的文化是两套体系，有着不同的逻辑。由于西方文明的强势，传到国内以后冲击了我们的传统文化。当两种文化拼凑到一起时，就有碰撞了。

比如，孝道文化本来强调上下两代都对彼此承担无限责任，而西方文化强调独立。当这种西方文化传到中国以后，就出现了这样一种情况：上一代对儿女还在承担无限责任，而下一代对父母却在强调个性，造成上下两代人之间的失衡，更在农村出现了一些子女不赡养老人的情况。

比如，西方企业文化建立在契约经济之上，而中国又强调师徒制。郭德纲与徒弟之间的争端闹得沸沸扬扬，本质上是试图把两种文化都导入到企业里去，只采用对自己适合的部分。师徒制下，师傅对徒弟不承担无限责任，如同契约经济下不强调自己的义务，而是把所有的责任都强加在员工身上。这就造成利益失衡，是中国秩序重构中产生的一个问题。

第三个重大挑战是，毕竟企业这种组织形式是根植于西方文化基础上的，中国文化在一些方面有与现代企业制度不相容的东西。

比如，中国人的原则性有待进一步提升（太强调实用和灵活），但企业是建立在一组原则之上，管理的起点也是原则。如果没有原则性的话，组织很难存活，管理也很难有效。缺乏原则性很多时候使得组织的价值观无法贯彻。往往是一群人一商量，包括老板也参与合谋，就把组织的原则性给颠覆了。这是大问题，是每个组织最应该警惕的大腐败。

比如，一些中国人的契约精神缺失，而价值观其实是一种契约，是一群人走到一起，在组织中共同约定的必须恪守的方式。没有契约精神也就意味着对组织的价值观没有发自内心的认同感。

正是这些中国文化根源上与现代企业不相容的东西，使得企业的价值观很难建立。从这个意义上来讲，虽然我们这么关注华为，有那么多研究华为的成果，但华为的案例还是被严重低估了。其实华为不仅仅是一个成功典范，还是一个在中国文化的土壤上如何培育出现代企业的范例：其立足于中国文化的土壤，向西方学习，把西方的制度精髓、文化精髓硬生生地拉过来，建成了一个现代企业的样板。如果我们从文化的视角来研究华为是如何与社会文化互动的，更有现代性的意义。

从这一点上来说，中国的企业家比西方的企业家更艰难。西方企业家更多致力于商业创新，而中国企业家还要在组织形式上创新。只有在两种创新上都有突破，才有可能做出成就。

不过，时下的小米、乐视等企业强调的生态圈概念在西方并没有那么火，这属于中国企业的组织创新，既尊重了中国集体主义观念下的个体主义，又强调了整体抱团的概念，是适合中国文化的一个组织形式。最近比较流行的合伙人的提法，同样如此。

五、企业文化的使命永远不会变

彭剑锋

今天我们谈文化不是简单地谈文化，而是谈企业在互联网时代如何进行文化管理。这要求首先回到原点——回答文化的使命是什么的问题。

华夏基石一直坚持的观点就是：**首先，企业文化一定是功利性的，是驱动企业价值创造和保持高绩效的源泉。**无论外部环境如何变化，文化管理要为企业创造价值，既高于企业战略又服务于企业战略这个本质不会变。

在互联网时代，更要强调回归到“文化的使命是什么”这个基点来思考文化如何为客户、为员工创造价值。

其次，文化一定是与时俱进的。其实互联网时代最核心的还是创新，从文化管理的角度看，创新的本质就是与时俱进。为什么我们今天要讨论互联网时代的企业文化建设？就是因为环境变了、客户变了，一切游戏规则变了。而从文化的功利性来讲，企业文化有两个特性：一个是为企业创造价值，另一个是提高企业对环境的适应性。这时候就要思考：中国企业如何能够通过文化建设回归到为客户创造价值？如何变更思维通过文化的创新来提高对环境变化的适应能力？

提出要通过创新文化来提高企业对环境的适应性，是因为一个企业在新的环境发生变化以后，最深层次的变革、最先要变化的是人的观念、思维方式、态度和行为。企业的资产结构、组织结构及业务流程都好变，但最难变的是人的观念、习惯性的思维方式和行为方式。

如果观念不领先、思维方式不变革，态度不转变，行为能力滞后，企业组织的商业模式创新、流程变革都将流于形式，都将停留在玩概念层次上，骨子里面是没有变化的。比如，要组织扁平、建立客户导向的业务流程导向，如果企业还是官本位思维，还是权力导向，组织变革与流程再造的结局就是组织更复杂、流程更冗长、办事效率更低。

基于这两方面，华夏基石正致力于探究几个核心问题：环境究竟发生了什么变化？我们要有什么样的价值取向？要有什么样的游戏规则？要有什么样的新价值观、新的思维导向？要有什么样的行为方式？等等，以期能为中国企业提供一些思路。

那么，互联网时代如何进行文化管理的变革与创新？笔者有几点粗略的认识：

第一，笔者认为在互联网时代带来的种种变化下，恰恰更需要进行文化管理。为什么？第一个是现在影响人的价值思维的因素多元化，人的思想乱了。信息极其海量，极其“便宜”，这就是造成人们思想上的一种混乱。第二个是迷茫。在海量信息面前，无从选择，无所适从，这就是迷茫。第三个是盲从。互联网时代出现了新一轮的盲从，一些所谓的“意见领袖”在利用互联网作为工具错误地引导人们。有些企业家还在错误地引导消费者、错误地引导员工。

互联网时代人们的选择更多元、更自由了，很多人反而因为缺乏思考而盲从。在互联网时代，企业如果没有一个正确的价值观起着牵引作用，就会出现乱、迷、盲的情况，最后使得企业的力量涣散了。甚至出现本来是要发挥员工的自主创新能力、自主经营能力，结果变成人心迷失、精神涣散的情况，难以形成企业的凝聚力。

第二，互联网时代进行文化价值观的变革创新，恰恰更需要提倡开放和包容性。比如华夏基石，有的人提出要建设高绩效的文化，有的人提出要建设价值文化，有的人认为要回到文化的本质。这些只是路径不同而已，殊途同归，大家的核心目标是一致的，就是从使企业回归价值原点来思考变革。

互联网时代是一个互联互通的商业民主时代，是一个你中有我、我中有你、相融互动、彼此相依的有机生态圈时代。开放、包容是互联网思维的基本特征，首先，企业内部要拆掉部门墙、流程桶，真正面向客户一体化运行；其次，企业在外部要从封闭走向开放，要从单一竞争走向竞合；最后，在文化价值诉求多元社会和组织中，要允许不同价值诉求的表达，要能包容挑战、质疑和失败，建立跨文化的沟通与交流机制，基于公司使命和愿景凝聚不同背景、不同价值诉求的人共同为客户创造价值，为企业的战略目标做贡献。

第三，互联网时代，文化管理既要“去权威”，又要建立权威。互联网时代是一个需要张扬个性、尊重个性的时代，但是如何使得这些发散性的“点”回归到组织，这是文化管理的新难题。即我们文化管理要解决的问题是：既要去所谓的权威，又要建立权威。没有权威肯定不行，但这种权威不再是行政命令权威，如专家权威、流程权威。权威的内涵在互联网时代发生了变化，但不能说互联网时代组织就没有权威了。没权威大家就各干各的，就不可能统一于组织，但任何时候都还得统一于组织。

比如小米提出的去权威，但实际小米的核心价值观还是雷军提出来的那几条，大家统一于雷军的思路，并没有哪个合伙人提出自己的一套主张出来。互联网时代，企业的核心价值可能更开放、更包容，不是老板一个人的东西，但这个核心一定是有的。

第四，互联网时代要真正实现客户价值优先和人力资本优先。笔者最近总结了一下，互联网时代的两个显著变化：一是真正强调客户价值优先，二是人力资本价值时代。

首先，在信息对称、企业与客户互动交融时代，企业的商业模式并没有真正的免费模式。在市场经济条件下，总是要有人买单。所谓免费模式本质上是客户价值优先模式，先免费集聚客户，先让渡客户价值，然后才获得客户价值并最终赢得企业生存和发展价值。企业只投入而没有回报，这本身是违背市场经济法则的。企业最终要实现赢利，客户最终要为产品与服务买单，这是市场经济规律。

其次，在以大数据为基础的知识经济时代，在物质资本与人力资本的博弈中，人力资本渐居主导地位，如阿里巴巴究竟是一个什么企业？如果按照传统资本理论，阿里巴巴应该是一个日本企业，因为阿里巴巴最大股东是日本人孙正义。腾讯和百度应该是美国人的企业，中国的互联网企业绝大多数是外资为主。但通过人力资本合伙人制度，哪一个不是控制在中国人手里、控制在人力资本手里，所以这个时代才是真正的人力资本优先、人才资本主导时代。

第五篇　构建企业新竞争力：软实力

一、以文化建设构建 HR 体系

黄健江

一般来说，企业会依据能力对员工进行分层分类，把做相同工作的人归为一类；在同一类员工群体中，又按能力的高低分为或多或少几个职级。根据他们对企业的价值大小，在待遇上予以区别对待。

从这个意义上讲，企业已经把人分成三六九等了。总体来讲，能力强的员工在组织内部承担的责任较重，价值也较大，所得也自然显著地超过他人。这种现象反映了管理追求效率的本质要求，而这套人力资源的管理体系，大多数走上正轨的企业都已构建起来，或至少是它们的提升方向。

但是，从文化，或者说劳动态度与精神境界的角度，企业有没有把人分成三六九等呢？文化管理又如何与人力资源挂钩，甚至构建一套完整的 HR 体系，从而对员工进行分层管理呢？

（一）文化建设的理想尚未照进现实

不少组织的潜意识里一直在追求大一统的态度标准：如果公司能够像宗教组织或军队那样，上下一心，左右同欲，那还有什么事情办不成的？要是人人都像雷锋那样做好事不留名，像焦裕禄那样不知疲惫地忘我工作，像屠呦呦那样甘于淡泊，坐得起十年的冷板凳，像庖丁那样富有工匠精神……整个公司的战斗力就会大大提高！每每做如是想时，企业家或管理者都会无例外地兴奋起来。

这种想法好不好呢？不能说“不好”，毕竟如果真那样的话，组织确实极具效率。但也不能简单地说“好”，因为那只是一种理想状态。马云说，人必须要有梦想，万一实现了呢？可是马云建构起自己的梦想之后，一定会脚踏实地地努力，才能使梦想照进现实。然而，在文化管理方面，绝大多数企业家都只是停留在愿景层面，还没有找到行之有效的办法以促使理想转变为现实。

基于文化标准的差异，在企业中，员工的分层有一些自然而然的雏形。例如，企业里有干部，有普通员工；有先进分子、英雄劳模之类，也有与之相对应的一般人。笼统地讲，这种人群分类蕴含着文化标准上的差异。组织对干部的要求自然而然会较高，干部就应该有更好的劳动态度及更高的精神境界，不应该混同于普通员工，不发挥示范带头作用。

组织之所以会选出劳模或优秀员工，也是看中候选者所表现出的符合公司导向的行为方式。所以给他们一个荣誉称号，希望他们再接再厉，甚至能够影响其他的员工。

在企业的文化管理实践中，组织往往也会基于干部和普通员工的分类，构建不同的标准，如领导行为规范和员工行为规范。这其中蕴含着组织对这两类人的不同期待与要求，但再往下，怎么贯彻这些标准，使它们真正引导、规范和约束着不同人的行为方式，使组织因为这样的分类而能在基于态度的效率管理上形成正向反馈的循环？相信对于绝大多数企业，这些问题还是一个未能有效破解的难题，还在困扰着企业家及其管理团队。

（二）文化建设不能遵循统一标准

实践中最早的文化建设与管理套路是企业会首先梳理出自己的核心价值观，然后据此提出对领导和普通员工的行为要求，进而主要通过宣传、教育和传播手段促进文化的落地。这种模式的实施效果当然不理想、不如人意，原因就在于文化建设并非主要基于知识的建设。如果基于知识的建设，运用宣传、教育和传播手段效果则是显著的。

文化建设的本质是思维与行为方式的建设，而且是“组织所需要”的思维方式和行为方式的建设，并不一定是个人发自本能就乐意的思维和行为方式。即使个人也认同组织需要的思维和行为方式是对的，是好的，是应该那么想、那么做的，在实践中也不一定就会那么做。员工会问：“我为什么要按照公司的要求那么做，对我有什么好处呢？”

有追求、想要更好地解决问题的企业会思考把对人的要求同企业的管理机制挂钩。如果想要在组织里得到更多，或者想要借助公司的平台功成名就，就必须按照组织的要求来，用实际行动来换“胡萝卜”！这个思路是对的，但实践的结果依旧不太理想。企业发现很难将抽象的理念或行为要求同人力资源的相关机制挂钩，而只能看着如“有责任心”“主动协同”这样的文化标准干着急！

为何会这样，到底怎么回事？不论是基于知识建设的各种企业文化宣传、培训和教育，还是试图直接将抽象理念与人力资源机制挂钩的探索性实践，都是基于企业内部人应当遵循统一的文化标准这个假设的。或者说，是沿着文化是统一标准这个不言而喻的惯性思维来筹划解决方案，并开展工作的。

具体来看，企业在提出任何一个单项的管理导向时，有没有同步思考其针对的是哪一类人群（同时也意味着不针对其他人群）？在提炼一整套的文化理念时，有没有同步思考哪一些是针对干部的，哪一些则不仅应当而且也可以面向全员推广？企业的核心价值观是否包含着层次不同的行为要求。对不同的人，是否应当有不同的期望，而不是对全体员工无一例外地都实施基于价值观的行为考核？把针对干部提出的一套文化标准不假思索地照搬过来当作对操作工的管理导向与标准，是否合适？

关于此类问题的答案，我们来看任正非的反思：华为公司形“左”实“右”的情况很严重。生产总部对插件工也考基本法，考不好还把人家给辞退了。莫名其妙！基层员工踏踏实实做好本职工作，遵守道德规范就是基本法。

这是任正非在10年前看到的现象。那个时候的华为已经俨然要成为中国企业的典范，但在内部管理实践中，依然存在文化是统一标准的假设与认知惯性。可想而知，在管理素养与华为尚有明显差距的绝大多数中国企业那里，这股惯性该有多大！

所以我们反复思考的结论是，文化绝不意味着同一套标准，文化建设绝不意味着用同一套标准去要求人。如果那样，效果只会适得其反！

（三）文化建设实施“人以群分”

如果“文化建设不能用同一套标准来要求全部的人”这个思想成立，无须再争论的话，那么在此基础上提出的问题就是，能不能在技术上实现人以群分呢？

答案是肯定的。

1. “红线”：区分企业可用之人和必须淘汰之人

首先，企业一定可以从文化的角度，描述出它绝对不能容忍的现象（任何一个现象本身或其背后，都是员工的某种思维或行为方式）。例如，任何人都不能将公司的人财物资源使用到非工作目的之上，否则企业就将变成人人谋取私利的道场。

基于“不能容忍”的原则，我们可以界定企业的第一套文化标准，暂且称为“红线”吧！谁逾越了红线，干了企业不能容忍的事情，那对不起，请出局。这样就把企业可以用的人和必须淘汰的人清晰地区分出来了。

2. 非奋斗行为：区分一般劳动者与奋斗者

将企业不能容忍的人排除出去之后，剩下的人理论上都是可用之人。但这一群“可用”之人到底该怎么用呢？站在组织的视角，企业家和他的权力团队一定希望每个员工都表现出符合组织需要的态度与精神境界。

例如，“招之即来、来之能战”“奉献”“团队精神”等。这些正是企业需要文化建设与管理的根本理由，站在企业的角度都是对的，是必要的。但是对于员工来说，则不一定这么想、这么做。员工首先是来打工的，看中的是通过工作获取报酬的机会，而非冲着对企业家的认同或所谓的“老板魅力”而来。很多普通员工也不懂企业到底会有多好的发展前途，更不确定企业赚大钱了自己就必然能发财。所以他只抱着“打工心态”——我付出劳动，你给我报酬。我干得多，你就应该给得多，别的八竿子扯不着。这种人在企业里肯定为数不少。那作为老板或管理者的态度是什么？简单粗暴地把他们都赶走吗，在企业里只留下认同并且服从管理要求的人吗？相信大多数企业都不会这么干，因为尽管明知这些人没有文化认同感，但有时迫于形势，还得用这些人。

那好！极端情况下只能假设这批人是绝不会改变固有的“打工心态”的，那还对他们提“少喝咖啡多加班”的要求吗？还能指望他在下班之后躺在床上仍在思考明天的工作吗？企业家不会这么做，但也不会重用他们，不会发自内心地与他们称兄道弟，更不会给予他们法律和劳动制度外的额外激励。一句话，对待这批人，基于雇佣关系，按劳动合同法办事。彼此利用，不谈文化，莫论情怀。

假使有些人抱着打工心态来，因为种种原因，爱上这个公司，爱上自己的工作了，就可能表现出比“打工心态”更高层次的行为方式。例如，因为活没干完，他们便自觉加班；虽然领导没有清晰地交代，也没有明确的奖励办法，但他们不计较，先干活；因公出差，虽然按规定可以坐高铁一等座，但因为只剩下二等座了，他们也不会想方设法“搞”一张一等座的票拿回去找财务报销，等等。有此类行为方式的人就不再仅仅是打工仔了，而是成为与公司事业同行的“奋斗者”！

怎么区分这两种人呢？有两种可能的思路，第一种思路是正向出发，列举所有奋斗者的行为表现，符合这些表现的就是奋斗者，剩下的则是遵循劳动法规进行管理的“劳动者”了。这条技术路线存在一定程度的操作难度：第一，一时半会很难穷尽所有的奋斗行为方式，而做不到这一点，就会立刻把实际上的奋斗者推到一般意义上的“劳动者”当中去，打击人的积极性。第二，文化意义上的标准往往比较抽象，不仅难以量化，甚至基于事实做评价和甄别也不容易。有一句话，叫作“不可度量就不可管理”。如果硬要去度量，则可能增加无穷尽的成本，甚至陷于烦琐中。这么做，还存在不可预知的“政治”风险，就是一开始，实际认证下来的奋斗者可能只占全体员工的一小部分，很可能打击别人的积极性，不利于团结和调动大多数人。

第二种思路是遵循负向的排除法，列举现实中突出存在的，不符合公司导向，不如人意且涉及面较广、影响较大的“非奋斗行为”，并且遵循可基于数据而量化评价，或可基于事实而甄别的原则，予以管理——人只要未出现这些行为，就假设他是奋斗者！基于这个思路，甄别出在企业发展的当前阶段具有标本意义的“非奋斗行为”，这种方式容易评价，管理成本不大，操作性较强，并且从结果上看，被认证通过的“奋斗者”将占员工的大多数，有助于鼓舞士气和调动积极性。

这是依据分层分类原则构建起的企业文化第二个标准体系。

大体而言，华为也是遵循这个思路来甄别奋斗者，即员工只要自愿签署奋斗者协议，承诺“成为与公司共同奋斗的目标责任制员工，自愿放弃带薪年休假、非指令性加班费”，即可作为奋斗者享有相应的权益。

3. 高境界行为：区分高能量奋斗者和一般的奋斗者

把一般劳动者和奋斗者区分开来之后，还不够。毕竟“非奋斗行为”这个标准虽然构筑了员工等级正态分布的基础，但还是比较低，起不到文化的牵引作用。

从组织的期望视角看，企业家显然迫切需要找到一批人，他们具有更高的精神境界，如有大局观，能够站在全局的角度看待自身工作，从企业发展的大局出发审视自身行为，必要时甚至可以做出个人利益上的一些妥协与牺牲；如成人达己的精神境界，首先关注别人的感受，从别人的反馈中读懂对自己的期待，由此愿意在成就别人的基础上达成自身所想；如有使命感，做事不仅仅关注当下和眼前利益，更重视企业可持续发展的价值，愿意牺牲眼前的舒适去换取更加长远与幸福的未来。对这种人，企业家自然是愿意付出更大的代价来选用育留的。

实际的情况呢？龙生九子各有不同，企业内部一定有一批高能量的奋斗者，理应把他们甄别出来，给予更好的对待，同时鼓励他们发挥更大的价值。

甄别这群人的标准，就是我们说的“高境界行为”。它有两个维度：一是空间维度上，能够合理地处理好个人与团队、局部与整体的关系。在结果上无一例外地都促进了整体的福祉，反过来又成就了自己。二是时间维度上，能够合理地处理好过去、现在和未来的关系，积极适应环境变化，不断学习并与时俱进，总是能够透过现象看本质，既能仰望星空，又能脚踏实地，一步一个脚印前进。

在企业的三层文化标准中，“红线”是最清晰的；“非奋斗行为”总体上也应当可以基于事实来度量。相对来说，“高境界行为”比较抽象，虽然导向清晰但不那么界限分明。

不过没关系，因为高境界行为只“管”少数公司最为关注（也是对公司价值最大）的对象，所以即使管理成本高一些也值得。

明确高境界行为的甄别标准和程序，同时结合专业能力与创造力方面的表现，我们就能找到谁是企业发展所需要、最有未来价值的高潜人才，就可以把他们收入后备人才库，重点关注和帮助他们成长，大胆给他们压担子，让他们有锻炼的机会，尽快脱颖而出。

在组织与管理学意义上（非企业治理意义上），企业就是由企业家和干部群体构成的权力团队。他们的态度和境界将对企业的发展产生根本意义和深远意义上的影响。所以，必须遵照这些高境界行为标准，来监察组织内部目前身处高位的干部群体，看他们是否配得上组织的期待和股东的委托。如果结果表明他们不能，或状态上存在隐忧，组织就需要有针对性地干预，不论使用何种手段。正如华为所宣称的，对待干部，唯有锤炼。久经考验之后，“从泥坑里爬出来的是圣人”，“烧不死的鸟是凤凰”，才能肩负起组织所赋予的使命。

4. 公司的三类“宝贝”：干部、高潜人才和英雄模范

在组织生活中，还有一些人，他们的才干不足委以重任，潜能或也已充分释放，但他们仍然具有较高的能量。在劳动态度和精神境界上，他们任劳任怨、兢兢业业；在工作情感上，他们忠于企业，值得信赖；在人际关系上，他们是周边公认、群众服气的英雄与模范。这样一批人同样需要基于高境界行为标准而甄别出来，授予他们合理的荣誉及相应的待遇。

要求干部以身作则、率先垂范，用文化引领和影响团队，达成组织的目的；期待高潜人才越来越多地脱颖而出，成为带

动公司发展的新型“火车头”；不让“雷锋”吃亏，形成人人都想当“雷锋”的氛围。这些都是在充分发挥高能量奋斗者的带动作用。正是这种管理和带动，将造就更好的干部，更多的高潜人才，更浓郁的人人争当“雷锋”的氛围。这才是真正的企业文化落地，也才是企业人才管理提升的方向！

总而言之，从文化与人才发展的角度讲，企业的管理就是管好五种人：第一，把不能容忍的人淘汰出去，基于劳动合同关系用好一般劳动者，发挥他们的价值，但并不依靠和依赖他们；第二，用“非奋斗行为”甄别出奋斗者，给予他们差别化的对待，使甘于奉献的“雷锋精神”蔚然成风；第三，依据高境界行为标准，结合专业能力与创造力的评估，找到决定公司未来成败的高潜人才，留住他们，给他们机会，帮助他们成才，锻炼他们成为企业的接班人；第四，对已然身居高位的干部，尤其是高中层干部，基于高境界行为标准，加强管理和约束，不断地敲打，在战略实践、任务实践和领导实践的熔炉中把他们锤炼为“凤凰”，能承载企业所托；第五，尊重英雄的贡献，宣扬他们的优秀事迹，使他们发挥模范的带动作用，真正在组织里形成人人争当“雷锋”的氛围，而不是“人人都说雷锋好，只是自私舍不了”。

这是一套全新的文化管理逻辑，依此构建起来的文化管理体系就绝不仅仅是宣传和说教，而是扎扎实实地与人力资源的机制建设挂钩。话说到这里，我们倒要反思一下，自己所在企业的 HR 体系是基于态度分层管理的吗？对奋斗者，除了劳动合同规定的那些待遇之外，我们能给和给了他什么？对高潜人才，合理的选用育留模式又是怎样的？为了留住他们，每一次都需要特事特批还是已经构建起独特的机制？对英雄劳模的管理，达到了人人争当“雷锋”的目的吗？如果答案是否定的，则任重而道远。

二、如何创新人力资源管理机制

饶　征

在寻找管理新秩序的过程中，我们一直在深思：企业的人力资源管理系统是怎样建立并运营的？存在哪些问题？机制怎么创新？

人力资源管理系统的运营包含三个层面：人力资源管理系统的构建、对人力资源管理系统的度量，以及如何运用人力资源管理系统进行人力资源的效能整合。

（一）问题诊断模型：找出病因

人力资源管理系统包括企业的使命愿景与战略及组织系统。组织系统由人才队伍、人力资源的制度体系和人才资源管理信息系统构成。这个系统还涉及人力资源的专家如何担当管理角色，以及人力资源的分析与评价技术如何与制度体系相结合。

虽然中国企业的人力资源管理经历了多次转型升级，但其构建过程中的一系列根本性问题仍然困扰着许多中国企业。根据人力资源问题的诊断模型，可以把问题分成三大类：第一，人力资源的系统问题。这些问题的产生是由于系统本身有缺失，或者系统之间不匹配。第二，人力资源的成长问题。这个问题涉及企业人力资源的专业化及职业化素质。第三，人力资源的配置问题。同样是一千人的企业，因为配置不一样，其效率也不一样。

在实践中，这些问题体现在七个方面：

第一，如何通过构建人力资源管理系统，源源不断地为企业造就所需的人才，并使优秀人才脱颖而出？

第二，如何通过构建人力资源管理系统，持续激活价值创造，放大个人能力和效能，并将个人能力转化为组织能力和企业竞争力？

第三，如何通过构建人力资源管理系统，动态调整人才结构对企业不同发展阶段战略与组织的适应性，实现人力资源与企业同步成长？

第四，如何通过构建人力资源管理系统，促进个人与个人之间、个人与团队之间、团队与团队之间的分工协作，不断提高协同效益与价值？

第五，如何通过变革人力资源管理系统，不断提高系统的包容性，促进新鲜人才或空降人才的融合与存活率？

第六，如何通过优化人力资源管理系统，促进企业内部知识技能的交流，培育内生经验和知识的良好氛围，形成知识创新与知识共享平台，持续激活人才的创造力？

第七，如何通过优化人力资源管理系统，持续增强企业的凝聚力和感召力，提高企业人才归属感、忠诚度及敬业精神，使企业真正成为人才的事业平台？

解决上述问题的关键在于人力资源管理系统必须以形成系统功能和机制、产生机制的力量为目标。只有选择、构建和优化配置，才能形成良好的人力资源管理系统功能和机制。

（二）四大机制形成合力：激活人力资源管理系统

人力资源的单个业务纳入人力资源管理系统后，形成四大机制——牵引机制、激励机制、约束机制与竞争淘汰机制。在这四大机制中，牵引机制是把企业目标转化为个人目标承诺与实施的程度；激励机制是把企业获利转化为员工物质财富和精神财富的程度；约束机制是员工工作状态与心理状态信息掌握及实际帮助或介入的程度；竞争淘汰机制是指员工工作的饱和程度及发展机会的竞争程度。

四大机制是由相关人力资源业务模块（子系统）协同运作，共同作用的结果，并分别产生牵引力、推动力、约束力与压力。单一业务模块难以产生四种力量。这几种力量在彼此作用的过程中实现人力资源的专业化、职业化、企业化、战略化，最终达到资本化的目的。

在这个过程中，人力资源管理系统如何发挥功能与作用？首先，系统能不能产生四种力量？这是判断系统是否成型的标准，单一模块不能产生力量。第二，能够产生多大的力量？这与系统选型与配置有关。如果企业已经进入人力资源专家业务决策阶段，却还在使用人事、行政的管理系统，就无法解决问题。有时候，管理系统虽然符合企业现阶段的发展情况，却用之来解决一些能够预测到的还未发生的问题时，相关的成本就会提高。第三，这些力量是否使用得均衡合理？这涉及系统如何运营的问题，也是对人力资源总监驾驭系统能力的考验。

（三）资本化：人力资源系统的价值体现

在为企业提供咨询的过程中，我们常常面临这样的困惑：

什么样的人力资源系统是符合企业要求的？这个问题就涉及人力资源系统的分类情况。

中国企业的发展已经从机会导向转向战略导向，企业的竞争力也已经由企业家个人能力的竞争转向企业组织能力的竞争。把个人能力整合为组织能力，是企业系统能力的试金石。只有先对人力资源系统进行分类，清楚企业在不同发展阶段所需要的人力资源系统的类型，才能有针对性地搭建与企业发展相匹配的人力资源系统。

按照功能配置的完整性划分，人力资源系统可分为基本型HR系统、标准HR系统和技术型HR系统；按照文化导向划分，人力资源系统可分为基于年功（年功序列）的HR系统、基于职位的HR系统、基于能力的HR系统和复合式的HR系统；按照战略价值划分，在企业发展初期，其人力资源系统的作用往往是辅助行政人事。企业发展到一定阶段，会构建人力资源专家决策的系统。发展到更高的阶段，人力资源系统的价值就会体现在人力资本运营中。

人力资源资本化必须具备四个前提：

第一，人力资源专业化。这涉及知识、技能方面的专业化问题，并从员工个体的专业化延伸到企业人力资源的专业化。

第二，人力资源职业化。专业化与职业化是有区别的，职业化的内涵包括职业意识、职业精神，以及团队的精神和协作。

第三，人力资源企业化。很多企业的员工流失率都很高，这就涉及人力资源企业化程度的问题。员工对企业的忠诚度、归属感等都属于人力资源企业化的范畴。人力资源企业化程度越高，员工对于企业的忠诚度和满意度也水涨船高。

第四，人力资源战略化。当企业提出了新的战略，而员工却没有随之进入到战略需要的组织状态，就无法很好地支撑战略。让员工理解战略，从专业化、职业化、企业化方面转化为战略需要的资源，这个过程就是人力资源的战略化。只有实现了人力资源的战略化，人力资源的资本化才具备了保障前提，否则，企业实行股份制改造只能是纸上谈兵。

（四）成熟度评价模型：衡量人力资源的成长

企业人力资源的发展围绕着企业的战略，不断进行动态的调整和优化。可以使用人力资源成熟度的概念来衡量人力资源的发展。人力资源成熟度是指企业人力资源队伍整体的专业化、职业化和企业化程度，是企业全体员工认同企业经营理念，满足企业经营战略和组织要求，并确立企业市场竞争优势的能力与程度，即人力资源进入战略与组织状态的程度。

人力资源的成熟度是依据于战略，并相对于战略而言的，人力资源能否支撑战略是判断其成熟度的重要标志。对人力资源成熟度进行评价的模型由人力资源专业化程度、人力资源职业化程度和人力资源企业化程度三个维度构成，并形成企业人力资源胜任力指数。

战略具有周期性，当一个战略周期完成以后，就会进入下一个战略周期，人力资源胜任力指数也会随之波动。当新的战略被提出来之后，如果人力资源的专业化和职业化无法满足新战略的要求，也就意味着其胜任力指数的下降，人力资源就会发生调整。在相互作用、相互促进的过程中，人力资源的成熟度得以提高，对战略的支持力度也就更大。

依据人力资源成熟度评价模型，可以将企业人力资源成熟度分为人力资源成长的五个阶段：

第一，胸无大志阶段。在这一阶段，虽然企业提出了愿景，但还只限于老板的头脑中，员工心理上还没有做好准备。

第二，力不从心阶段。虽然员工做好了心理准备，但新战略所需要的新知识、新技术还没有被普及，实施起来会出现力不从心的问题。

第三，心力交瘁阶段。新战略、新组织的实施面临新的管理问题，这个阶段是加强职业化的过程。如果发挥团队精神协作到位的话，这个阶段就不会出现。

第四，得心应手阶段。在这一阶段，人力资源与新战略、新组织的匹配度达到形神合一、三位一体的程度，企业人力资源走向成熟。

第五，志存高远阶段。阶段性的战略与组织给企业创造更大的发展空间，也给企业带来更多的挑战。

（五）平衡记分卡与六角色论：评价人力资源管理绩效

在企业中，如何评价人力资源管理绩效？可以使用人力资源平衡记分卡概念。这是一个全面评价企业人力资源开发与管理水平的方法，是在对企业人力资源成长方式及人力资源管理角色扮演的重点内容与主要形式系统描述基础上，建立起来的人力资源业务模式及其评价体系。

与人力资源平衡记分卡概念相关的是人力资源管理六角色论（变革推动者、员工服务者、专家、知识管理者、业务伙伴、战略伙伴），在这六个角色中，最核心的角色是变革推动者。因为，人力资源管理者首先必须以变革者的角色和姿态，推动企业发展过程中的人力资源战略化、企业化、专业化和职业化进程。

在变革的过程中，人力资源管理者既要作为专家规划高层设计机制和人力资源管理系统，又要作为战略伙伴提高企业的竞争力，并做好企业战略与组织发展所需的知识、技能、经验和成果的推广、交流和培训管理工作，在企业中构建学习型组织，推动每个员工胜任自己的工作岗位。另外，人力资源管理者还需要做好为团队和员工服务的工作，提高员工的归属感、忠诚度和敬业精神。

三、不确定下的策略管理与计划预算

胡向华

我们很容易知道一个企业是怎么做死的，但是却说不清楚一个企业是怎么做成功的。而我们在为企业服务时，却必须去理解一个企业的业务、生意，要搞明白一个企业是怎么挣钱的。

记得当年笔者读研究生的第一堂课上老师就问了一个问题：经营和管理的差别是什么？笔者已经不记得当时是怎么回答的，但是现在这个问题却总是在脑子里面“转悠”。比如我们做管理咨询，为什么不说是做“经营咨询”？而我们在做管理咨询的时候，如果不懂企业的经营，就一定会出问题，**那到底经营和管理的差别在哪里？**

笔者现在的理解是：经营更多的是面向外部。施炜老师有一个观点——**一个企业不管是做什么的，它首先一定是能够聚焦到外部机会上面。所以如果把经营理解为怎么做一项生意的**

话，它一定是面向外部的。面向外部就有一个典型的特点：不确定。

但是一个企业内部会是相对确定的，比如一个任务推行起来，一般是在一定的共识下，能一层一层地推进。当然，推进的效果有好和坏，因为这里面往往就面临确定和不确定之间的矛盾。比如直接面向外部的前端营销部门和后端的生产部门、研发部门之间就会经常面临这种情况：营销部门、市场部门会讲，“这件事我说不太清楚，但是我必须这么干”，那后端的部门可能会说，“你要是跟我说不清楚，这事就没法干。我要是给你支出了，最后如果出问题了，这钱算谁的?”这是市场部门或者生产部门之间常见的矛盾。它其实就是企业内部确定性要求（比如经营目标）和市场机会本身的不确定之间的矛盾，这个矛盾在企业里面普遍存在。

那企业在做经营管理时，如何用确定性的、可控的要素去抓住那些不确定的机会，或者说怎么以确定的过程或规则去应对市场的不确定？这个就是企业计划预算过程的本质。

（一）应对外部不确定的三种做法

面对外部市场的不确定，有几种基本做法。

第一种就是等待、观察、处理。

不是管理，就是处理。事情来了，我们再处理，所谓“车到山前必有路”“以不变应万变”。可能80%至90%的中小企业都是这样的应对办法。他们可能也做计划预算，也在讨论规划，但当他们真正去处理外部机会的时候，都是“以不变应万变”“有什么吃什么”，等待着、观察着，一旦机会来了，就抓住。这就是机会导向的企业。按照我们华夏基石公司施炜老师领衔研究的“企业成长五阶段”划分法，这种处于“机会成长阶段”的企业，他们对待机会的处理方式是：不会事先对机会做分类，不会去详细研究机会从哪里来，也不会去定位一定要抓哪种机会，基本的原则就是机会来了，再决定抓还是不抓。

这就导致这种企业经常会出现一种情况：规模很小，业务却很分散。一般是老板抓住机会做成功一个项目，当然过程中不是老板一个人做。他会让给别人来做，别人做完了之后，他就会去找类似的机会，因为他除了这个不会干别的。于是慢慢地就从一个项目变成一堆这样的小项目，最后就变成了一项小业务，然后这个公司的经营就变得毫无“章法”了（其实它是有自己逻辑的）。这是一类抓住机会成长的方式，还有一种方式是柳传志所讲的，“战略就是方向、时机和节奏”。当然，柳传志是中国式商业智慧的“一哥”，他那种做法就是中国传统智慧里的“不定法”。看到一个机会，这机会到底是个什么样的机会其实不重要，而机会来了怎么把握是重要的。

第二种就是预测准备。

预测可以是基于复杂模型，比如很多公司，尤其是那种专注一个细分领域的公司，会做比较复杂的模型来预测。比如一家卷烟厂会根据它的模型做商品的需求量、生产量，包括整个烟草业的原料产量等方面的数据计算，基于数据做出预测和准备。当然还有一种是老板靠直觉去把握。就是不确定没关系，给出一个概率，把不确定中的确定性找出来。这也是经济学和管理学里面关于决策理论的研究——未来是不可能预测的，你要去做预测，那就只能是追求准确度的问题，而绝对不可能做到完全准确。

那在预测不准的时候靠什么去应对市场？这几十年以来，商业对“速度”很是推崇。大概从20世纪四五十年代的日本开始，“速度”就被作为一种策略方式或者策略模型固化下来了，即比竞争对手更快地推出产品以应对外部需求的不确定。比如服装业，很多服装企业一般从一个设计诞生到这个服装上市，需要大概4~6个月的时间，而ZARA通过它自己的一套模式可以用不到两周的时间推出一个产品。就是通过缩短预测周期，甚至是计划周期来应对需求的不确定性。当其他服装企业还在以4~6个月为一个周期来做预期和计划时，ZARA以半个月为一个周期，以速度抗击不确定性，减少不确定带来的负面影响。

第三种，将不确定的需求促成或转化为确定的。通过产品创新或服务创新将不确定的需求变成确定性的需求。比如福特就把汽车从一个3000美元（当时的3000美元）的高档产品变成400美元的消费品。它就是看准了汽车替代化这个趋势，把这个需求创造出来，促成这种消费趋势。

互联网公司应对不确定的处理方法，也值得关注。前面讲到预测和准备，而互联网公司有一个很重要的特点是：从来不做预测。互联网公司应对不确定的创新理念是——完全不预测，而是让用户来检验这个项目能不能成立。然后他们根据用户的反馈，比如将上个月的消费量和这个月的消费量对比，预测下个月是增加还是减少，结果证明基本是准确的。所以他们的做法就是用最小资源来启动一个项目，而且同时会启动几十个，一个项目可能就是几个人。一开始可能同时启动50个项目，两周以后就剩15个或者30个了，再过一两个月以后可能就剩5个，一年以后可能是其中的一个已经发展成为100人规模的项目了。他们靠这个方式来处理不确定性，来“试探”机会究竟是不是机会。

（二）策略导向的四种计划预算方式

前面三种应对不确定的方式，对应的是企业做计划预算的四种方式。

第一种方式就是什么都不做，或者形式上做。形式上的做往往是领导一拍脑袋，说今年要比上一年增长30%，为什么？因为我们上一年增长了20%，今年我们目标要高一点。然后我们必须按照30%的目标增长，最后出现的情况会是什么？30%的目标会达成，但是30%的资源要花出去。所以第一种办法下其实是什么也不做。

第二种是基于尽量完整的分析。比如分析市场、分析行业、分析竞争，预测在这些之中，竞争机会在哪里，增长会有多少，下滑会是多少。这里面做得好的企业，类似华为这样的企业，它的每一个客户在它每一类产品上面明年的预算是多少，在当年的10月份都会拿到明细。这种预测环节是基于充分的事实，比如它会算清楚今年哪些产品用得不好，明年消费者可能会想换，这里面就是一个新的机会；哪个对手的哪个产品退出了，这可能也是机会；哪个地方有人推出新产品了，我们的产品可能服务得不好，这里面可能是风险。所有这些在计划预算的第一个过程里面都已经考虑到了，有充分的数据基础，有完整的对于机会的评估。这种方式就是基于尽量完整的分析进行预测，然后定目标、定任务。

第三种就是策略导向的计划预算。第二种方式是基于现有的策略、现有的做法，去看看市场将会有哪些机会的变化，第三种就是策略导向的计划预算。一般而言，比较成熟的企业，如在一个领域里面有某种发展优势的企业、有品牌的企业，甚至包括5年、10年前中国整个企业的状态，在这些情形下企业策略创新没有那么大空间，或者大家也认为策略创新是一个很重要的环节。因为在市场变化没有那么快，也没有那么多的不确定性时，照着既定的计划走就行，所以很多企业做五年规划、十年规划。但现在很多企业的计划是以一年为周期甚至更短。尤其对于成长型企业来讲，策略方面的创新可能是每年都必须处理的一个前提性工作。今年如果没有一个新的玩法，那就可能玩不下去了。

所以彼得·德鲁克认为企业里有两个最核心的东西，一个是营销，另一个是创新。企业的策略实际大部分是关于营销的创新，所以我们提出要做策略导向的计划预算，就是在定目标之前，在分任务之前，要先搞清楚今年到底会不会有新的机会、新的玩法。当然，策略到底是什么，具体有哪些内涵和空间，我们以后再说。

第三种方式的逻辑过程是：先定策略，再定任务，然后再定目标、定计划、定资源。它跟第二个方式不一样，第二个方式是基于完整的分析，直接预测好目标。

第四种是互联网企业的普遍做法，称之为“瀑布式”的计划预算。它只关心最核心的指标，而非详细的“蓝图”，而且互联网公司的计划预算是按季度做的。大家看到纳斯达克这些上市品牌的分析师分析的是：这一季比上一季的变化在哪里？他们同比不是用这一季的数据与上一年的同一季去比，而是拿这一季度与上一年的第四季度比，就是将今年春季的数据对比去年冬季的数据，按这样的方式对比，按季度做预算，按月度来工作。

奇虎360的财务部门有一个专门的职能是预测下一季财报的数据，要求做到基本准确，误差不超过10%。这里面有比较复杂的运行模型，比如用户量，哪些因素会影响用户量的增长，哪些会影响用户的流量，哪些因素会影响流量的变现，哪些因素会影响收入，等等，包括下一个月项目的投入，将所有的核心变量全部列出来，像瀑布一样，但滚动更新要比上述几种预算方式快很多。

这四种方式，企业里常见的是第一种和第二种，成长型的企业更多的是第一种情况，就是什么也不做或者说做一个样本，按照一个简单的比例去增长，但这样会带来很多问题，应该向第三种去转变。实际上，最终公司里面每一个人的行动、资源的配置、计划、目标，都要统一到策略上面。这就是笔者所讲的核心理念，即**策略在先，目标在后，或者策略在先，计划在后**。所有的财务目标或者经营目标，其实只是对策略有效性的一种检验，这个思想源自彼得·德鲁克。对于成长型的中小企业来讲，要搞清楚市场发生了什么，能准确地把握市场信息是做策略的前提条件。增长策略的起点是抓住机会，而不是解决问题。

（三）不确定性中如何进行策略管理

第一个问题，什么叫策略？

对于战略和策略有各种各样的理解，一般认为战略是更加整体，策略是局部；战略是长期，策略是短期；战略是规划，策略是实施。这些都有道理，但我们在论述成长性企业的策略时，其实说的也是战略。因为策略和战略的本意都是指作战时的谋略。在企业语境中，都用来指为达成企业目标，或者解决某个问题，而设计的一组活动。迈克尔·波特对战略的定义是：以一组经营活动，实现企业独特的价值理念。它意味着要仔细选择一组不同的经营活动来表达一种独特的经营理念，并保持它们的一致性和相互适应性。

所以，战略或者叫策略，就是找到你跟对手不一样的地方，并且能够通过一系列的方式来表达你的与众不同。这也是我们强调要以策略为先，计划为后的原因。当你没有策略时，你的计划就没有一致性和相互适应性。

比如你以什么来整合生产和营销呢？比如在生产方面，如果你追求的是规模优势，但在营销上面的机会是来自小批量、多品种和个性化、多样化，那这两者又怎么统一？就像福特汽车之后的通用汽车，那时候福特汽车已经把市场做得那么大，通用的机会来自哪里？如果它仍然沿着福特的路径走，通过降低成本、提高生产、扩大规模，那一定是走不出来的。所以生产策略和市场策略怎么统一，是与对外部机会本身的判断联系在一起的，这就是策略的必要性。

比如 ZARA 的快时尚策略。最早服装都是通过低价策略来竞争，但 ZARA 把它的生产周期降到 15 天，通过“快时尚”的概念来创造或者说寻找出新的市场机会。而它实现这个策略就是通过一组经营活动的改变，比如在别的服装商都在搞品牌加工商时，它就在销售当地找小作坊给它做衣服；别人在货运的时候走船运以降低成本，它在货运时却全部走空运；别人的衣服都是先袋装、再箱装、再装集装箱然后运到销售终端再拆开，它是直接从工厂里面生产出来就挂到货架上，然后把一货架的衣服运到店里，它这一组策略改变都是为了缩短周期。因为生产和销售周期更快，顾客光顾它店里的次数更多，同样品质、同样款式的衣服，它能比传统生产销售方式多30% ~40%的毛利。

ZARA 的案例也说明，一个企业在管理上面的能力就是在执行一项策略时能不能“豁得出去”，也就是华为所讲的确定了方向就“千军万马压上去”。在策略上面执行得坚决不坚决，其实是体现一个企业管理是否强势的地方。有很多企业定一个策略，定得天衣无缝，但是做起来的时候是左顾右盼、犹豫不定，有困难也克服不了、突破不了，这就是没能叠加所有的资源在关键环节上面。

策略作为预算的基础，是把这一组经营活动聚焦在一个核心目标上面。它不仅决定了要发展哪些事，也决定了哪些事情重要，哪些事情不重要，以及每一项活动和成果之间的关系，也就是说它决定了企业的各项活动的价值排序以及资源配置。

如在华为的价值排序里面，它把市场端排到了后端之前，要“让听得见炮声的人呼唤炮火”的所谓“狼狈计划”，前面是狼，后面是狈。它的价值排序就是把市场端放在前面，包括它的制度要求华为所有的干部必须先去市场端工作，没有市场端经验的人不能得到提拔，等等。

这里的价值排序就用对策略实现的贡献来排。但这其实是很复杂的，我们看到很多企业都是把钱给了那些看起来能为企业直接做贡献的部门，但是公司发展所需要的竞争力可能并不在那个地方，可能恰恰是在那些间接做贡献的地方，比如华为对研发的重视和投入。

第二，策略的主题如何确定?

如何使一组经营活动保持一致性，这是策略需要解决的。

所以一般来讲策略有个主题，大企业比较常见的，比如平衡积分卡的原理。积分卡上面的目标是利润和投资回报率，所以运用积分卡的思路是：规模做得更大，效率提升更快，回报率就一定能提高。它也是一组经营活动，只不过它的这一组经营活动是围绕公司的利润来展开的。对于传统的制造型企业来说，平衡计分卡的模型是非常管用的，它的策略就是怎么降低成本，怎么来实现规模更大的增长，依靠规模优势。

那么对于成长型企业来说，恐怕还谈不到规模效率，成长型企业要的是增长。

成长企业常见的策略命题，第一个是机会的选择。其实对企业来讲，会有很多的判断，但判断背后有多少事实支撑是说不清的。所以对于机会的选择，要从“有什么抓什么”的简单机会主义导向向策略性的机会导向转变，去分析这个机会的策略意义、采取策略性的行动。所谓“策略性的机会”是指可以持续的、能够放大的，能够跟企业的资源能力相匹配的，值得长期做的生意。

第二个策略命题就是增长方式的选择。就是以什么方式来获得增长，能力或者技术。比如产品要从一二线城市进到三四线城市，那依靠什么？是深度分销，是借渠道，还是联合品牌？不同的事情有不同的选择，哪种最适合，哪一种方式是自己的长处、技术、能力能够把握的，这都是定策略时要去评估的。

第三个策略命题是推广的难题。创业成功往往是抓住了一个局部的、创新型的市场机会。但是要变成大市场，从单一客户走向客户群，从局部市场走向全局市场，从一个局部性的成功走向整体性的成功，就是一件非常困难的事情，也是成长型企业面临的最难的策略命题。

第一个层面是营销如何“跨越鸿沟”。在计划时可能定出具体的任务包括市场推广、用户推广、行业推广等，但在现实操作中往往会碰见一些难以跨越的“鸿沟”。比如从一个市场到另外一个市场时，需求是有，但如何和当地政府、当地的竞争对手、公司在当地的其他分支机构建立关系？你的任务怎么突破推广过程有形无形的障碍？这都是很现实的问题。

另外还存在一个如何跨越不同细分市场的“鸿沟”的问题。有一个典型案例是：在智能手机还没有出来之前，黑莓手机是从产品的特殊性来定义的。当它定位于商务人员这个客户群时，它的功能就是个无线设备，它的竞争对手也是清晰的，这时候很清楚自己应该怎么去配置能力，怎样解决问题。但是，当你定位为手机是要为客户完成某种工作的时候，比如如何有效使用“一小块”的时间，这个时候会发现已经无限接近智能手机的需求了。

其实想想现在智能手机真正解决了用户的什么需求？笔者认为就是如何有效利用“小块时间”、零碎时间。当你有了智能手机以后，你发现它既是一个无线设备，也是一个电脑；既是一个手机，也是一款游戏机。所以也可以说，“跨越鸿沟”其实本质上是去促成一种需求，或者在创造一种需求，它可能会带来整个社会结构的改变。

四、构建新竞争力：生态战略圈

孙　波

在移动互联网时代，我们怎么去思考组织绩效的问题？在

“华夏基石 3 +1 论坛”上，我们第一次谈互联网的时候就谈了一个概念：生态圈。这个概念提出来后，当时对其内涵其实并不清晰，但因为笔者一直在关注组织绩效的问题，结合“生态圈”的概念去看一些文献资料、去思考时，突然发现有一个脉络可以完整地描述组织生态圈的问题。

（一）生态系统和生态战略

生物学中的生态系统简称 ECO，是指在自然界的一定空间内，生物与环境构成的统一整体。在这个统一整体中，生物与环境之间相互影响、相互制约，并在一定时期内处于相对稳定的动态平衡状态。生态系统可大可小，大的话整个自然界是一个系统，小的话一个池塘就是一个生态系统、一棵树就是一个生态系统。

生态系统的组成主要包括两大部分，一个是无机环境，另一个是其中的生物群落。无机环境，主要指的是非生物的物质和能量；生物群落主要指的是生产者、消费者和分解者。而且我们会发现在生态系统里面其实消费者不是必需的，只要有了生产者、分解者，一个生态系统循环也可以形成，但是消费者为什么又是至关重要的呢？因为是它加速和促进了生产和分解的流通和流转，这对于一个系统的有机运行、持续发展是非常重要的。我们再进一步研究这些概念发现，生态系统的功能至少包括三个部分：能量流通、物质循环和信息传递。

把生态系统放在组织管理里面看会发现，在 20 世纪 70 年代的时候就有了一个学派，叫组织生态学。它完全把生态系统的概念用到组织管理理论里面去，把一种高度依赖外部合作与资源管理的组织形态称之为“基于网络的组织形态”。把这种组织形态和科级制度的传统组织进行比较，最大区别在于边界是不是明确、是不是依赖于市场交易、是不是高度封闭。

这种组织战略也叫生态战略。**生态战略的目标是构建一个充满活力的生态系统，但生态系统的形成却并不依赖于生态战略。因为生态系统是一种客观存在，而生态战略是一种主动选择。**

比如一家上游化工企业把化工原料交给初加工企业做成服装面料，然后交给服装加工企业做成服装，服装加工企业再交给渠道，渠道卖出去到了消费者手上，其实这构成了一个系统。但是你会发现，这样的系统是以交易为连接环节的。它的活力并不是生态驱使的，并不是一个主动趋势。

而我们所讲的生态战略是主动的。它是什么样的方式呢？比如一个卖户外用品服装的商家主动向上游的原材料延伸，向终端消费者延伸。通过对消费者的把握，组织一些探险活动把消费者集聚在周围，再整合一些专业装备、路线规划、保险等服务于他们的机构。这个时候我们是在积极主动地构建生态，这叫生态战略。

（二）生态战略和平台战略的区别

在谈生态战略的时候，往往会和平台战略产生混淆。其实平台战略和生态战略是有区别的，区别是什么？简单讲，平台战略可以比喻成一个市场，通过构建一个市场平台，吸引交易双方到这里交易，在平台上赚取交易产生的收益。它的关键在于流量。淘宝刚开始就是一个平台，吸引更多的人到这里来，抓住一方，吸引另一方进来。等另一方进来后，反过来吸引对方。总之它是以流量为基础的。所以说，单业态是平台最大的一个特点，这恰恰也是平台战略和与生态战略的重要区别。

生态战略是一个城市，不是一个单一的链条，不是单一的业态，更像一个群落，群落里的所有生物在里面共生、流动，产生流量。流量也是生态战略一个最基本的点，除了这一点相同之外，多样性是城市和市场的区别，也是生态战略和平台战略的最大区别。

所以说，平台型战略是市场，核心在于链接双边关系以撮合交易，是单业态；生态型战略是城市，核心在于构建并管理广泛及多层次的合作关系，构建一个紧密联结的多业态系统。

生态战略区别于平台战略的第一个指标是共赢与多样性。其实淘宝作为一个平台来说，并没有达到共赢。笔者前段时期跟电商交流的时候，他们告诉笔者真实的数据，说淘宝网上80%的卖家是亏损的，天猫上90%卖家是亏损的，所以这也是淘宝和天猫作为平台产生的问题——没有实现共赢。好在阿里巴巴构成了一个生态，淘宝只是生态中的一个部分。如果只是单一的淘宝的话，价值是不会这么大的。

第二个指标是平台战略的发展趋势是生态战略。

我们看几个案例。

案例一　探路者户外生态的打造

探路者从卖装备到卖服务，从渠道经营到用户经营，实现了“四个打通”：第一，产品与服务打通。无论你是买产品还是参加活动，进入的是同一个会员系统；第二，线上线下打通。1700家门店的线下活动和线上销售打通；第三，现有会员和潜在会员打通；第四，直营店和加盟店打通。

笔者一直很关注探路者。笔者发现2012年的时候，它开始尝试做了电子商务，发现电子商务销售增长非常迅速（2011年实现400多万元，2012年达到1.2亿元），所以坚定了要向互联网转型，提出转型战略为“产品+服务+社区”。

到2013年6月并购绿野网，它的户外生态已经出现了规模，明确提出来以多品牌渗透市场，所以现在不只是探路者，还有一个定位于户外自驾旅游者的高端品牌和一个专门定位于骑行者的品牌。这三个品牌围绕绿野，把所有的会员集中在一起，形成了非常好的领队机制。领队都是非常专业的人员，或者是各个网上户外活动社区里有影响力的人员。这些领队可以直接到企业里当产品经理，所有的产品先让他们试穿试用并做出反馈，而且这些权威人员可以带动会员的消费意愿。

以绿野为载体，然后深度挖掘垂直电商，通过陆续收购在线旅游服务平台，探路者逐渐构建了一个户外服务平台。2014年，探路者陆续完成对新加坡在线旅游平台Asiatravel、国内极地旅行专家极之美、厦门图途户外用品有限公司的投资，逐步形成围绕绿野拓展业务的户外服务公司、户外旅行、探险公司等“绿野版块”。

这时候你会发现，过去只卖衣服的时候，探路者满足客户需求的唯一方式就是打折。当它做服务、做生态的时候，满足客户需求的方式就有很多了。而这个时候它最可怕之处在哪里？就是别的户外服务企业想跟它竞争的时候，发现不是跟它一个人在竞争，而是在跟一群人竞争，在跟一个庞大的生态系统竞争。这怎么竞争得过？

前面提到探路者已经实现了“四个打通”。产品与服务打通了，消费者无论是买产品还是买服务，进的是同一个会员系统。还有线上线下打通，它现在1700家门店都成了组织户外活动出发之前的集合地、交流室；然后把现有的会员和潜在的会员打通了，把直营店和加盟店打通了，所以这是一个生态的构造。开头提了，没必要重复。

案例二　小米“硬件+软件+云存储”的用户生活一体化生态系统

小米其实和阿里巴巴、百度、腾讯构建的生态差不太多，都称作“用户生活一体化”的生态系统，只不过路径不同。阿里巴巴通过交易平台延伸构建生活一体化，腾讯是通过社交平台来构建一体化，而小米是从系统级别整合“硬件+软件+云端服务”的用户生活一体化生态系统。

这一两年，从游戏到医疗、影视、视频，小米先后投资了西山居、凡客诚品、界面、猎豹移动、积木盒子、九安医疗、丽维家、华策影视集团、凯立德、优酷土豆、爱奇艺、美的等企业。而在此之前的两年已投资企业超过60个，涉及手游、电商、新媒体、移动安全、智能家居、医疗、互联网金融、影视制作、视频网站、移动地图、车联网、移动家政、移动教育、智能家电等众多领域。从中可以看到小米的布局，这些将形成一个庞大的生态系统。

当然小米的策略也有风险，它最大的风险来自于它的主营业务小米智能手机。如果小米手机的市场份额受到华为的抢占，其为高速发展的背书就没有了。小米手机销售量一旦下滑的话，整个生态系统的前端就会出现问题，这是它构建生态的最大障碍。

案例三　阿里巴巴由平台向生态的演进路径

我们讲趋势是从平台向生态演进，这里最经典的案例就是阿里巴巴。它从一个简单的淘宝网和阿里巴巴交易平台，围绕这样一个庞大的群体，把我们所讲的能量流动、信息流动、物质流动所有东西整合在里边。在自然界的生态系中，食物链是核心的组织逻辑，决定了能量与营养物质的流动与转化的路径。在组织生态系中，价值链承担了食物链的角色。阿里巴巴生态战略的实施路径，清晰地体现在围绕其用户构建的不同价值链条上。

阿里巴巴生态系统最大的价值在于它并不是单一的价值链条，而是多条复杂的价值链条。所以在阿里巴巴生态里面，最关键的是它围绕着用户构建不同的价值链条，如图 5－1 所示。

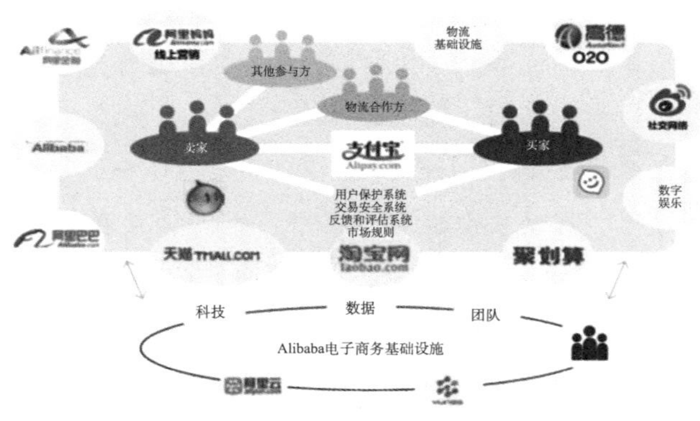

图 5－1　阿里巴巴生态图解

启示：构建生态系统或进入生态系统

以上案例给我们的启示是什么？举个简单的例子：笔者在

上小学、中学时，身体不是太强壮，性格比较内向，上学也没打过几次架，但男孩子总免不了打架，怎么办？幸好笔者从读小学到博士都是班长，培养了很好的组织协调能力。所以每次碰到打架的时候，就把它变成打群架——找一群兄弟来。一个人打不过你，一帮人还打不过你？换到企业来说，竞争无法取胜的时候怎么办？要么自己构建一个生态系统，要么参与到一个生态系统中去，竞争就变成了是组织一场群架还是参与一场群架，这显然是一个问题，但其实也不构成一个问题。

以下的系列“讨论”为华夏基石内刊《洞察》策划组织的“华夏智库3+1论坛”内容精选。

讨论一　演进中的组织与人：在不变中应变

现场讨论嘉宾：彭剑锋　施　炜　朱海波　张文峰
全怀周　何　屹　云　鹏
特邀供稿：饶　征　孙　波　李志华　全怀周　张小峰
特约主持：张小峰
策划与文字编辑：尚艳玲

当今，企业经营与管理的外部环境在急剧变化，不确定性因素极大增加，给企业带来挑战和机遇。企业的资源在不断地进行整合和变革，企业会更加关注组织变革或优化，以期适应外部环境，规避风险，获得经营和发展的机遇。企业管理问题的复杂性及急迫性由此显得比以往更为突出，而首要问题则是厘清人与组织的关系，依此重构秩序、流程和制度。

需要注意的是，无论我们把企业这种在新环境下的秩序调整或重建称为组织变革，还是组织进化，都是一个有生有灭、有破有立的过程，都会涉及对既定秩序和现有规则的破坏，设定新规则、新秩序。这其中可能很残酷，也可能很温情，但原则仍然应该秉持理性、科学性，在坚持组织服务于战略的基本原则和追求活力与效率的基本命题不变前提下，积极应变，以增强组织对于时代环境的适应性。适者生存，组织变革及其衍生出来的管理命题都是与时代的相适应，而贯穿过去、现在和未来的主线则是人在组织中的定位和角色的不断变化。

华夏基石基于近两年对互联网时代及经济结构性调整下的企业管理观察和研究，首次全方位、多角度地解析新时代背景和商业环境下组织与人这个命题。其中，有理论与实践结合产生的思考，有基于管理学专业的建设性意见，有立足于当下的观察，也有“站在后天看明天”的前瞻，希望能对读者有所启发和帮助，一起共同适应和创造这个时代，再塑中国商业辉煌。

一、圆桌论坛

（一）为什么要探讨“组织与人的关系”

张小峰：最近一直在做人力资源相关的咨询项目，包括组织结构、组织流程设计等。在这个过程中发现，不管是单一模块化的咨询项目，还是管理流程的系统优化，本质上我们都是在帮企业重新梳理组织和人之间的关系。

这里面有些什么问题呢？我想是不是可以从这几个方面来探讨：

一是如何重构组织与人之间的关系。组织和人本身是有不同诉求的，如果说过去人的诉求是要以实现组织的目标为基础才能得到满足，现在是不是组织的诉求要以实现人的需求为前提才能达到？

二是在外部商业环境瞬息万变，面临组织外部不确定性环境下，组织到底如何变革，如何优化？到底是战略影响组织，还是组织影响战略？是业务影响组织变革，还是通过组织变革推动业务的提升，就是组织如何承载业务的发展，如何推动企业的进步？

三是在组织变革或优化过程中如何建设对应的管理机制，如何进行人才生命周期的管理？组织的核心人才如何定义？

何屹：事实上，关于组织变革，以及组织变革中的组织与人，我也有几个问题想了解：第一，分工的理论是不是还适用？科学管理的基本理论是把不清楚的东西细分到很清楚，那在现在这样一个时代，是要继续细分呢，还是又从细分变成归纳？

第二，以前总说应该因岗设人，不应该是因人设岗。在现在这样一个环境里，是不是需要改变这种思想？先找到人，再告诉这个人该干什么。

第三，组织还要不要边界？在科学管理理论中，组织假设都是有边界的实体，那现在是不是组织要把边界打破，把所有的资源都放在公开的环境里面去？

第四，组织的走向和人的走向是趋向于更加职能化，还是趋向于平台化？

云鹏：我讲几个企业的探索实践，供大家讨论参考。一个是海尔的管理变革。2015 年我跟彭老师一起出版了《海尔能否重生——人与组织关系的颠覆与重构》一书后，继续在跟踪海尔。同时也在接触鄂尔多斯和苏宁，这几个企业的管理变革或者说优化都很有特点。

比如海尔管理模式的变革，彭老师提出人与组织关系的重塑。这种重塑我的理解更多是说海尔创建了一个平台，理论上是所有人都能在这个平台创业创新，各取所得，这就颠覆了传统的组织与人雇佣与被雇佣的关系。

而鄂尔多斯是传统企业转型，它的管理变革定位于从内部挖潜，通过内部结构的优化使整个流程链更紧密，从节约、精益的角度来做组织优化。

苏宁的问题是新业务快速扩张对人才的挑战——传统的人才管理要求的是可复制，而现在要面临多种业务，而且目标并不是都很清晰和确定。这时候就要求人才要自我驱动、自我激励，自己去设定目标，所以苏宁的管理变革是在探索小团队、自驱动的方式。

从以上这三家企业的探索来看，人与组织之间的关系，可能正在从人是组织目标的执行者的角色转变到如何激发人的活力，使人能够更加自主自发地工作，而组织从支配者转变为支撑和服务的角色，我初步的理解是这样的。

全怀周：要探讨组织与人的关系，我觉得需要先理一理现在的组织形式有哪几种。因为在不同组织形态中，组织与人的关系，或者说组织对人的要求不太一样。但在这些变化中，我理解有三个“依然”，即不变的部分。

第一，业务模式依然决定了组织模式。互联网企业的出现使企业从以往的以产品驱动向以需求驱动的方向转变。在这种业务模式下，出现了生态型的组织，但不管是传统的组织形式还是生态型的组织，组织核心的目的还是围绕着“想干什么事儿”和“要怎么干”。

第二，分工理论在组织体系里依然是存在的，这一点不容置疑。建设平台化的组织也好，建一个共享服务中心也好，哪怕是组建一个创业团队，如果没有谁去干什么活儿的分工，这个团队根本建不起来。

第三，多种组织形态依然并存。借鉴施炜老师“管理的三色世界”的分法，我也把组织形态分为三种：白色的组织形态，该干什么事，怎么干，很确定；黑色的组织形态，不知道它是干什么的，只知道它输入的是什么、输出的又是什么；灰色的组织形态，似乎能说清楚它是干什么的，但又说不清楚它究竟是干什么的（比如乐视）。这三种组织形态，目前在中国的企业管理中还是普遍存在的。比如国企的变革，甚至已经生存了一段时间的民企的变革，有时候还是基于白色型组织形态的理论来做的，即仍然基于传统的科层制管理。

关于组织中的人，白色型的组织形态其核心对人的管理还是约束人，即我给你定好的事情，你就必须按照我定的事情去做，是以约束为前提的管理。灰色的组织状态，偏重于以激活为导向的关系构建，基于约束和激活结合起来面对现在这种组织形态下组织和人的关系。

张小峰：全总讲了组织与人的不变的部分，但也认为当前这个时代可能会有多种多样的组织形态，而组织和人的关系从以约束为核心，转变为该约束仍然要约束，但是在需要引导、需要激活的时候，要以“引导 + 激活 + 约束”的手段来激发人的活力。

彭剑锋：在研究组织的问题时，我认为有几个动向必须关注到：一是组织不再是单一的利益体关系。过去组织是单一利益共同体，现在是多元利益共同体，是价值创造体和价值共享体。二是从公司治理的角度来讲，货币资本和人力资本的关系不再是一权独大的关系，是势均力敌的关系，是价值平衡的关系，货币资本和人力资本也要和谐和生态化。三是人力资本和人力资本（如创始人团队和管理团队）之间也会有矛盾，也需要实现价值平衡。

张小峰：对，这些新的变化要求我们重新思考和探讨一些有关组织的基本命题，比如组织的本质，组织的使命，组织的内涵，组织变革演变的几种类型，组织最终呈现出来的结果，企业到底应该如何进行变革选择，等等。

二、主题发言

■ 施炜：理清组织变革的基本逻辑

（一）什么是组织？“1 +1 +1 >3”的人的集合体

组织就是人的集合，因此一个人不能称之为组织。

关于组织，用公式表达就是“1 +1 +1 >3”。加号是把主体连接起来的因素，称为结构性因素。细分一下，组织的结构性因素包括两方面：一是契约性因素。以家庭为喻，单身的时候不能称为组织；两个人在恋爱阶段，同居之后也不能称为组织；而领取结婚证之后，就可以称为组织。二是心理契约。一对男女虽然领取了结婚证成了夫妻，但有些夫妻形同陌路，夫妻之间除了法律契约，还需要一个加号，也就是心理契约。

心理契约是组织的第一要件，法律契约是组织的第二要件。没有契约，组织是不复存在的。

“1 +1 +1 >3”表明了组织的系统功能，同时引申出组织的若干个属性：第一，组织通常具有目的性，即便自组织也有目的性。第二，组织是有结构的。输入要素后通过结构和机制才能产生价值。第三，组织的功能通常是涌现性，无法预知其在什么样的情况下会产生合力，并呈现出无法预判的效果。

组织是有结构、有功能、有目的、有生命周期的，如同一个生命体，会经历从婴儿到幼儿、少年、青年，乃至衰老。但是，组织的生命体的独特之处在于其可逆性，这是与人的生命体迥异的地方。

（二）组织如何“链接”？事与事，事与人，人与人

组织结构是根据组织要做的事、要实现的目的和功能来定义的。一个组织的设计要理清三个层次的关系：事与事的关系，人与事的关系，人与人的关系。

在设计组织架构的时候，首先要设计事情和事情之间的连接方式。事和事之间的连接方式有很多种，有串联的方式、并联的方式。还有更复杂的是：在串联中的某个模块是并联的，并联中的某个模块是串联的。比如，在一个制造企业创造价值的过程中，最大的模块是产业营销，而要素则是人、财、物，这是串联的方式；而如果要举办一场春节联欢晚会，若干项职能则是并联的关系——有负责舞台灯光的，有负责节目筛选的，有负责后勤管理的，有负责演员邀请的等，把这几条线组合起来，也就意味着春节联欢晚会可以成功举办了。

搞清楚事情本身的连接方式之后，下一步要解决的是这些事情由谁去做，也就是人和事的关系。

组织的分工包括两个方面：事的分工，人的分工。事的分工是人的分工的前提。也就是说，一个组织从大的方面来说，

肯定是因岗设人，是事和人的匹配，“岗”就是对事情的描绘。事情应该怎么做？要设一些岗位、设一些角色来做。所以，事和人的匹配就是人和岗的匹配。如果岗位太僵化，那就是人和角色的匹配，这样匹配会更广义一些，也更利于找到适合的角色扮演者。

那么，组织内是不是就绝对遵循事和人匹配原则，就没有因人设岗的现象呢？答案是否定的。因为，组织同时也是一个主体，总体上要根据“坑”来配“萝卜”，也就是因岗设人。但是，有一些“萝卜”可能已经不适合这个坑了，由于其历史贡献，或者出于保密考虑，暂时还不能拔出这个萝卜，还得把它留在组织内。比如，某老板的司机跟了他好几十年了，即便这个司机到了 60 多岁老眼昏花的时候，已经开不了车了，但可能会把这个老司机提拔为司机班班长，一直跟在老板身边。这就是因人设岗的范例，这么处理的依据就是灰度理论，组织并不是非黑即白，完全不能有弹性。但这种现象发生的概率也不能过于频繁，应有度的限制。

（三）组织的逻辑是什么？权责利能的合理配置

对于组织的认识和“解剖”可以从表与里两个方面切入。“表”是指形态，即组织的架构。组织内部包括总裁办、行政人事部门、市场部、财务部、人力资源部等，下面还设有各个事业部，这是组织的架构。“里”是指横向、纵向的责权利关系，这就涉及人与人之间的关系。

横向的责权利关系也有分权，如在万科，王石与郁亮就是横向的关系。至于纵向的责权利关系，打个比方，就是中央和省管辖范围各不相同。责任、权力、利益的配置称为体制，这也是最大的机制。企业的核心体制是责任体制，依据组织的功能和目的构成责任体系，根据责任体系再来配置权利体系。

组织的体制首先是责任的配置和分解。责任要分解到各个部门去，配置到各个环节和各个层次。比如，某人被安排了一项任务，就得相应地赋予他权力。有了责任和权力之后，要使某人充满干劲，还需要一定的激励。当然，万事俱备，只欠东风——能力。戏台子搭起来了，一开腔，却唱哑了，自然下次就得换人来唱。所以，组织的逻辑就是权责利能的合理配置问题。

是什么决定组织的变与不变?

决定组织变革的有以下四个要素：

第一，战略。首先，当主营业务结构发生改变的时候，组织架构肯定要相应改变；其次，当商业模式发生改变，比如从做价值链变成做平台，组织也肯定要进行变革；最后，当核心能力定位发生改变，比如从营销到研发，核心能力的变化就意味着组织架构的调整。

第二，规模。组织的规模与复杂度是高度相关的，当组织达到一定规模，就会产生变革。一个 20 人的企业发展到 2000 人，甚至 20 万人的时候，管理模式就会完全不同，组织变革自然而然会发生。

第三，生命周期。青年时期的企业一定是高度集权的，像李云龙式（电视剧《亮剑》的主人公）的组织，成员得全部听从主脑的指挥。这种组织的发展主要依赖于老板的战斗能力，虽然有时候效率很高，但会出现权力过度集中、民主缺席的弊端。当企业步入中年，职能的复杂交织给官僚主义提供了成长的沃土。这时，组织就得变革。生命周期和组织之间虽然有着高度的关联性，但是生命周期和规模也有联系，生命周期并不是绝对的变量。

第四，特殊问题。当组织出现特殊的问题，比如说二代接班的时候，组织也会发生变革。当然还有其他的一些企业个性化问题，这些问题千差万别，但可能都会导致组织的变革。

那么，组织变革究竟是变什么呢？首先要变革的是事情和事情之间的连接，事情的逻辑要打乱。其次是组织内部的分工要变，人和事的连接要打乱；最后是人和人之间的关系要变。

张文锋：组织变或不变的九个关键问题

对于组织变革，笔者不太建议用“变革”这个词。所谓“变革”，带有革命内涵，具有高度的不确定性，而企业需要的是相对确定和稳健的衍生和进化。就像世界历史上任何一次民族的崛起和民族的伟大复兴都是要有所代价。同样的道理，任何组织变革都是以牺牲现有组织成员的利益和权力边界为代价。因此，笔者建议用“组织优化”，或者“组织的衍生和进化”这样的提法。

至于“组织变革中的组织与人”这是一个大主题，是更偏向理论还是更偏向实践来谈，是基于现实还是基于未来来谈呢？另外，事实上没有任何一个模式适合所有的企业，不同企业在不同的发展阶段和不同的外部环境下所采用的组织方式，以及处理组织和人之间的关系的方式也是不一样的。

那么笔者只能尝试着把以上这些问题揉到一起，谈谈在时代变化下对“组织与人”几个问题的认识。

第一，究竟什么决定组织？笔者认为战略仍然决定组织，组织方式反作用于战略的实现，这是企业永恒不变的公理。从一个企业发展的长期战略来看，一定是战略决定组织；但是从企业的短期状况来看，可能需要依靠资源和能力来决定企业的组织形态，是一种妥协，这种妥协反作用于战略能够走到哪一步。

第二，企业组织在什么情况下会因人设岗？一个高速成长型的企业不可能完全做到因岗设人，因为对于高速成长型企业来说，资源和能力永远是稀缺性的，企业往往需要在现有的资源和能力边界下决定其岗位的设定。在这方面，很多企业不能完全做到因人设岗，也不能完全做到因岗设人。在只有“几杆枪”的情况下，组织方式一定是基于现在企业的能力，而不能完全根据战略。但当企业拥有某些要素人才时，企业往往需要根据人才的能力边界和个人诉求改变岗位的设定，随着企业规模的增长和要素性人才吸引力的提升，可能会逐渐从“因人设岗”转向“因岗设人”。

第三，组织如何进行衍生和进化？任何一次组织的衍生和进化，一定是以增量带存量。如果只是在存量中调整，组织变革往往会以失败而告终。只有在增量中使得原有的权力边界和利益边界不受损失，但是又做出了更大的增量，在此过程中逐渐调整组织方式和人的权力的合理边界。这是一个衍生进化的概念，不是一个纯粹变革的概念。

第四，组织方式设计的根基是什么？笔者认为采用哪一种组织方式，其根基是战略，而战略的根基是“归核化”，即无论哪种组织方式的设计都要回归企业核心能力来思考。

“归核化”的组织一般来说有三种形态。一是统一于技术的组织方式，围绕核心技术向多行业、多客户发展。这类企业要围绕着核心技术的复用来进行组织结构的规划。二是统一于市场的组织方式，围绕行业（或大客户）为其提供一个所谓的整体解决方案和多技术服务。这类企业要围绕着如何提升客户服务的整体性、质量、效率来进行组织方式的设计。三是平台化的组织方式，围绕核心能力平台＋插件业务的方式实现业务规模增长和平台核心能力的增强。这类企业往往需要将核心能力平台化而不是分散到各个业务单元当中，以获得资源效率并降低核心资源流失的风险。所以，采用何种组织方式和结构要由核心战略和企业的核心能力来决定。

第五，组织变革的目的是什么？个人认为，任何一种组织变革都是试图在资源共享和责任清晰化中寻求一个最佳平衡点。资源越共享，责任往往就变得越不清晰，尤其是在企业扩大规模和组织分工细化以后。可责任清晰化必然带来某些要素资源的重复配置，造成资源浪费。所以我们看到有些企业（比如美的）选择事业部制；有些企业（比如华为）选择矩阵制，以及这些企业后来的组织变革本质上都是根据企业当前的业务需求与掌控的资源和能力，在资源共享和责任清晰化中寻求最佳平衡点的过程。

第六，分工理论是否还适应未来？人类社会进步源于分工，企业效率的提升也源于分工。有人认为，传统的组织分工理论过时了，笔者不同意这种观点。只是原有的组织分工理论主要是在企业内部，现在分工理论则应该延伸到社会资源的分工和价值共享、资源共享，其边界变得更广。在原来的组织形态中，要依靠一个企业家带领一群人。但现在深圳企业界有一句非常流行的话，“但求为我所用，不求为我所有”，只要能合作，各赚各的钱。这种方式就改变了组织原来的习惯，强调的是生态——一个企业家或一群企业家，围绕着生态价值的增值完成合作。这种机制更像由所谓的领导机制向合伙人机制的转化。在这种机制中，没有谁是领导者和决策者，提倡共生共享。

第七，企业家在组织中的责任和角色是什么？新时期如何定位一个企业家？企业家究竟应该干什么？个人认为，企业家的功能不应该局限在具体的事项管理上，而是应该干好三件事情：一是资本资源的组织。任何一个产业如果没有资本的支持，很多战略都实现不了。二是产业要素资源组织。三是关键要素人才资源的组织。

第八，组织中人的活力到底是怎么产生的？组织要有活力，但活力是怎么产生的？个人认为，企业要回答三个问题，这三个问题解决人的活力就随之产生了。

一是企业的战略是否有价值？如果组织内部的成员认为其战略没有价值，就不可能产生活力，也不会有企业愿意与之合作。

二是组织成员在组织框架下扮演什么角色？如果战略很有价值，但是个人扮演的是边缘化的角色，参与感很小，活力就会很低。

三是组织成员如何分享成功的价值？战略有价值，个人也在组织中扮演了重要角色，但价值分享如果不明确，组织成员也无法产生活力。有些组织方式设定以后，最后搞不清楚谁是创造价值的主体。当一个企业的业务从单一变得多元以后，产品、行业及区域各自形成不同的维度，有些企业就选择设行业部、产品、区域的多维组织方式，可结果并不理想，因为很难界定价值是由谁创造的。现在有一些成长型的企业探索采用股权激励方式，不是让团队搭便车，拿企业的整体股权，而是独立出一个子公司。创业团队在子公司中占10%或20%的股权，未来公司上市再用股权回购的方式保证组织内部成员的创造得到回报，使得团队成员增强了为自己奋斗的意愿。

企业在进行组织规划过程中，绕不过上述三个问题，这是以“人”为核心的组织过程。这三个问题对应的是：组织结构和组织方式的设计是否有利于战略的落地？是否有利于资源的共享与责任的清晰化？是否有利于价值评价和价值分配的外化？只要回答了三个问题，组织活力的问题就能得到一定程度的解决。

第九，组织形态到底有哪几种？原来最典型的组织形态是直线职能式结构、事业部制结构、矩阵式结构。这些固有的组织形态其优劣自现，但现在出现了两种新的组织结构：

一是平台制的组织。平台型组织从外部形态上和职能制组织非常相似，以至于很多专家认为平台型组织与职能型组织是同一种形态，笔者不同意这种观点。职能制的组织仍然是自上而下的组织，是由自上而下的战略决策和组织决策部门的职责与分工；平台制组织是一种资源平台和能力平台，是自下而上通过交易或协同来完成平台内部资源的重构，在组织运行机理上完全不同于职能型组织。比如，阿里巴巴就是典型的平台性组织，包括物流平台、IT平台、资本平台等。平台上的插件业务通过自下而上的自组织行为交易与协同完成组织的运行，就像马云先生说的，“我根本不管做什么，我只管不做什么”。

二是产业生态组织。产业生态组织打破了企业内部的边界，改变了原有供应商和企业、企业与代理商那种简单的交易关系，而是聚合各方的专业能力，形成能力分工与互补，共同为最终客户创造价值，以产生更大的竞争能力。在原有的竞争状态下，企业很清楚谁是竞争对手。

但是，在产业生态环境下审视，竞争对手可能会转化为合作伙伴。比如，在“平台+分布式”的商业模式中，原有的竞争对手分别在地方性的资源、技术能力、供应链能力、政府关系、渠道能力、服务能力等方面各有所长，就可以把他们聚合起来形成“平台+分布”的方式。在这个产业生态当中，所有参与各方形成合伙人的运行机制与利益分配机制，并通过资本交易结构完成资本溢价的分享。通过这种方式，就把整个产业链上的竞争格局变成了生态组织。

■ 彭剑锋：以变应变，组织的十个可能动向

（一）组织变革的背景

在互联网时代，组织变革的背景包括以下几个方面：

第一，从企业组织的角度来讲，组织的方向和目的发生了变化。随着企业规模的增长，有些企业甚至在向千亿级迈进，其目的和方向都相应地发生了改变：过去企业的目的是求生存，现在是求持续发展；企业的方向发生了变化，从过去单一追求规模到现在追求有效成长。当企业的目的和方向发生变化后，组织方式自然也会发生变化。

第二，在互联网时代，组织和人之间的关系发生了改变。互联网使得人与人之间的链接关系发生了变化，基于分工的协同关系也随之发生了革命性的变化。

第三，组织的契约关系发生了变化。人力资本日渐强势，可以和货币资本分庭抗礼，开始有能力争夺话语权。所以，势

均力敌的人力资本和货币资本的矛盾就浮出了水面。曾经甚嚣尘上的万科宝能之争就是此类情况的典型案例。当矛盾赤裸裸地暴露出来，也就是人力资本和货币资本需要重构契约和规则的时候。这样才能打破旧有的桎梏，构建新的秩序，从而保证企业的持续发展。

第四，组织方式和组织形态发生了变化。过去组织是金字塔式的结构，现在因为有了移动互联网，组织完全可以扁平化、可以倒三角，也完全可以是网状结构的。所以平台化组织、自组织、无边界组织、生态组织等应运而生。包括乐视在内的一些新型企业就提出，要重新定义企业，重新定义组织。大家说乐视是一个什么组织？在一个论坛上，乐视的一位副总就讲到，应该重新定义企业，现在不叫企业组织了，而是企业生态。乐视的核心能力是“内容 + 客户”，但它并不像传统企业以核心能力去生产产品，实现赢利，而是把核心能力作为生态的一个有机部分，制订规则，让所有人参与到它的产业生态中。大家聚合资源、共享资源，各赚各的钱。比如乐视的电视已经做到中国第一了，创维的老总觉得传统企业的家电模式很快就会被乐视干掉了，现在乐视马上要做新能源汽车了，从软件到硬件，再到智能化，乐视似乎什么都能做，所以你很难界定乐视是一个什么样的企业组织了。在现在状况下，是否还是如此？

第五，组织结构和组织运行机制的变化。组织形态的变化带来组织结构和组织运行机制的变化，过去组织结构基于分工，现在的组织结构基于客户价值，所以组织运行的机制，即责权利机制也发生了变化。科层制的责权利体系是层层分解、层层授权，根据岗位和能力的利益分配关系，现在责权利体系是怎样的呢？在乐视的生态里它叫共担责任，共享权力，共享价值。它不叫共享利益，而是称为共享价值——你在乐视的产业生态中可以和别人合作赚钱，也可以由你主导，每个人都创造价值，你拿走你创造的价值盈余，而不是由乐视来分配利益，所以乐视的生态不是利益共同体，而是价值共享体。这种理念跟传统企业所讲的利益共同体就不同了，组织变成了一个价值共创共享平台。

（二）组织要素的变化

结合乐视的案例会发现，在互联网时代，决定组织的几个要素的确在发生变化：

第一个是价值重构，包括产业链的垂直整合、跨产业链的价值重构、用户对消费的价值重构，等等。比如，乐视的粉丝会为了追捧乐视拍的电视剧而去买乐视电视和相关产品。乐视也会和其他企业一起共同开发粉丝的需求（不仅是在娱乐方面），为粉丝客户创造价值。乐视可以说已经是一个基于客户价值形成的价值创造生态系统。组织就从过去所说的“基于特定的目的和契约人的集合”变成了“基于特定目的和契约的价值创造体”，因为生态组织的大家不一定是有共同的目的，可能是各有各的目的，各有各的利益追求，但却又都是在这个生态系统里。

第二个是共享经济。从经济与资源的共享，到能力的共享、资本的共享，直到价值共享。互联网使得企业打破地域、组织、资源、业务、人才边界，实现无限链接和共享。

第三个是生态系统。当互联网对传统的组织及企业定义提出挑战时，乐视试图重新定义企业和组织。乐视搭起了一个平台，聚合了很多不同类型的企业，形成了所谓的产业生态。在这个平台上，企业只需要具备共享和让利的心态，就能在里面创造价值、分享价值。这种形态颠覆了组织的经典定义，也颠覆组织与人的关系，现在提出人才不是独享而是共享。

之前的提法是战略决定组织，而当出现像乐视这样由客户决定组织，有什么样的客户决定形成什么样的产业生态，进而决定打造什么样的组织时，组织的运行机制、权责体系、价值创造共享、能力要求就都与原来不一样了。比如乐视提出的领导者能力五要素，他们称为生态领导力。一是战略力。“用未来定义未来，用未来定义现在”。这是对高层管理者的要求，即要求高层管理者脱离原有的继承思维，有用未来定义未来，用未来定义现在的战略能力。二是组织力。根据战略目标设计构建相应的组织及其运营方式。三是执行力。具体内容包括快速决策、快速行动、快速试错、快速迭代，称为“四快”。四是强调现在的干部要定期反思，定期寻求反馈，保持持续的学习心态。万科之所以出事，就是他们没有意识到企业环境已经发生变化了。五是以变应变，勇于自我突破，走出舒适区，实现自我净化。乐视的生态领导力五要素完全是与时俱进的，充分体现了组织能力发生变化时对人的要求的不同。

虽然乐视的这种模式还有待于考察，但是无论如何，这种模式体现了互联网时代人与人之间的链接和生态的变化，也改变了组织的运行机制，打破了组织的边界。

（三）组织的十个动向

结合包括平台型组织、生态型组织等组织形态的出现，我们的确需要对两个大的命题进行深入的思考和讨论：第一，组织到底发生了什么变化？第二，在变化过程中，传统企业哪些方面是不变的？

在组织变革的过程中，一些问题犹如冰山一角，可能只是初露端倪，我们却不能因此而忽视掉那些即将到来的变化，错失转型发展的机遇。依据这两年笔者对互联网时代企业组织的观察，笔者认为以下这些变化应该被中国企业所关注：

第一，组织的概念需要重新定义。经典的组织定义是，“组织是基于特定目的和契约的人的集合”，但在互联网时代，组织不仅仅是一种人的集合，还是一种资源的链接。比如优步的模式，依靠互联网，不需要把人集合到一起，也不需要共同的工作场地，就把几万人链接在一起，把闲置的资源链接在一起了。而且，“集合”的概念也发生了改变，可以称为“聚合”。聚合产业生态，人们以“合伙人”的形式进行合作。所以，组织是否可定义为：“基于一定目的和契约的人的链接与聚合。”

第二，组织是会进化的生命体。组织像一个生命体，一旦形成，就会有它成长、演进、发展的内在逻辑，并不完全依据某个人的意志而改变。它会不断根据外部环境的变化而演进，不断进行自我革命和进化。在这个过程中，组织和人的关系也在进化。

第三，组织边界模糊化。互联网时代组织不再是一个孤岛，原来的边界定义被打破，人和人不再需要集合在一起，在特定的场地从事特定的业务，用串联的方式在内部运行及和外部发生联系。而现在，由于移动互联网，串联与并联共存，由生产链变成价值网，所以组织既有边界，也无边界，边界变得模糊且不那么重要了。

第四，组织进入灰度状态。组织和人之间的关系开始走向了混沌关系，即所谓的灰度状态。在传统工业文明时期，组织定义是基于严格的、明确的分工，强调自上而下的命令的重要性，是偏向稳定的黑白状态。而在互联网时代，组织要求更有生命力，更具创新性，所以从强调自上而下转变为强调自主性、注重自下而上的变革，但原来的分工体系也并未完全丧失作用，而是与新生部分并存，由此整个组织也进入一种混沌的灰度状态。

第五，客户决定组织。究竟是什么决定组织？是战略决定组织，规模决定组织，企业的生命周期决定组织，这些看法在过去和现在都是对的，但笔者认为未来不是这样，未来将是客户决定组织。在某种意义上说，战略和客户是同一概念。华为提出面向客户的组织，其实就是基于战略，因为现在所有的战略都是基于客户。施炜老师的《重生——中国企业的战略转型》一书中讲战略时也提到，过去叫基于产业的战略，现在是基于客户的战略。

第六，组织结构由商业模式决定。什么是商业模式？笔者认为就是客户价值创造方式。现在的很多战略选择不是产业选择，而更需要基于商业模式的选择，因为产业变得模糊了，或者说已经无边界了，所以现在应该重新定义战略。战略的核心是基于商业模式，商业模式基于核心能力。同样是农业企业，温氏依靠商业模式和核心能力就能赚钱，温氏在一二十年里纯利润率都在15% ~20%，跑赢了高科技企业。比如，乐视和优步也是两种不同的商业模式。商业模式决定着组织的结构，决定着组织的形态。当商业模式发生改变的时候，能力也就发生了改变，组织结构随之发生改变。总之，战略回归到商业模式，而商业模式围绕着客户进行，华为就在进行基于客户的组织模式再造。

第七，组织关系从强关系走向了柔性关系。人与人之间的关系也就是组织关系。组织首先是一种关系，这种关系是靠什么来链接的？笔者认为，它依靠价值平衡。“宝万之争”说明，当资本和知本双方剑拔弩张的时候，矛盾凸显，引发争鸣和讨论、谈判，从而制订新的游戏规则。但在此过程中，双方的力量最好能保持势均力敌，任何一方都不能拥有压倒性的优势，只有在这种情况下，双方才有回到谈判桌上谈规则的可能。过去谁拥有资本谁就是老大，谁说话就算数，“资本的意志永远是对的，如有异议，请参考第一条”这就是资本的强势地位。所以我们说过去的组织关系是一种强组织关系，但现在，组织关系从强关系走向了柔性关系，走向了相关利益者的价值平衡关系。

第八，组织的目标是最大化利用资源。活力与效率是组织的永恒命题，任何一种形态的组织都不能没有活力与效率，而分享经济的本质就是提高效率，它把零碎的资源通过互联网链接在一起，提高资源的使用效率和精准配置。互联网使得生产力和消费者之间能实现精准配置，资源被极大地利用，人的能力也被极大地放大。

第九，组织与人的关系要重新定义和构建。过去强调组织与人的契约关系，即雇用与被雇用的契约关系，而现在更强调心理契约，所谓“道不同不相为谋”。人与组织更多时候是因为有一致的目的和共同认可的价值观才走到一起的，人不再是完全依附于组织，也需要在与企业一起创造客户价值的同时，分享价值，这就使得组织与人需要构建一种新型的共创共享的关系，组织的责权利能机制相应也需要重新确立。

第十，组织对于人才从所有权过渡到了使用权。过去人才作为一种资源归组织所有，但现在情况已经发生了变化。组织成为生态圈中的一个环节，每个人都在创造自己的价值，都是增量。价值创造要以增量带存量，每个人都在分享增量而不是存量，这就是所谓的合伙人制度。合伙人制度的核心就是只分享增量，不分享存量。当然合伙制也有其弊端，再另题讨论。

全怀周：以员工为客户，构建组织与人新关系

10 年之前，在市场相对稳定的情况下，企业追求的是“快”，靠规模发展赢得生产空间，因而要求企业把员工当客户是很难做到的，也缺乏必要的实施条件。在当前，企业生产环境发生了三种变化：一是企业发展的阶段不同了。在转型或升级寻找持续成长的阶段，以往的企业经营驱动力已经不能再持续发挥作用，比如没有办法再搞人海战术，没法再靠“价廉”的低成本竞争，等等。二是市场环境也不一样了。在互联网时代，外部环境更为复杂，市场需求更为多样，同质化产品越来越多，企业内部很难再按照固化的分工和职责，以稳定甚至僵化的秩序来应对市场变化了。三是今天管理的对象也不一样了。今天以 90 后为主的新生代员工是互联网时代企业发展的生力军，独立、富有创造力、敢想敢干是这一代员工的特点，如何发挥这一代人的价值创造能力成为人力资源管理的新命题。

（一）以经营为导向审视人力资源管理痛点

近几年，面时日益复杂和不确定性的经营环境，企业人力资源管理也逐渐从专业深井中走出来，以企业经营为导向思考

和解决企业的管理问题。所以今天企业解决所有管理问题的角度一定是从经营切入，以经营为导向来解决包括人力资源问题在内的管理难题。

首先要认识到人力资源的两个不变命题——活力与效率。人力资源的效率和活力追求是企业经营的本质命题，也是人力资源不变的主题。所有的激励、考核、评价、能力、发展等都是围绕着如何激发员工的活力与效率这个主线来做的，人力资源的价值实际上就体现在效率和活力上。这么多年以来，这条主线一直没有变，但是这个问题也一直没有解决，为什么？

实际上是环境发生了变化，企业在不同市场环境下、不同的发展阶段下，激发员工效率与活力的手段是不一样的。最开始的时候，可能给钱就行了，效率和活力就出来了；有了钱以后，你光给钱就不行了，还要考虑员工的非经济性和发展的需求。再往上来讲，发展也有了，员工这时候就在想能不能额外享受一些福利，又会催生出新的需求。因此在不同的阶段，效率和活力关注的重点是不一样的，但是这条主线始终是人力资源管理的痛点和核心。

（二）构建员工与企业新关系：员工是客户，企业是平台

之前，彭老师曾多次强调企业在不确定性时代要回归到经营客户、经营人才的本质上来。从企业人力资源管理的角度理解，笔者认为就是要强化客户概念，即真正把员工当作客户，所有的管理理念都应该是立足于这个基本前提。

以员工为客户的理念在顺丰为被打快递小哥出头的事件中得到体现。顺丰的态度和做法是为了维护员工的利益，这反映出这家企业是真正把员工当成企业经营的核心来看待的。企业

的核心是客户，员工同样也是客户。

“以客户为中心”，人力资源的变革都应该围绕这个基本概念来做，围绕这个核心来发展。

最近海尔的平台化、创客化引起很多企业的思考甚至效仿。笔者也跟一些企业做过这方面的交流。笔者问他们，学习的目的是什么？他们说主要目的就是提高员工的活力与效率。笔者就跟他们讲平台化、创业化并不是唯一提高员工活力与效率的手段，而且它是一种手段，但不是原理，也不是根本的目的。

员工的活力与效率提高根本上是来自于企业怎么看待员工，拿员工当什么，企业跟员工应当建立起什么样的关系。如果你是这样的理念：“给员工钱，让员工为企业赚钱”，那用什么样的手段也不一定能取得彻底的转变。如果企业能够认识到：我们是一个员工的平台，员工是跟平台绑在一起的，员工就是这个平台里面的用户。当具备这种理念时，你所有的人力资源政策出发点就变了——你考虑的不再是怎样实现对员工“通过最小的支出获取最大的收益”，而是考虑企业怎样给员工提供支持，怎样做好资源配置，令他们能更好地施展才能，怎么把员工的目标和组织的目标捆绑在一起，实现共同发展。

总之，对待员工的思路不转变，不真正把员工当客户，组织目标即提高企业的活力与效率很难实现。

把员工当客户，把“以员工客户为中心”作为人力资源管理的出发点，这个可能是新时期一个比较大的变化。

（三）变革中如何塑造“力出一孔”的组织

企业外部的多变复杂性和不确定性是这两年一直在讨论的

问题，的确也是企业的现实处境。在这种背景下，在企业转型突破谋求持续成长的过程中，**人力资源管理面临的一个迫切问题是：如何让个人目标与组织目标一致，让所有人的能力和意识聚焦到经营战略上来？即所谓“力出一孔”的问题。**

这里实际是有两个“li”，一个是力量的力，另一个是利益的利。

先说所谓的力量、能力聚焦的问题，“力出一孔”是华为的一个观点。华为做到了这一点，把价值观贯彻到员工的行为里面了，“力出一孔”的作用是非常大的。从企业经营角度来看待这个问题，如何能够真正做到让员工“力出一孔”？笔者认为要把握这么几个原则：

第一个，目标清晰。我们不谈战略，就说目标，首先必须要让每个员工知道应该做什么和要达成什么样的目标。这是从企业对员工管理的角度来讲的，目标一定要清晰，就是要告诉他力往哪使。第二个，当告诉了员工力该往哪使时，同时就应该给员工提供相应的服务和支持，让员工能够有力量做这件事情。第三个就是前面讲到的把员工当成客户，从“以客户为中心”的角度来考虑对员工的支持和促进。

力出一孔和利出一孔，这两个“li”之间是分不开的，必须要结合起来。所谓的企业员工多元化，并不影响企业目标的清晰或者多元化，这两者之间是不能画等号的。员工多元化的需求，我们可以通过很多手段去满足，但是企业目标的多元化，尤其是在不太清楚的情况下，并不能使之影响员工的目标。虽然企业可能不是很清楚方向，但现在能做什么事，要做成什么样，一定要搞清楚，也一定要跟员工讲清楚，这是“力出一孔”的前提。

彭剑锋老师以前讲过人力资源的四大机制：牵引机制、监督机制、激励机制和竞争淘汰，这四大机制实际上是要产生四种力量：拉力、推力、压力和约束力。笔者认为这四种力量在人力资源管理中仍然需要，但在新的时期需要注入新的内涵。比如牵引力，在现在这样的状态下，就要转变过去在传统职能思维下的以绩效考核为牵引，而应该体现为这三种牵引：第一个是公司价值观的牵引。如果你认可我们的文化，那我们绑定一起向前去，这是对价值观的牵引。第二个是目标的牵引。第三个是用发展牵引。

从推动力的角度讲，现在更多的是公司提供平台和资源支持，而不是仅靠培训、能力提升来推动。就是通过平台提供发展机会和资源支撑来推动员工的价值创造。

当然还要有约束和竞争淘汰，但从经营的角度来看，这些可以融合到前面说的“一拉一推”里面去。比如约束力量实际上就是目标约束，目标本身就是一种约束。当然可能还会有行为约束，行为约束可以作为价值观牵引里面的一项要求来呈现。

这就是为什么我们要强调把员工当作客户的原因。无论是“推”还是“拉”，首先是价值观的认同。如果不认同企业的价值观，可能双方就都不会接受走到一起。然后企业是站在为员工服务、提供支持的角度来推动员工和企业一起朝着目标走。

“以员工为中心，把员工当客户”是新时期以经营为导向的人力资源管理新思路。就方法而言，每个企业都可能有自己独到的解决方案，但我们强调的是，当企业人力资源管理在面对复杂、不确定的内外部环境时，要建立一种结构化思维和一种系统化的思维方式。简单地说，就是紧紧地围绕经营，围绕活力与效率的“不变”命题来系统地、结构化地思考解决之道，应对各种“变化”，告别过去头痛医头，脚痛医脚的专业化、模块化思维。

李志华：激活人性，重构组织与人的共生关系

企业组织是由各种人员细胞组成的有机统一体。细胞的活力取决于人员的活力，而这种活力需要组织环境对人性潜能的激活。当组织与人产生价值共鸣，在正向价值导向下，人的活力就会激发成同向的“布朗运动”。这种“布朗运动”又反作用于组织，使组织产生强大的磁力，吸引比自身更大更重的物体，这种价值共鸣、相互依赖、同创共享的关系，就是组织与人的共生关系。

组织与人的共生关系是伴随着企业一直存在的，但是在不同的环境下表现的形式会不一样。在当前中央大力倡导供给侧改革和“互联网＋”大环境下，如何激发人才供给效率和品质，建立组织与人的新型共生关系是我们人力资源管理工作的新命题。

（一）组织与人共生的两种模式

按照组织的工作类型（开创性工作和规范性工作）与人才供给的技能（高技能人才和常规技能人才）两个纬度，在当今互联网环境下可以将组织与人划分为四种匹配模式。

第一种模式，开创性工作和高技能人才匹配，这时将人才当作资本来看。在一定的范围内，舞台有多大，创造的价值就有多大，舞台和价值回报是线性增长关系，所以组织供给侧改

革就是为人才潜能发挥而创造平台，这时人就是目的，人就创客。这些“创客”就能够在“平台”中获得高效率，创造大价值。

第二种模式，开创性的工作和常规技能的人才匹配，这样的组合会产生低效。大平台没有大演员，组织资源就会浪费。

第三种模式，规范性的工作和高技能人才匹配，这样的组合是小舞台和大演员，组织平台会约束人才潜能发挥，浪费人才。

第四种模式，规范性工作和常规技能人才匹配。这类工作不需要太多创新，只需能够胜任岗位要求的常规技能人才就可以，所以把人作为生产要素投入。人就是工具，人岗匹配就能发挥效能，因此需要对人不断培训，使人更加熟练操作工具。从基于供给侧改革效率和品质来看，第二种和第三种模式是不合适的，要规避。而第一种和第四模式是倡导的，因为能够发挥人的才能，这就是组织与人共生的两种新型模式。

（二）组织与人共生的三大条件

（1）价值共鸣。组织与人的价值追求，特别是核心价值观要一致，才能够产生合力，组织形态才能够稳定。在供给侧改革下，组织要有信仰，要回归客户价值，要真正在技术、人才、管理上舍得投入，提高产品附加价值。价值观的统一和回归才能产生共鸣，否则就是物理共生，不长久。

（2）相互依赖。组织强调的是效益，人才强调的是业绩，没有人才绩效就没有组织绩效，没有组织平台就没有人才舞台，组织与人是相互依赖的关系。组织环境满足人性需求，人性活力就能够释放，潜能就能发挥，组织效能就会强大，共生关系就会是稳态。

（3）同创共享。企业存在的理由就是创造价值，在构建组织与人共生的生态系统中必须要进行价值评估，实现价值分配，使双方获得相应的价值分享。在新环境下，企业内部创业与创客化，制订长效激励计划，让组织与人不仅成为利益共同体，更要成为命运共同体。

组织生命的活力来自于人员潜能的激发，人性的激活又能使组织生命力更加旺盛。在互联网供给侧改革的环境下，企业要规避第二种和第三种组织与人匹配模式，激活人性，发挥效能，不断调适，适者生存，形成稳态的新型组织与人共生关系。

云鹏：组织管控 VS 自主管理

互联网时代的组织管理到底应该是组织管控还是自主管理？组织要控制还是要放权？强调自我管理和自驱动的组织要不要管控？组织管控，控到什么程度，怎样控制？笔者想从组织和人的关系角度谈一下对传统组织管控的理解。

（一）组织存在的目的并不是为了控制

在企业发展过程中，组织管控始终都应该辩证地看。比如，传统组织多奉经典组织理论为法宝，强调理性和正式组织观，认为组织要运行，必须实现标准化、专门化、专业化、层级化、命令链。因为管控，强调一体，步调一致，整齐划一，可以实现规模和效率的最大。这也从工业文明时期的成功企业组织基本上都是强管控的组织事实中得到佐证。而且，它们做得好，很大程度上强化了人们的看法，即组织管控是必要的。

但是，进入互联网时代，我们看到众多的传统制造业组织在探索授权赋能、“去管控”。以互联网企业为代表的新型企业多强调管控会抑制创新，组织控制多的时候，员工循规蹈矩，缺乏创造力。特别是当环境越来越开放，产业链要打通，需要更多协作、多元、交融，人也越来越独立的时候，应该是不要组织管理，不要控制，自主发展。但是，我们还能看到类似小米、阿里巴巴这些基因就是互联网的企业，也在强调回归传统管理，加强管控。如此，组织管控与放权自控似乎处在一个矛盾而动荡的反复。

组织究竟要不要控制？这需要回到组织的基本定义去理解。早期，组织“organon”希腊文意思是“工具”“手段”之意，19 世纪 70 年代以前，组织一词主要被用来说明“生物的组合状态”。1873 年，斯宾塞将组织引入社会科学时，提出“社会有机体”的概念，将组织看成“已经组合的系统和社会”。而在早期经典的定义中，罗森茨维克对组织定义的特征是基于人群的“目标”“心理系统”“技术系统”“稳定结构”。

按照对组织的早期定义，组织就是有机体，本意组织是有目标的，在完成目标情况下，应该是想怎样就怎样，形成一个比较稳定的内部结构就行了。后来企业组织逐渐变成了固化的操作体，更多地强调管控和职能的化身，甚至到了“人是工具”的程度。一个重要因素是工业文明的进步，促使以家庭、非正式群体和小村庄为主的社会正式让位给以大规模正式组织为主的复杂的工业社会。甚至工业革命放大了科学管理，组织管控到了无以复加的地步。

当新的技术革命发生，产生互联网、移动通讯、存储、智能、生态学等技术突破时，经典科学管理背后的技术背景发生巨大变化。因为后工业社会使非正式、小群体的组织创造大价值成为可能，传统的基于科学管理的管控自然面临挑战。

所以，要回归组织本质。组织根本不是关注管控，关注的是目标。组织强调的是系统力量，不是简单的个体集合，个人只有形成集合才能成就组织的力量，组织最终的效果也不是不依赖人，而是要依赖组织和系统的力量。

从组织管理模式的发展看，从科学管理、行为科学、科学决策、系统科学，发展到目前的文化管理，这几个阶段基本上也是逐渐从强调个体到系统，从强调对立到融合，从强调静态到动态适应，从强调理性、功利、物化的硬指标到非理性、全面、精神层面的软指标。尤其是从文化管理的特点来看，员工目标认同感越强，组织控制力会越强；员工共同价值观越强，组织边界越清晰，而且这种基于目标的精神控制是无形的，也越易促使组织目标的达成。

（二）个人并非每个人都能自控

现在，有一种观点认为，让每个人自我管理，才是好的组织状态。笔者不完全赞同。因为，按照马斯洛需求层次理论，人的需求是有差异的，一般情况下低层次需求的满足才会有高层次需求的产生。需求不同，目标也不同，只有个人需求满足的时候，满足感和激励作用才会最大。这个过程中，要有个人努力、绩效、奖励、奖励与需求的匹配几个环节。每个环节匹配不上，都不会产生应有的作用。说白了，就是一个组织中的人愿不愿自控、能不能自控、自控的结果能不能实现对需求的匹配，这些因组织性质不同，人员个性与能力差异，组织结构流程差异而差别很大。

举个例子，20 世纪日本丰田为什么能够比美国通用汽车做得质优价廉？后来发现，两家最大的不同，是通用绝对不允许工人拉停生产线——生产线停一分钟，会给公司带来 5000 美元的损失。而丰田的工人居然可以任意拉停生产线，这简直令人不敢相信。丰田这个以 6S 强管控著称的企业，员工怎么可以这样“随意”？事实上，丰田员工一开始很不适应，第一次被要求拉停生产线的时候吓得手都发抖了，但是经理对此不但不指责，而且帮他一起解决问题。管理者认为，拉停生产线的损失是巨大的，但我们给每个员工充分的信任，任何一个员工都有权力拉停生产线，为的是最大目标（生产出质优价廉）完成得更好。这个过程中组织对人的信任，组织对人的授权，组织对人的辅导，一气呵成，缺一不可。员工成熟了，这才能让员工产生掌控感。

所以，阿吉里斯的组织学习理论认为，人要“成熟”才能自治，传统正式组织使人“不成熟”，因为被动执行就行了。人越成熟越愿意自控，越不成熟越愿意或者本能地更倾向他控。这既和组织相关，又和组织中的人有关。不仅是个人想不想自控和能不能自控的问题，还有组织允许不允许人自控的问题。但是，从组织发展来看，让组织里的人成熟还是能够更好地促进组织目标的达成。而让人从不成熟到成熟的关键在于组织学习，这是个大话题。

（三）实现控与不控的平衡

彼得·德鲁克在其《公司的概念》一书中有过精辟的阐述，“大规模生产的基础不是流水线、传送带，也不是机械装置或技术等其他东西，而是人与人之间、人与机械工艺之间自觉的、有意识的、有计划的和有序的关系”。这是对传统人与组织关系的隐喻批判：人不应是像工具那样附着在机器上，组织与人应该是和谐的关系。

这几年笔者跟彭剑锋老师一起做案例研究，探讨的最多的是传统人与组织关系的颠覆。但是回过头来看，组织能一下子颠覆吗？不能！即便组织变革做的最激烈的企业也没有实现颠覆，这是因为传统的组织管控是确保组织目标明确、力量集约、资源有效的重要手段。而随着组织内外部环境的变化，组织管控变得不像以前那么简单有效。外部资源开放接入、多元混沌的管理对象，跨空间的复杂协作等，使得单一的管控手段越来越难以胜任；同样，组织中人员素质和成熟度的提升，也一次次冲击着固有的管控方式。但是，这些并不意味着组织就不需要管控，而是原有的方法和形式面临着新的考验。

从组织的定位来看，组织仍然要形成系统的力量，而不是个体的集合，更不会是个体凌驾于组织，否则组织必将趋于毁灭。而且，任何管理都是要不断趋近理性的，组织是有控下的逐渐放权，不是为了失控，而是驱动支持人的自控。自控为的是激活个人，激发个人活力。所以，人与组织关系的变革应从实际入手，理念可以颠覆，操作仍要谨慎。

1. 宜“控”则“控”，该“放”则“放”

举两个例子。在教科书上还在描述GE的“强制分布”和“末位淘汰”的绩效考核体系时，GE的实践已悄然改为持续的绩效沟通，考核结果不出现数字，也不与薪资挂钩。当人们还在津津乐道Google的创新基因与“20%随意支配工作时间”制度时，2012年该制度已经改为审批制和极少数人享有。两个著名企业的制度，一个是从强控到弱控，另一个是从弱控到强控，根源在于随时变化，随需变化，实现平衡。

中国最讲中庸，就组织管理来说，手段是围绕目标服务的，追求的是组织效果，因此这更契合组织的基因。控该控的，比如职能和标准化；放该放的，比如基于业绩导向的自主经营；可控可不控的可以先放任一段，“让子弹飞一会儿”，以观后效。

比如，组织发展阶段，初期、中期、后期，控与不控都在变动中。早期创业阶段或者机会成长阶段：第一个要判断大势。第二个要聚焦。一段时间内，你根本没太多精力，要持续地解决问题，就像高手过招一样，不是拿根棍子上来舞三十六棍，都是一下解决战斗。第三个要把工作做简单而不是把工作做复杂。管控带来的最大弊病是在一层一层的管理中加条例，加了条例以后就让整个流程变得越来越复杂。

比如，组织做大以后，治理思想要强控制，突出价值观和战略导向，突出抓制度和机制；具体经营单元落实上，则应围绕目标。关键流程的按标准，常项工作有自控余地，让业绩导向行为与治理思想不冲突。

2. 组织要积极促成人的自控

在理解当下“扁平化”“无领导”“平台组织”的时候，我们要看清楚的是，这不仅仅是管理方法的转变，更是组织制度的变革。让组织回归到人，突出人的作用。从发展来看，组织和人都是越来越成熟的，人的成熟更唤起人内心的自治和自控。因此，组织应该更加信任人，从组织驱动到事业驱动的转变，给人自由度提高主动性。

首先，支持自控。通过标准化、流程化的知识管理平台和自控工具支持员工的个人管理；通过授权、目标导向，给员工更多自由价值创造的空间，解决驱动力的问题。

其次，辅导自控。领导不是命令，是辅导；组织不是分配任务，而是找到组合；考核不是落实目标，而在于团队绩效和启发成长；控制不是不要犯错，是发现问题的即时纠偏，要容忍犯错。

最后，查漏补缺。现在组织的运行是流程化的，作为组织管理，尤其是基层管理者不仅看结果的大数，还要看小数，重点看员工流程执行中的问题，及时发现、及时提醒改进。

3. 组织内部要分层控制，区别对待

组织内部管控应该根据职能的差别、人员类型的差别有所区别。具体来说，业务人员控结果，职能人员控标准，管理人员控危机和小数。高层管控人的能力和资历，强调价值观的言行一致；职能服务层控制执行标准，强调支持效果；基层控制目标和市场方向，强调业绩结果。项目型的控制目标，事务型的控制标准。当然，控制靠的是通过组织学习，标准演进和形成组织习惯。但是，无论如何都应该给人发挥自我能动性留有余地和空间。

4. 组织与人的融合

组织的力量在于让人融进控制体系，而不是控制每个人。不是人是组织的螺丝钉，而是这个组织是每个人的。二者是一体的，组织中的每个人都不是打工仔，而是在给自己干。

不是革命同志是块砖，哪里需要哪里搬，而是人在组织中的个人价值体现，个人价值和贡献匹配，共荣共存。所有的个人不是渺小的，而是重要的，整个组织因为个人才存在。

在组织和人融合的过程中，不仅是人找到在组织中的意义，最重要的是要人找到自己工作的意义。而在这个融合的过程中，要实现从个人知识到组织知识，再到个人知识、组织知识的不断循环。这方面华为的项目培训制度做得很好。而亚马逊现在实行的“辞职奖金”制度，为新员工提供挑选组织的机会，强调个人事业牵引，强调组织支持个人成功，强调授权自控，强调共创共赢。

5. 组织对人的管控根本上是价值观的牵引和统领

组织管控未来一定是基于价值观的管控和文化的管控。通过控制方向，组织成员目标一致，减少方向性风险。通过聚焦目标，凝聚所有人的价值观，聚焦一点，形成合力，从根本上减少内部的管理，从而把资源和精力聚焦到外部和用户的接触点上。

而且，基于价值观的管控，是事业的统领，不是任务的统领。做事有价值观标准，尽可能去事务化，减少流程，减少繁文琐节，更多的是每个人反思该如何做，形成共同的认知，而不是被动地执行。同时组织控制是靠信息的即时反馈修正纠偏，确保每个人的方向一致。

■ 饶征：互联网工作生态圈创新管理方式

互联网的诞生与生俱来就被赋予了快速“信息传播，资源共享”两大特性，为建立开放、自由、平等、合作的组织创造了天然的条件，也潜移默化地改变着作为个体的人的思维习惯和行为方式。因此，必然对传统的组织和传统组织中人的生产方式和生活方式带来深远的影响。

（一）互联网工作生态圈冲击传统组织模式

互联网对传统组织运作最为显著的影响体现在互联网条件下企业工作生态圈发生了巨大的变化。在企业传统组织之中，自发形成了无数基于互联网的工作生态圈。如图 6－1 所示：

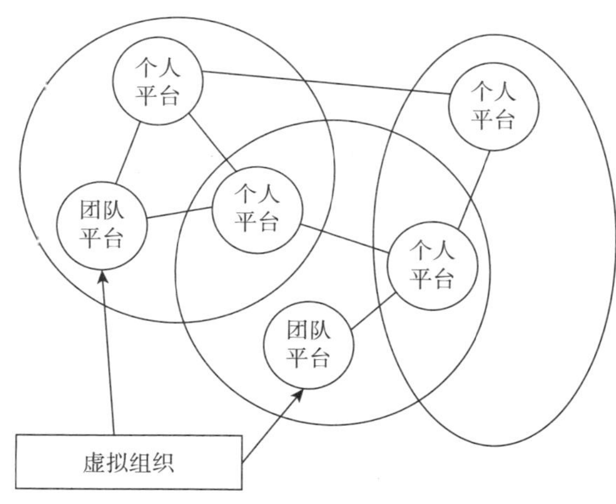

图 6－1　互联网工作生态图

所谓互联网工作生态圈是互联网条件下产生的新的个人工作方式或个体经营方式。由于互联网技术赋予其创建和利用规则制订的自主性，使其成为富有生命力和创造力的自组织。互联网工作生态圈依据用途，可分为完全自组织和有限自组织。

当互联网工作生态圈用于企业经营时，它是一个自主经营体，是一个完全自组织，承担完整的经营责任。如阿里巴巴、淘宝、京东、亚马逊等网购平台上存在的大量的自主经营体；企业本身就是一个完全自组织，其为电子商务而构建的企业销售网站及其与其关联的经销商互联网工作生态圈，均属于此类自组织。

当互联网工作生态圈用于企业内部工作沟通与协同时，它是一个工作交流与协同圈，是一个有限自组织，承担的只是构建者岗位职责赋予的责任，而不是脱离企业或组织的纯粹个人职业行为。其工作任务仍然来自传统组织的直线职能系统，听从直接主管的指令，只是员工履职行为方式发生改变，是员工借助互联网的工具和方法与相关人员进行沟通协同，使其工作效率更高，个人绩效或团队绩效更优。

进入互联网时代，将出现线上和线下两种组织模式和两种工作生态圈——企业传统组织所形成的工作生态圈将与互联网嫁接，形成新的沟通交流平台，自发地形成无数相互交叉、部分重叠的互联网工作生态圈和生态圈网。互联网工作生态圈是以个人工作为中心，自发形成的自组织和价值创造圈；而互联网工作生态圈网则是由个人工作圈网构成的企业价值创造网。

作为企业工作生态圈网的基本单位，互联网个人工作生态圈具有如下三个属性：

第一，互联网个人工作生态圈是跨越传统组织边界的有限自组织载体。以微信群为例，它是一个工作信息沟通、交流和相互学习的平台，圈内的人具有某种工作关联性，通过信息沟通交流，达到工作协同，提高工作效率的目的。它打破了传统组织中信息线性传递的方式，完全按发起人的需要，邀约参与人配合工作，以达到协调和完成自身工作任务的目的。从生态圈的协同发起到协同响应，都是自觉自愿、相互约定的结果，并不存在指令性。因此，它是一个自组织运作和学习平台。

第二，互联网个人工作生态圈是企业传统组织模式的有益补充。作为现代信息技术背景下的产物，目前互联网个人工作生态圈仍是企业传统组织的必要补充，仍是一种自发的虚拟组织。它的运行仍以传统组织规则为依据，如以企业基本制度、业务流程、业务标准和规范为前提。目前，企业中互联网生态圈的自定义、潜规则仍处于无序状态，填补的是传统组织规则的真空地带或无法涉及的领域。

第三，互联网个人工作生态圈中的创造力与企业赋予的生存资源有关。互联网工作生态圈自定义规则具有挖掘创造力的推广价值，应该成为企业修改传统组织规则的重要依据，如留给工作生态圈发起人激励参与者参与度的权力和手段，必要的费用开支和IT技术支持等。

（二）建立互联网化的组织规则与秩序

互联网条件下组织创新的关键在于如何解决有效信息的甄别与传播。互联网是开放的，获取信息往往是自由的、自主的、不受限制的，鱼目混珠，泥沙俱下，因此，对于企业或组织而言，在互联网的应用方面如果缺乏规划和管控则是危险的和不负责任的。

建立互联网条件下的组织规则与组织秩序，是传统组织转型的要点。互联网为组织扁平化和平台化创造了条件，一些企业做了很好的尝试，并形成了四种模式：全面职能互联网化、部分职能互联网化、组织向外互联网化和组织向内互联网化。这种组织或组织职能的互联网化的显著特征，是使组织中形成了以互联网为依托的各种形式的工作生态圈和自组织。因此，建立互联网化的组织规则与秩序的重点，就是如何解决互联网化的工作生态圈与自组织信息沟通与传播的有效性，以及资源共享问题。

与企业传统组织形成方式不同，互联网化的工作生态圈自组织由发起人依据业务信息沟通与传播的需要自行邀约，可以打破传统组织的边界，是虚拟的跨界组织。圈里人的地位平等、开放，没有领导与被领导的关系，没有指令性的要求、只有承诺与合作。但是，要使这种工作生态圈有效用，产生公认的价值，还必须形成某种公认的契约，并需要契约的维护者，即以发起人为核心的若干自组织日常监护人，对工作生态圈中的信息沟通、发布等进行必要管理。有组织的互动，才能提高信息沟通的有效性和传播的价值。

（三）用好工作生态圈创新人力资源管理

员工在经营互联网个人工作生态圈的过程中，由于自主性增强，因此对个人领导力、个人形象宣传、相互工作协同及合作求助等能力要求更高。这其实会倒逼企业人力资源工作转换方式，因势利导，做好引导和服务工作，使工作生态圈成为提高绩效、激活个人的有效方法。企业管理者尤其是人力资源工作者在实践中可以尝试以下几种做法：

第一，率先示范。人力资源管理者应该成为互联网工作生态圈"共赢生态"文化的倡导者和示范者。首先，人力资源管理者应经营好个人的互联网工作生态圈，通过个人微博形象生动地宣传本岗位职责范围内的业务知识、业务动态、业务服务内容及业务提供方式，最大限度地吸引粉丝，及时回复员工关心的问题，指导和帮助员工解决相关问题，使员工感受到人力资源管理者从事的岗位工作的价值。

第二，当好粉丝。人力资源管理者要善于成为员工个人工作生态圈的粉丝，主动加入员工的工作生态圈，及时给予员工在个人工作圈中表现出的正能量，积极地、正向地鼓励和支持，建立起互信和互助情感纽带。

第三，做润滑剂。人力资源管理者应借助互联网个人工作生态圈，发现传统组织中业务团队中存在的人力资源问题，积极主动地当好直线经理的参谋和伙伴，以人力资源服务专家和第三者的身份，协调和化解业务团队工作合作与协同中的矛盾和冲突，提高团队的凝聚力。

第四，发现人才。互联网个人工作生态圈是员工展示个人专业知识、专业技能、专业经验和专业成果及个人兴趣爱好的舞台。人力资源管理者应时刻不忘发现人才的使命和责任，善于分析员工个性特征和专业特长，积极引导员工发挥好自己的专业特长，做好自己的职业生涯规划，并为员工的上司用好人才提供建议。

第五，传播知识。人力资源管理者应重视互联网个人工作生态圈中的知识传播功能，因为互联网技术使得员工利用碎片化学习成为可能。首先，人力资源管理者要深入业务一线，收集碎片化学习产品的素材，将员工培训需求转化为短小精悍的视频、短文、现场案例等，及时发布；其次，邀请内部专家或讲师，开展基于定向人群或个人工作生态圈的互动交流研讨，并将达成共识的观点和方法加以总结提炼，成为更大范围学习传播的资源；最后，互联网个人工作生态圈还可以成为员工个别辅导的园地，形成一对一、多对一的师徒关系，实现随时随地碎片化的答疑解惑人才培养模式。

混沌与秩序Ⅱ

讨论二　自组织式管理：不确定时代的管理新趋势

发言嘉宾：彭剑锋　施　炜　孙　波　苗兆光
参与嘉宾：张小峰　韩树杰　戴　勇
主持及文字编辑：尚艳玲

“没有成功企业，只有时代企业，企业要做时代的企业”，面对时代变化，华夏基石一直这样提倡。“做时代的企业”，即要敏锐地感知这个时代，把握这个时代的特点，并能适应这个时代。

那么，一个企业组织要如何应对当前这种质变的、混沌的外部环境，如何在高度不确性下跟客户、市场进行有效的能量交换？

显然，企业已无法完全依靠过去那种预先所确定的组织秩序和组织规则找到触发点或引爆点，而必须具备一种能自我调节、自我适应以及自我修复的能力。这就需要组织进行结构化创新、颠覆式创新来建构这种能力。

“自组织”概念以及“自组织式管理”进入管理学家们的视野。华夏基石为此专门组织了第五期“华夏智库 3 + 1 论坛”，我们试图把零星的企业实践提炼、整合起来，将其和自组织的理论联系起来，以找到实践背后的规律和逻辑，帮助正在转型突破的企业找到一套适合自己的“管理语言”。

一、主题发言

张小峰：关于自组织的几点疑问

作为一个年轻咨询师，笔者个人对于自组织的了解，最早是从小米公司开始的。小米利用互联网和独特的商业模式，将自有的 MIUI 论坛和粉丝紧密结合起来，并利用粉丝的力量，一起来优化整个小米系统。这种自我管理、自我驱动、自我优化的非官方组织，是笔者对“自组织”最早的认知。

后来笔者才发现，自组织这个词并不是互联网时代独有的，而是一种已然存在很长时间的组织形态和管控方式，所以，又重新刷新了对“自组织”的认识高度。不过随之而来的是对自组织的几点疑问：

第一，自组织是不是也算一种自我管理的方式？对于个人而言，自组织是否意味着企业建立了一种更加民主的管理方式？在划分最小经营单元的前提下，基层能够自行决定经营方向，自行依据经营环境调整经营战略，自行决策并不断完善，这样一种自组织的方式是不是可以说一种自我管理的方式？

第二，自组织超越了组织概念本身，还是只是在组织理论基础之上，基于人性假设或者经营环境变革所优化出的一种管理方式？个人认为自组织其实仍然是组织概念下的一个分支，至于如何实现自组织的状态，则需要一些手段方法和技巧。

第三，以下一些实践是否属于自组织形态？

（1）社区居民自治的委员会。在商业小区里，经常会出现小区居民自我组织，为了保护自己的权益，集合起来，成立社区委员会，进行社区自治。

（2）基于互联网的一些自我组织，类似百度贴吧和豆瓣小组。它们都是自我形成，因为同一个目标、同一个兴趣或者同一条感情纽带集结起来，共同去做一些事情，当然，也是完全自治。这些基于互联网的自组织，最早仅仅只是一个想法或者一个倡议，在不断的发展过程中，逐步形成了自己的组织体系甚至已经有了自己的盈利模式。这种自发形成、自我管理、自我约束的组织形态，是不是也应该算互联网的自组织？

（3）各类粉丝会、各类 NGO 组织。这些都是自发形成并固定运转的一些组织，个人认为也算自组织的一种类型。

此外，笔者还发现一些企业在内部的管理创新实践，这是否也属于一种自组织式的管理？

（1）韩都衣舍的“三人小组”模式。作为互联网原生品牌，韩都衣舍运行得非常好。韩都衣舍的每一款产品从设计、生产、销售都以“三人产品小组”为核心，企划、摄影、生产、营销、客服、物流等相关业务环节配合，全程数据化、精细化运营。现在韩都衣舍有 267 个产品小组，每个小组就是一个独立的经营体，自主经营又充满竞争。在最小的业务单元上，产品小组实现了责权利的相对统一。然后定期根据销量进行产品小组排名，做得好的小组，企业平台加大支持力度；做得差的小组，打散重新组团。这种组织形态，算不算韩都衣舍在自组织方式下的一种尝试？

（2）海尔的创客平台。个人一直觉得，海尔是传统行业里对互联网最先知先觉的企业。在提出互联网转型后，海尔就推出了员工创客平台，鼓励员工创新，然后根据市场需求去寻找一些新的商业机会。几个年轻人在海尔做了一款叫作“雷神”的游戏本，很快就成为细分类目的冠军。这种自己把握客户需求、自己做策划、自己做营销和推广的方式，在笔者看来，应该也算一种自组织的管理形态。

此外，还比如华为的“铁三角”管理体系，李开复创办的创新工厂，一段时间最火的众筹等，是不是企业在实践层面已经开始了自组织的管理方式？

苗兆光：自组织与传统组织的三个区别

笔者理解，自组织是区别于传统组织来说的，它主要有三个特征：

第一个是去中心化。它的去中心化不是说没有中心，而是多中心。这个中心不是原来传统意义上的“管理当局”。原来的“管理当局”可能是中心之一，但是对于基层来讲，它会有很多很多小的中心单元，而每个中心单元都有可能成为公司发展的动力之一。

第二个是它具备自我修复能力，能自己往前变革。传统组织每过几年，其相对稳定有序的业务或者是组织在外部市场的变化冲击下会出现危机，推动组织进行变革。但每变革一次，其实是伤筋动骨的，如果没完成变革，这个企业有可能就消失了。也就是说，传统组织是靠突变的方式进行变革，是生死存亡式的变革。而对于自组织来说，变革时时在发生。它的业务边界、业务形态，可能在外部市场还没开始形成变化之时就先开始了。它用迭代方式、循序渐进式的变革时时刻刻围绕着市场的变化、外部的变化进行变化，

第三，管理当局的定位变得不一样了。传统组织的管理当局是一种权威及其权威的组织形式，包括要确定公司的宗旨体系、经营方针、竞争策略、竞争目标，包括严格的流程体系，这些都是传统组织体系中的管理当局的定位。但是在自组织的情况下，管理当局的管理宽度就没那么大了，它主要是确定方向，制订一些基本的规则。比如，会界定很清晰的业务方向和目标，以及组织运行的基本规则、基本的利益机制、基本的宗旨体系。

那么，典型的自组织是什么样子的呢?

从大到小来说，第一，类似于美国这样的国家就是一种自组织。它的自我修复能力很强，有一套完整的规则，可以适应外部的变化随时调整自己的策略，可以产生自己的领导人。遇到社会问题的时候，它的自我修复能力非常强。

第二，互联网催生的一些非企业化的组织形式，比如维基百科就很典型。它的发起人制订了一系列的规则，去激发外部的人不断参与这件事情，并没有严格意义上的组织边界、人员边界，如国内的百度知道社区、新浪微博这样的机构。其实还有一类形式是在互联网企业里比较习惯采用的。马化腾讲话称，要提高腾讯的自组织能力。还有谷歌，每个人绩效目标的70%是来自于自己的平级和下级，而不是来自于上级。这种微小的、来自于基层的目标的自组织与自我管理概念，在互联网

企业里面其实非常强。

第三，传统企业向着自组织方向的改造。目前最典型的是国内的海尔，它提出来的员工创客化，以及人单合一的自主经营体方面的内容被谈论得比较多，这里不多谈。

还有一个典型的案例是巴西的一家名为SEFCO的公司。

起初SEFCO是给轮船造发动机的公司，是最早用自组织方式运营的企业。这家公司成立于20世纪五六十年代，在20世纪80年代时遇到了危机。首先是赶上造船业大萧条，公司受到重创；其次是创始人退休，不到30岁的年轻领导人Semler接班。

Semler为度过危机，和员工达成一份协议：

（1）员工集体降薪，但在薪水恢复之前，享受较高利润分享计划。

（2）管理层降薪40%。

（3）员工自主决定工作方式和工作开支。

员工们的自主管理权扩大以后，积极承担工作职责，成本控制和生产效率问题得到极大改善，“民间”智慧的力量帮助SEFCO转危为安。如今SEFCO，自组织的特性更加彻底：公司的核心层是一个共有6个人的委员会，负责制订公司基本运行规则，制订公司长期战略；第二层是合伙人，即各个部门的负责人，其余的人都被称作“伙伴”。每个伙伴设定自己的薪水，所有人的薪水都是公开的。所有的会议也都是开放的，任何一个伙伴都有权参加。公司的财务信息完全透明，任何人都可以看到。SEFCO正是通过这种方式，将公司化整为零，建立起一个个内部自治的小团体，获得了不俗的经营业绩。

■ 孙波：自组织是实现组织一体化的新方式

管理学中关于组织的概念和内涵界定是建立在生理学和系统论基础上的。一般管理学中对于组织最基本的定义是："组织是两个以上的个体在一起为实现某个共同目标而协同行动的集合体。""组织"的概念有时候和"系统"的概念是互用的，在某些场合"组织"就是"系统"，因此，组织也含有"系统"的三种特性：目的性、整体性、开放性。

组织的主要功能是实现一体化。

组织理论是在分工理论之后提出的，亚当·斯密在1776年《国富论》中提出社会财富来源于分工。分工跟一体化是相辅相成的，所谓一体化就是专业化分工之后每一个人形成一个整体，形成一体化的状态，这种状态称之为"组织状态"，也称之为"组织"。按包政老师的说法，组织要组织起来有两种基本的方式："市场协调的方式"与"管理协调的方式"。

泰勒科学管理开启的组织理论，基本上可以划分为传统组织理论、行为科学组织理论和现代组织理论三个阶段。组织理论的演进与社会存在和管理实践的需要关系紧密，是一个不断扬弃的过程，但是核心一直是围绕如何解决一体化的问题。

传统组织理论的突出特点就是强调集权和科层制度，这种组织方式在作坊式生产体制向工厂化生产体制转化过程中发挥了很好的作用，极大地促进了组织效率的提高和生产力的发展。

行为科学组织理论的突出特点之一就是注重组织内人的重

要性。行为科学组织理论的代表人物乔治·埃尔顿·梅奥和切斯特·巴纳德等人提出了“社会人”假设和“非正式组织”，认为管理组织内的非正式组织对于组织的生产效率和一体化起到了非常重要的作用。切斯特·巴纳德在其《经理人员的职能》一书中，明确提出组织实现一体化必须满足的三个条件：合作的意愿、共同的目标和沟通。他认为，组织是人与人之间相互作用的系统，既然是系统，那么组织与组织、人与人之间就存在着相互协作，而协作就要求将个人、目标和信息三者有机联系起来。

现代组织理论是在组织外部环境发生剧烈动荡和变化的基础上，基于管理实践的需求不断发展起来的。巨变的外部环境带来了复杂和多样的组织模式，原有的管理理论已经无法应对，系统论被引进管理学中，发挥了非常重要的作用。现代组织理论也被称为系统组织理论。

系统组织理论认为，任何组织都处于一定的环境中，这些环境决定着社会系统中人们的活动和发生的相互作用。任何组织都必须通过与其他组织之间建立关系构成一个完整的系统，而且只有适应了环境的变化，组织才能生存发展下去。

现代组织理论侧重于组织与环境之间的关系。组织结构为了适应这组关系变得更加灵活，团队工作模式、网络型组织成为突出特征。

自组织是系统科学的一个重要概念，它是复杂系统演化时出现的一种现象。

系统论认为自组织是指一个系统在内在机制的驱动下，自行从简单向复杂、从粗糙向精细发展，不断提高自身复杂度和精细度的过程。根据一个组织是否是按照外部特定干预而形成的，又可以把组织分为自组织和他组织。组织力来自于系统内部的是自组织，组织力来自系统外部的是他组织。

笔者认为无论自组织还是他组织，作为一种组织的存在形式，都应该具备组织的三项基本性质：目的性、整体性和开放性。

自组织的目的性表现为从无序到有序的过程，通过个体不断的自我完善，提高组织对环境适应能力的过程。自组织的整体性表现为个体进行自我驱动和自我决策，甚至是并行行动时，必须通过规则和系统结构来保证整个系统的一致性和稳定性。自组织的开放性则是建立自组织的前提，建立相对稳定的开放系统是保证组织不断适应外界新环境的必要条件。

自组织理论被引进管理学研究的范畴中时，无论是耗散结构理论、协同理论还是突变理论，都是在解释如何促使组织从无序状态达到有序状态，以提高组织整体效率的问题，所以本质上，还是为了实现组织一体化。从这个角度来看，自组织理论被引入管理理论中，可以被看作是现代组织理论的进一步延伸和发展，依然是为了解决组织实现一体化的问题。

那么，企业在引进自组织管理时，就应考虑以下几个要素：

首先，通过强化价值观管理来组织总体的方向性。在自组织管理中，由于行动发起和决策的自发性，组织整体的价值观管理就显得更加重要。尤其是外界环境越来越具备不确定性，知识型工作大量增加，知识型员工成为主体的背景下，工作的产出很难在事先预设和界定，企业就必须通过强化价值观管理来保证组织总体的方向性。

其次，通过最高规则的建立来保证组织的整体性。在自组织管理中强调自发产生团队，没有明确的职位概念，更多的是在团队中的角色。每个人都可以发起一项任务或者行动，每个人都可能参与到某个行动中去。在这种状态下，每个人的身份和地位都是平等的，管理不是靠职位权威来实现，而是要依靠规则进行管理，自组织管理应该表现为规则管理的性质。

最后，通过开放性提高组织对外界环境的适应能力。开放性是自组织实现有序的基本动因，自组织管理的开放性表现为对外界环境的适应能力。在高度不确定的外界环境中，企业必须扩大与外界的交互界面，并且迅速做出反应。自组织管理必须具备开放性，通过小团队的多中心控制，自主引发和驱动的非线性创新、快速迭代等对外界刺激和变化做出迅速反应来保持组织的活力。

同时，企业在运用自组织管理来实现组织一体化时，要思考或解决以下几个问题：

（1）如何界定组织的核心价值观？通过建立组织成员共享的价值前提来回答组织存在的价值意义，进而形成企业的核心价值观体系。并且，通过价值观的管理，来规范组织成员的决策前提和行为底线。

（2）如何对管理机制重新定义？通过建立平台管理机制，在组织内部构建起适合自组织产生和发展的环境，鼓励组织内部的创新和竞争。企业最高管理决策层通过引导组织成员建立例外管理规则来进行管理。

（3）如何进行扁平化、单元化组织设计？缩短决策链条，通过“去中心化”的方式，鼓励组织成员主动接触客户，接触外界，自主形成小的业务单元，自主产生、决策和推动项目，由“单中心”控制转向“多中心”“分布式”控制。

（4）如何创新人力资源管理机制？建立以能力和角色承担为基础的人力资源管理体制，形成与之相匹配的评价机制、分配机制、利益分享机制等。

要强调的是：一个组织的自组织管理能力越强，适应外界环境的能力就越强，组织也会表现出更大的活力和更高的效率，但并不代表所有的组织都可以通过自组织管理的方式实现组织一体化。自组织管理是有其自身的适应性和要求的，企业还需要结合自身的实际情况来确定适应的管理模式。

施炜：自组织化，企业在不确定时代的必由之路

其实，自组织并不是一个新概念。它出现在系统理论中已有数十年历史。从系统论早期的耗散结构理论，到后来复杂系统科学中的涌现理论，自组织都是其中的核心概念。甚至可以说，自组织就是复杂系统的基本属性。自组织和管理学的牵手，也有二三十年时间乃至更早了。在美国管理学的丛林中，系统学派早就将系统理论导入。而到了互联网时代，自组织管理才真正有了操作层面的意义。

结合组织理论和企业实践，笔者把“自组织”概括为如下5个特征：

（1）自组织具有“1+1+1>3”的系统效应，即人们常说的“整体大于部分之和”。这种效应，系统理论称为“涌现”（过去常称为“突现”）。公式中的“1”，是组织中的个体或局部群落，相对于组织整体，他们是“较低层级的”。通过某种纽带和机制将他们联结起来，并使之相互作用和协同，就能产生个体无法企及的整体、系统功能。这是合作的奇迹，是

一种非零和、共赢的局面。但“1+1+1”为何能大于“3”？当组织属于灰色和混沌系统时，机理是不清楚的，过程也难以分解和还原，这正是组织的魅力和奥妙所在，也是管控难题的渊源。

（2）就控制方式而言，自组织不是集中控制的，而是分布式控制的。“分布式”一词当下用途很广泛，例如“分布式能源”，大数据中的“分布式计算”等。分布式控制，不同于传统科层组织通过一个控制中心控制组织的方向、运行过程及功能实现，它是去中心的、分散的、多中心的控制。此时，组织中的次级或局部单元，作为一个相对独立的主体自我控制、自主应对变化、自主修复和生长。需要指出的是，分散式、多中心并不意味着组织内部相互离散和割裂，不是“土豆式”集成和诸侯格局，而是彼此联系和相互作用的。这种联系表现为复杂、多向、立体的网络状态。

（3）自组织的变化来自于低层、局部和边缘。由于分布式控制，因此组织的变化不是源于中心和上层，而是起始于小环节、小变量、低层级单元及主体结构的边缘。不仅如此，局部小的变化有可能引发组织的整体性、根本性（颠覆性）的变化。当组织“自组织”地演化到临界值（“从量变到质变”的边界）时，某一个小变量极微的增量就有可能导致系统剧变。

（4）自组织演变的轨迹通常是非线性和突变的。所谓“非线性”，主要是指因果关系不清晰、自变量因变量之间的变动比例不对等、事物之间的联系复杂多维；而“突变”则是变化在时间、地点、方向、范围、程度上具有不确定性。也就是说，我们不知道或不太知道变化何时发生，何地发生，因何发生，后果如何等问题。非线性关系和突变，与分布式控制、多中心有关，同时源于复杂系统立体、网络化的传感、传导和传输机制，它是局部变化引发整体变化的机理。

（5）自组织具有自我修复和自我演化的属性。一个组织，当能量耗散殆尽、陷入死寂状态时，只要是开放的状态，与外部发生能量、信息的交换，就有可能起死回生、重新恢复结构和功能。组织内部的运行、成长逻辑（密码和机制）在一定的条件下总是能让组织轮回再现并进化成长。尤其是有机生命体，如带有基因的一粒种子，只要有合适的土壤和气候条件，就有可能生根开花结果，并衍生出草地、森林、动物，直至演化出整个生态。近年来，随着杭州西湖周边环境改善，苏堤边居然有了野猪的踪迹。人们不知道它们从哪里来，这是大自然自组织（造化）的小小奇迹。

不确定时代背景下，“自组织”化是企业战略的必由之路。

“自组织”管理目前之所以引人注目，是因为企业所处的环境发生了重大、深刻的变化。互联网时代，信息传递的范围、效率和以往相比，不知扩大、提升了多少倍。社会、产业和市场的不确定性增加，颠覆性创新呈爆炸状出现和扩散。

目前，许多技术领域的演进方向是不确定的。比如清洁型再生能源，未来的主流是高效太阳能，还是核（聚变）能，抑或从海水中提取的氢能等？现在还看不清楚。在市场方面，需求同样变化莫测、不可把握。一方面新生代文化程度较高，信息来源丰富且处理信息的能力较强，需求的个性化程度、自主程度及变化速度，都运远超过他们的前辈。另外一方面，蜂拥而来的创新，也在不断激发、创造需求。

面对技术和市场（需求）的双重不确定性，面对混沌的竞争格局，面对瞬间被颠覆的风险，企业必须成为自组织，或者说必须具有自组织属性和机制，只有这样，才能适应变化、动态成长。

所以，企业的“自组织”化是一种战略上的必由之路，包含以下几个方面的策略。

第一，以分布式创新应对技术、需求的多元格局。既然未来充满不确定，路径分叉多向，那就不能完全依赖组织的一个大脑来思考。企业必须搭建一个创新平台，在其之上形成多个自主、自为的主体，自下而上地选择创新方向、确定项目、组合人员、整合资源，以小团队形态探索试错、突围突破。这样做有点“东方不亮西方亮”的味道，对冲了企业内部的创新风险，以弹性与灵活性应对不确定性。这样分布式创新，将分散于组织内部及外部（可以和外部人力资源及其他资源合作共同创业）的智慧挖掘出来并加以利用，使组织有了开放、流动、弹性的无边界特征。

第二，以边缘性变革推动企业的转型。很多企业主体业务的结构及利益格局已相对固化，整体变革过程复杂、路径漫长、风险巨大，稍有不慎，便入万劫不复之境。因此，局部、边缘性的试验、试错及迭代式变革推进就变得很有意义了。正如中国的改革开放起始于深圳等特区一样，边缘性创新代价小、方式灵活，即便不成功也无碍大局。一旦试验成功，可以通过中心控制方式在企业内部学习推广，也可以通过自组织方式引发组织的整体变化。

第三，通过机制设计触动组织自发、自为地演进成长。前面谈到，自组织内部具有非线性关系，自组织变化往往呈现出突变性。在此情境下，加之环境的不确定，因此企业的成长路径很难事先清晰地规划。但我们可以设计一些机制，赋予自组织“第一推动力”。这些机制包括权力责任对称机制（分权授权机制）、利益分配分享机制、自律机制、对标机制、PDCA管理循环机制、制衡机制等。它们使组织内部产生势能和张力，与自组织相结合，会强化、放大组织的运动和变化，激发组织能量增长和功能实现。我们可以通过调节这些机制，影响自组织运行的方向和过程。

现在，我们来探讨一下自组织的管理原则和理念。笔者认为自组织管理有四大核心要素。

第一，自组织管理是分权型管理和自主型管理。分布式、去中心意味着结构扁平，组织中的小单元（个人及团队）在一定的权责边界内相对独立地朝着目标自主运行。这一点容易理解，不需多解释。

第二，自组织管理是平台型管理。在多点驱动、内部创业、无边界组合的组织形态下，管理的重心需放在平台打造上。所谓平台，既是供个体表现的舞台，也是价值创造活动的支撑和基础。平台也是多形态的，包括共享的资源平台、共同遵守的规则（制度）平台。需要特别强调的是，规则平台是自组织得以成立和运行的前提和保证。

第三，自组织管理是整合型管理。分布式、去中心、多点驱动、边缘创新并不意味组织四分五裂，它们都是产生系统效能（涌现）和组织功能的机制和途径。甚至可以说，这一切是为了组织更加健康、更具适应性、更好地进化。整合型管理，首先要整合分散控制和统一控制的关系，通过控制方式的整合，实现局部目标和整体目标、灵活性和协同性的统一。其次要整合分散的资源和信息，将它们集中起来并加以利用，

“云结构”则是这种整合的结果。再次，在一个大任务分解为众多小任务时，要整合各细分封闭模块（将小任务封闭起来模块化完成，可以简化流程和管理），通过较高层级的流程和时空节点管理，使其组合、匹配、对接，从而实现总体目标。最后，在组织可能突变的情况下，整合风险防控阀门和手段，采用隔离、切割、应急机制启动、设定红线、价值观内化等方式，在一定程度上化解不利突变的冲击。

第四，自组织管理是文化型管理。一方面，在不确定的环境中，具体的策略、行为都需动态化、弹性化，但为保证组织使命的达成及根本性安全，必须信守核心价值观和基本规则。在混沌的环境里，唯一能使企业不迷失的是基石般的价值理念。处理复杂多变的内部外部关系时，相机行事（权变）固然重要，但最终能消除、化解不安、焦虑和恐惧的，恰恰是一些基本原则。另一方面，在分布式、多中心的情形下，价值观是组织控制最重要的手段，有时甚至是唯一的选择。自组织的协同，也有赖于价值观的一致性，后者已成为前者的必要条件。

最后需要指出的是，有些企业划小核算单位、实行内部承包，和自组织有些沾边，但是还不能完全说是一种自组织的机制。任何小生产式的组织架构和运行模式，都和自组织毫无关系。

■ 彭剑锋：自组织管理的核心要素

当下，“自组织管理”成为一个受到企业管理界关注的概念，在管理学领域引入自组织，其实也是21世纪的事情，是伴随着知识经济和互联网经济而产生的。

但是，仅就“自组织”这个概念而言，它的确不是一个新事物。自组织概念产生于系统科学，而系统科学已经有七八十年的历史了。自组织这个概念最早来自于控制论中的耗散结构理论，耗散结构理论由诺贝尔奖获得者、比利时的物理学家普里戈金（I. llyaPrigogine）提出。

耗散结构理论揭示了地球上的生命体和组织体都是远离平衡状态下的不平衡的开放系统。它们通过与外部环境不断进行物质和能量的交换。这个系统在远离平衡状态的条件下，是无序的，但又是在组织之中。在跟外部环境进行物质、能量交换的过程中，一些非线性变量一旦发生突变，并且积累到一定程度（临界点）的能量以后就会产生质变，经自组织从无序走向有序，形成新的稳定有序结构。从这个角度来讲，自组织是指组织受内在的、不确定性的非线性变量所影响，通过与外部环境信息与能量的不断自我调适从无序结构到有序结构的过程。

而真正把这种自组织的理论知识研究得比较深入的，是系统科学里面的协同理论。协同理论认为自组织从无序到有序的这个过程，不仅仅来自于某一个变量的影响，而是组织内各个成员之间、各个要素之间非线性的交互关系的影响，是在交互中找到了一种协同价值，而组织一旦产生协同就变得有序了。

所以得出一个结论是：不管是耗散结构理论还是系统结构理论，它都是在研究组织如何做到从无序到有序，如何界定和重构组织的内在秩序、规则与结构，以不断提高内在活力和效率、提高组织的协同价值，从而主动适应外部环境的变化。从这一点来讲，其实传统企业跟现代企业没有什么太大区别，都是在研究活力、效率及协同价值究竟来自哪里。

为什么我们要从管理的方向去研究自组织？笔者觉得有这么几个关键点：第一，欲提高组织的自适应性，让组织更开放，吸收更多的物质和能量；第二，要使组织的结构和秩序（不管是规则的结构和不规则的结构，还是有序到无序或无序到有序）产生效率；第三，要使得组织更加充满活力，最终提高组织对外部环境的适应性，实现组织持续发展。

虽然目前关于自组织还没有成体系的理论，但在知识经济和互联网背景下，很多时候可能已经无意识在实践了，像笔者创办华夏基石公司，其实从一开始就可以说是一种自组织结构，强调自动自发地自我管理。当然这一方面可能跟个人的管理风格有关，另一方面，我们面临的是一群知识型员工。对待知识型群体，如果采用传统的垂直控制型的管理方式或权威性领导方式，组织的活力就没办法激发出来，而要发挥知识型员工的作用，就必须去激发他的价值创造活力和自主经营能力。

当前，我们所面临的环境是一个颠覆创新的时代，一个不确定性的时代。**一个企业组织要应对这种混沌的外部环境，要在高度不确性下跟客户、市场进行有效的能量交换，是无法依靠过去那种预先所确定的组织秩序和组织规则的，而是要依靠自组织，即在自发状态之中，敏锐感知非线性变量的规律，创造触发点或引爆点，在时间、空间和功能上实现从无序到有序的结构。**

华夏基石提出的“没有成功企业，只有时代企业，企业要做时代的企业”，即是在提倡：企业要适应环境的变化，就必须要有一种自我的调节能力、自我适应能力，以及自我修复能力。用互联网最时髦的词来形容就是“迭代”，组织是在一种从无序到有一些“序”，再到有序的过程中不断被反馈，从而修复、完善，重构新秩序。

为什么现在我们要强调自组织？就是因为外部环境变化了，组织要有自动适应外部环境的能力，这就需要组织进行结构化创新、颠覆式创新来建构这种能力。

回过头来再说，什么叫自组织？自组织有什么特点？笔者觉得可以概括为以下八个方面。

第一，自组织必须要有共享的愿景、目标。从战略上讲，自组织需要愿景引领，在混沌与迷惘之中找到方向与明灯。因此，自组织的战略是一种方向、一种状态，所以自组织绝对没有什么五年规划、十年规划。这是它一个很典型的特点，即没有非常确定的战略目标，它是一种战略发展方向，并且使它的组织进入到一种战略状态。

第二，自组织是分布式、多中心的控制手段。在自组织状态下，就会出现去权威、去中心化，人人都可能成为中心，人人都可能成为 CEO。但是，人人能成为中心，并不等于人人都是中心，只是可能。也就是说，现在大家所说的“去中心化”，并不是完全不要中心，其实它只是改变了原来的中央集权中心，变为多个控制中心。

第三，自组织的权威来自分布式、多层次的权威。过去企业的权威是自上而下的权威，现在是一种自下而上的权威，是流程权威和专家权威。我一直讲组织的权威现在有三个：行政命令权威、流程权威和专家权威。所以现在并不是说不要权威，企业内部一定需要权威的，只是由过去单一的、自上而下的行政命令权威转变为多元的、纵横交错的权威体系。

第四，自组织没有非常明确的角色分工。它的角色有时候是自动生成的，有时候是扮演多重角色。也就是说，一个人在组织中不再是传统组织中基于分工体系而固定在一个岗位上扮演一个固定的角色，就是一个螺丝钉、一块砖。在自组织中，一个人的角色可能是多重的，相联系的就是多种技能，可能某种时刻需要你有领导和组织协调才能，另一种时刻又需要你有一线工人的操作技能。当你具备这些能力时，你就完全可以成为一个中心，可以调动公司很多资源去完成一个目标。

第五，自组织内部是高度信任授权体系。在自组织里，一定是高度授权的，要使每个人都是自动去负责、自动去追求协同。自组织强调的是员工自主地进行价值创造。

第六，自组织是网状结构形态。它不再是过去那种矩阵式或者是直线式的结构，而是一种基于价值的网状结构形态。在非线性、网状的结构中，任何一个变量或要素都有可能带来颠覆性的创新。

第七，自组织强调利益分享而不是独享，认为信任和授权是最大压力，分享是最好的管控。

第八，自组织具有自我变革与学习力。不断自我变革与创新是永恒主题。

在网状的结构形态下，我们强调要找到自组织的引爆点。现在互联网企业特别强调引爆点，因为你不知道引爆点在哪里，就只能通过试错战略，不断去寻找引爆点，然后把这种引爆点变成实实在在的颠覆式创新。微信就是腾讯的引爆点，它颠覆了人们使用手机的方式。对于腾讯来讲，它创新了一种新的商业模式。

自组织的这些特点确确实实对传统的组织形态产生了很大的冲击。最近很多企业在咨询过程中就问笔者一个问题：“究竟怎么来强调自组织，发挥自组织管理的作用?”

笔者认为，首先要强调的是，自组织并不是等于无组织，它只是说这种组织的秩序不是预先设计，而是自发所形成的，自发从无序到有序，最终的目标是有序、提高效率、激发员工的活力，使得组织能够协同产生价值。也就是说，自组织作为一种组织形态，它内在的本质追求并没有变，只是说组织的形态、内部的运行机制，以及内部控制方式发生了变化。

其次，要把握企业内部进行自组织式管理的三个最核心要素。笔者概括为共创、共享、共治。

共创，就是人人都是价值创造者，人人都可能变成价值创造的中心。共享，就是自组织更强调利益共享，更强调构建利益共同体。共享包括资源信息的共享及利益的共享。代表未来人力资源发展方向的人力资本合伙人制度，在某种意义上其实就可以理解为一种自组织，自主经营、利益共享。共治，就是指在组织内部是有一定的民主价值诉求表达的，它更强调群体制度、强调由大家一起来制订规则，强调员工的参与及达成共识。

也可以说，自组织在某种意义上，更体现民主和公平，更强调组织的自由、平等、参与、公开透明、开放、妥协，以及交互、互动、协同等。

二、圆桌讨论

（一）如何解决自组织管理中的规则和效率问题

主持人：刚才施老师和彭老师都梳理了自组织概念的源

起，并对自组织概念、自组织与传统组织的区别、自组织管理与时代的关系等，从各自的研究角度进行了清晰的阐述。

我大致归纳了一下，有这样几个关键概念：

（1）自组织不是无组织。自组织是在应对及适应不确定性外部环境下自发形成的一种具有自我修复能力的组织形态，

（2）自组织是动态的、多元的、网状结构的组织。它颠覆了原先单一的、稳定的、确定的组织结构，而且总是在进行从无序走向有序，从有序到相对无序的动态良性循环，往往是整体有序和局部无序、宏观无序和微观有序并存。

（3）自组织作为一种组织形态，其内在的、本质的追求与传统组织一样要追求效率、活力与适应性。

（4）自组织与管理的关系是，自组织更强调组织内部的共创、共治、共享，对传统管理的权威来源、控制方式和流程、角色定位与分工等构成了冲击。

接下来请几位老师就自组织管理在企业实践中要注意的问题继续进行讨论。如自组织管理需要进行机制干预吗？需要进行评价、权责利分配等规则设定吗？

韩树杰：彭老师提到自组织管理的核心要素是共创、共治、共享，我很认同。我们在做众筹项目时对自组织的这种形式也有些思考，提出来的关键词是：众筹、众治、众享。

众筹的本质就是众筹、众治、众享，大家不但出钱出力共同来做一件事情的时候，就形成了一个自我管理的规则。大家目标是一致的，平等参与，在过程中谁在某件事情上有能力，谁就是中心，最终成果由大家共享，这是一个完整的链条。

彭剑锋：按道理来说，自组织是自我认识、自我评价，但是在中国搞自组织，我们还是要强调基本规则和评价体系。为

什么众筹现在成功率也不是很高？就是因为它没法去衡量每个人的贡献，搭便车的人非常多，占着位子不作为的人、偷懒的人越来越多，最后就导致整个组织没有效率。

韩树杰：当形成组织的时候，就有一个进入和退出机制问题，这是非常核心的问题。如果与组织文化基因不合、不认同组织目标的人都进来了，那自组织就无法进行。

彭剑锋：对，所以我们现在强调，组织选人比评价人更重要。首先是要选符合组织价值观的人，选能够志同道合的人，在自组织里更要强调价值观认同和志同道合。

施炜：自组织为什么还要设计机制？我的回答是：首先，企业组织不是完全的自组织，它同时具有非自组织（纵向控制型组织）的属性，只不过不同企业两者的比重、成色不同，因此控制方式是立体、多样、融合的。其次，为了使自组织正常运行、产生功能，控制中心有必要进行管理，如制订规则、维护秩序、整合资源及提供保障。最后，即便组织是完全的自组织，为了特定的目的，为了使其生成所需功能，也是可以对其干预的。比如改变输入、调整反馈（改变或增减正或负反馈），甚至有可能不同程度地改变系统内部结构和机理。

孙波：从另外一个角度再来看看。施炜老师刚才说一个有效组织的三个必要条件是共同目标、共同意愿和有效沟通。我认为一个自组织和一个传统组织的区别，只是说规则发生变化，而以上三点其实是一致。你觉得呢？

施炜：组织内部及组织与外部沟通的方式还有些差异。传统组织可能更多的是纵向沟通、整体沟通，而自组织在横向沟通、局部沟通上会更畅通，甚至一个局部就可以成为一个生态链，进行闭环沟通。

彭剑锋：我补充一点，以前目标更要确定，现在则方向更重要；以前是共同意愿先提出来然后大家消化接受，现在则是从开始就需要达成共识，且共同意愿更重要。我认为这也是传统组织与自组织的差异。

施炜："意愿"这个词本身是一个弹性的词。在自组织中，这个意愿可能变得更抽象了，甚至变得更加高远了。

孙波：那从这个角度来说，它是由低层控制还是说应该由规则控制？

施炜：低层控制。所谓的低层控制是说一个新的游戏规则、新的方式方法可能往往先从低层开始。比如你家有两个女儿，姐姐带妹妹，她们俩就是一个小系统，互相游戏、互相玩，这就是自组织，而往往家里有很多的游戏规则、有很多的控制要点是从她们开始的，而不是从你这个父亲开始的，这就是低层控制。它从微观的、局部的，就是在组织里面位置比较低的人开始控制这个体系。

孙波：我理解的是，在自组织里面很强调一点，就是每个人都可以发起一个程序，或者发起一个活动。但从它这个发起的过程来说，至少要有一套规则来约束吧？

施炜：这个自组织得这样理解：规则有不确定性、结构有不确定性，这叫自组织，即便有规则也是在博弈、互动、交互中形成的。比如你要求你的两个女儿晚上 6 点半回家，她们俩一商量说："我们要跟老爸说，我们都不想这个时候回家。"那这时候规则可能就变了。这其实就是说，自组织本身的规则也是个动态的结构，它可能有一点基石，比如共同的价值观，否则它就没组织了。但是具体的规则、制度，人的交往方式等，都是在自组织过程中重新建立起来的。

就像“说走就走的旅行”方式，一个年轻人在微信上说，我们自助游大理去吧！有人响应以后，他们就自己组合、自己策划线路、预算资金，商量一路上谁来负责管钱、谁负责找车，等等。你看，规则就是自组织的过程中形成的。

孙波：这个是对的。但是我认为除了所谓价值观，它应该有一些最基本的规则，比如说谁来决策。一个自组织一定要有基本的规则，否则就没效率。

韩树杰：它需要规则，但它的规则是在行进过程中逐渐形成的，并不是预先所确定的。在互动、组织过程中渐渐逼近规则和秩序。

施炜：规则本身也是分层次的，可能元规则先定下来，次规则在过程中再互动形成。低层控制也是存在的。比如你家有两个保姆，他们把厨房“占领”了，自己形成了一套对厨房的管理模式，那这时候你老婆都打不进去。虽然你是一家之主，你也不可能做到无限化的控制。

韩树杰：我理解施炜老师的意思是，低层控制就是在最接近一线的地方最先发生变化，而这个变化能影响和左右全局。

（二）自组织的效率和活力来自哪里

主持人：施炜老师讲的“保姆控制厨房”的例子生动而清晰地解释了低层控制的概念。那么在一个结构化的组织中，也就是在传统组织中如果要形成自组织、用自组织管理的方式实现创新突破，它需要具备哪些要素和条件？

彭剑锋：我认为自组织最核心的还是要激发每个人的价值创造能量。

施炜：这个我同意。每个人是组织的节点，每个人都可以发起一个流程，每个人可以牵引一个网络，而且它是自主自发的。

孙波：真正以人力资本价值为核心的一个组织，最终还是回归到人本，它是以人为核心。

施炜：需要营造一种高度机动和灵活、有着无限组合可能的组织氛围。从内部的组织架构来说，就是形成一个个的任务小组。我们这次去谷歌考察发现，谷歌现在所做的所有项目都是由一线员工、业务部门提出来的，高层领导也就大概看看项目书，基本上也都不否定，然后就进行资源支持。

孙波：但是从更高层面来看，还是必须面临组织一体化的问题，不可能都去自组织。

施炜：对，自组织并不适应所有的领域、所有行业的市场，它主要是在面对高度不确定的市场时会出现自组织。比如说谷歌这样的企业，他们自己说，现在唯一知道的是搜索是可以赚钱的，其他的怎么赚都不知道，所以它要放开去探索、尝试，在这个过程中发现怎么赢利。当你的信息面越广、网络越大的时候，赢利的概率就越大。

所以自组织体现在经营上，就是把一个确定性组织的战略变成一个概率性事件。如果说确定性组织是1，完全不确定就是0，实际上是要尽可能在这个数轴上往右边靠拢，往大的概率靠拢。

孙波：我一开始接触自组织管理这个概念的时候，发现很多人把这跟阿米巴经营和自我管理联系起来，现在看来这并不是一回事，独立核算只能是自组织的一个组成方式。

施炜：是这样的。从讨论事物的层次来看，你可以把这个企业理解为一个系统、一种自组织系统，这也是一种最抽象的层次。那么在这个层次上，它有很多的具象表现。而且，自组织也不仅仅呈现为一种形式，所以也不能把自组织绝对化。

彭剑锋：我认为，不管是自组织，还是传统组织，它都是要达到我原来所讲的组织的六个维度。

第一，活力。不管是传统组织也好，自组织也好，它始终要充满价值上的活力。活力始终是组织的第一要素，因为只有价值创造的活力，这个组织才能真正满足客户的需求。

第二，效率。始终也离不开效率，不管什么形态的组织，它也是要提高决策效率和组织运营的效率，并且体现效率。

第三，协同。从组织层面来讲，它一定要产生协同价值，自组织实际也是要产生协同价值。

第四，共享。包括达成共识的共享、信息的共享，以及利益的共享，它是一个共享的组织。

第五，敏捷。就是说组织要更敏捷、更能适应外部环境的变化，变革速度更快。

第六，自适应性。任何一个组织就是要有自适应性，也就是我说的学习性，它能不断地学习、创新，始终保持对环境的适应性。

不管是什么样的组织变革，都离不开这六大要素。只要组织能够在这六个要素上与众不同，这个组织就有竞争能力，就死不了。

自组织其实是在不断寻求活力的源泉、效率的源泉，当然这要做到共享、学习、速度、敏捷，但活力与效率始终是排在第一位的，如此才能和外界始终保持能量交换。

孙波：那人力资源管理原来的那些方法工具怎么去应对自组织管理？比如如何确定基于价值评估的薪酬？

施炜：我认为是要基于多元的能力和以他的能力为中心而创造的价值。比如一个乡村小乐队，三四个人都是多才多艺的，一个成员可能既会拉马头琴，又会唱戏剧。那这个时候就看客户的需求了，如果客户需要的是唱戏剧，那谁唱得好、唱得多，谁就拿得多。也就是说，薪酬不再是基于岗位，而是单项任务。

韩树杰：依据单项任务所创造的价值，还是依据价值？

孙波：那就是说角色不断变化。今天可能是非核心人物，明天有可能就创造大价值。

施炜：看是谁来驱动一个新流程、一个新业务的，而不是说你是博士、是总经理，就不管做什么都是以你为主，由你获得最大利益。

孙波：我明白你的意思了。就是说今天我有一个业务，我组合韩树杰博士进来，他是被我整合的，那在利益分配上，我就能比他多一些。如果明天他有一个项目，他整合我，那他就应该比我多。

韩树杰：对，这个就是自组织过程。

施炜：但它也不是用市场交换替代一体化。自组织是从一个突变引发一个新的组织，这就是一体化、新的一体化。刚刚讲的是一个人的薪酬问题，薪酬的问题可以有多重方式来解决。比如，如果是基于能力的，那你是个博士，我就给你一个符合博士水平的薪酬。还可以是基于自组织的，不管是博士、硕士还是本科生，我都是一个基本薪酬，来到组织里以后，有人带你玩儿，有人整合你，或者你能整合别人，那你就能创造更大价值。如果没有人约你，你也约不了别人，那就只能自动退出。

彭剑锋：所以这里面有几点非常重要。首先一个人在自组织中，他的角色是互换的，你今天是领导，明天可能就是被领导。其次，自组织内是价值交易。你有价值，你就能突显出来，能挑头，如果换一个项目，你没价值，可能就被边缘化了。

也可以说，在传统组织里面的自组织，其实是在满足客户需求时形成一个一个的战斗小组。这个战斗小组谁是领导，要依据这个战斗小组的共性和目标来确定。在某个作战项目上，谁有能力谁就是领导，谁就来主导游戏规则的制定。

施炜：自组织有自组织的问题，自组织实际上有些随机性，它的引爆也是随机性的，所以说自组织不能成为管理的完全形态，也不可能在每个领域都适用。有的时候还是需要集中力量做大事。

彭剑锋：对，华为就是一个集约化管理平台，在一线的探索尝试中，哪里最能产生引爆点，资源配置就向哪里倾斜；决策权也交给一线，你去做决策，决定你需要什么资源支撑。这时候，组织就变成一个平台、一个资源配置者和规则守望者，组织的控制是建立在对资源的控制基础上的，如果没有资源控制，那就变成无组织了。

施炜：所以现在是一个自组织和集中控制型的组织交替共存的时代。在集中控制型的组织里要产生自组织，在自组织里酝酿集中组织，将来可能是这样的一种状态。

那么，我们现在研究自组织，实际上要更多地去关注确定性的组织和不确定性组织之间的交集，比如组织平台化、平台的分类，在平台上如何自组织，等等。

彭剑锋：有时候需要用自组织的形式在不确定中探索新突

破点，有时候则需要集中力量，协同资源，形成资源组织化才能发挥力量解决问题，不能绝对化、极端化。

韩树杰：就是说，不管是怎么进行自组织，大家还是得基于这个平台，否则就是破坏最大的游戏规则？

彭剑锋：对，在传统组织和自组织产生交集的时候，有些东西必须要控制，否则产生不了效率。

所以回到管理层面再来说自组织，企业组织有几个值得注意的地方：第一个是要构建集约化的公共平台管理，总部要变成一个平台化、集约化的机构。第二个是价值观里要提倡共享、志同道合，要把价值观管理提高到一个更高的高度，寻找有共同基因者；第三个就是共创、共治、共享规则的建立，有了这三个核心点，其他的就好办了。

施炜：我最后概括几句，给意欲实行自组织管理的传统企业几点建议，就是未来要走向平台型管理、文化型管理、规则型管理，基本上就是这几个核心要素。

讨论三　走出绩效管理迷途

论坛嘉宾：彭剑锋　郭　伟　陆学彬　李志华
策划、主持及文字编辑：尚艳玲

绩效管理以其完善的体系、优化的流程和持续改进的良性循环而被誉为“管理者的圣杯”。自20世纪90年代引入中国后，绩效管理在追捧声中却走得磕磕绊绊，且有“被中国特色化”的倾向——在企业实践中很容易地就变成了“奖勤罚懒”的标尺，变成了“走过场”的形式主义，变成了“人分三六九等”的划分线。

所以，有人说绩效管理是汽车座位上的安全带——大家都认为很有必要，又都不喜欢去使用它。有人说实施绩效管理就是开启了潘多拉魔盒，一旦打开了就无法控制。当下，一些互联网企业甚至喊出去KPI、去绩效考核的口号。

企业组织可以没有绩效管理吗？绩效管理是被误解、被妖魔化了，还是它本身就有着天生的缺陷？互联网时代、商业环境的大变化是绩效管理的末路，还是新的开始？如果没有绩效管理，我们用什么替代它？……

一、圆桌讨论

（一）绩效管理要从“业绩化”到“定制化”

核心观点：

（1）组织的特点决定了一定会有绩效管理，因此不存在“有没有”，只有“如何做”的问题。

（2）在21世纪创新成为企业主题。组织从“流程性”走向“活性化”，项目性任务越来越多，流程性工作越来越少，仍然应用传统的KPI考核方式肯定不能适应。

（3）不是绩效管理的工具和方法出了问题，而是整个绩效观发生了很大的变化。刀还是那把刀，看你怎么去使。

（4）在这个发展阶段，企业不要去盲目选择绩效管理的模式，而是要定制绩效管理。就是必须按照企业的实际情况来进行系统性的思考，来“定做”最合适自己的管理方式，这是唯一的路。

郭伟：我来谈谈自己的看法。第一个观点，不存在绩效管理有没有的问题，能够讨论的只有如何做的问题。所谓组织，就是为完成特定目标而组成的人的群体。要完成目标，必然要有分工，要有阶段任务，要有衡量方法。也就是说，任何一个组织都会有绩效管理，这是组织的属性决定的。不同时期、不同特性的组织，绩效管理方法有所不同，仅此而已。

有个朋友创业，请我帮他设计绩效与薪酬体系。我问他公司有多少员工。他说二十来个。我说二十多人做什么绩效薪酬体系啊，日常多观察他们，谁干得好，谁干得坏，不全在心里？这就叫绩效管理。干得好的给他一个大红包，干得不好的给得少，这就叫薪酬管理。这样的企业，你能说它没有绩效体系吗？依然有，是通过老板的现场观察与行为完成的，而且最适合这种企业。

第二个观点，现在绩效管理的确受到很多非议，甚至是怀疑。索尼事件很多人都认为是绩效主义惹的祸，有人提出要告别绩效化，有人提出要步入“后绩效时代”。我认为这些提法都有失偏颇，与当前工作模式的发展相比，绩效管理方法的确出现不适合的情况，但不能针对某种类型、某种固定模式的绩效管理工具谈整个绩效管理的危害，这是以偏概全。饭里掺了一粒沙子，就说饭不能吃了？洗澡水脏了，就要连孩子一起倒掉？所以，我认为绩效管理不是过时了、走到了末路，而恰恰是到了一个需要进行升级和优化的时候。

第三个观点，企业的确要反思一下现在的绩效管理出现了什么问题，是现在通行的绩效管理方法和工具体系本身的问题，还是组织形态变化而导致绩效管理不匹配的问题？我个人认为：现在企业当中出现了责任体系、目标体系、价值体系三个体系越来越相互分离的趋势，使得整个绩效管理跟组织变化很难匹配，导致了一系列的问题。

这方面稍微展开来讲一下。之前，流程性的组织更多一些，在流程性的组织状态之下，职责就是你的工作目标，你完成的职责目标和最终实现的组织价值也是一体化的。这种情况下最适用的绩效管理工具，就是从职责中提炼出来的 KPI 指标考核体系。

但是，现代企业创新越来越成为永恒的主题，组织形态越来越柔性化，职责越来越不固定化。这时候串起整个组织的不再是强调分工的流程了，而是拥有共同目标、层层分解的目标管理体系，出现了责任体系与目标管理体系的分离。项目性的任务越来越多，流程性的工作越来越少。这时候再应用 KPI 的绩效管理方式就显得不相适应了，于是衍生出 MBO 绩效管理模式，直至出现应用战略地图、平衡计分卡等工具完成组织内各目标的有机整合，形成整个公司上下同欲。

陆学彬：就是实现静态考核与动态考核的有机结合。

郭伟：对。静态基于职责体系的绩效越来越弱，而动态基于目标的绩效越来越强。到了互联网时代，又出现了价值体系与责任体系、目标体系的分离，绩效观再次发生变化。尽到了职责，完成了目标，还不能说给公司创造了价值。

举两个案例来说明这种情况。

有家公司的财务总监做年度述职，说自己通过税务筹划、账务规则化给公司节约成本等，谈了很多。谈完之后老板说："从职责和目标来说，你完成了应当完成的任务，但总感觉价值不大，而职能系统最大的价值是通过管理创新来规避企业风险，解决企业问题，一年内不用多，有一两件这样的事情就好。"这家企业当年在下发"绩效通知书"的时候就明确说明："我们认为的绩效不是仅仅应当完成的任工作和目标，而是对公司真正有价值的'事儿'"。

你们看，绩效观此时发生了大的变化，价值管理开始跟目标、职责管理相分离，形成特有的管理领域。

某家投资公司奖励一个很好的投资项目，大家都以为团队领导者会得到最高奖励，结果却是最早发现该项目并进行初步接触的某经理获得了最高奖项。公司决策层的解释既清楚又简单，这个项目机会是他原创出来的，后边的人只是把这个机会落到实处。互联网时代，企业更看中的是原创性价值，而不是说你基于组织目标、有条不紊地把这个目标实现和达到。

所以，可以看出，绩效管理存在的问题反映出组织形态、组织价值观的变化。也就是说，不是绩效管理的工具和方法出了问题，而是整个绩效观发生了很大的变化。在互联网时代，价值是真正的绩效，原有基于职责、目标的绩效管理模式已经不再适应当下，公司要建立起基于价值的绩效管理方法。比如，谷歌的 OKR 模式，本质上就是基于价值的。

第四个观点，要全面地、历史地看待绩效管理，而不是割裂开、独立地去评价某一个具体问题。基于价值的绩效管理不是凭空产生的，是在经过了基于职责、目标的绩效管理基础上出现的，是有内在发展逻辑的。OKR（即目标与关键成果法）、MBO（管理层收购）、KPI 之间不是非此即彼的逻辑，说 OKR 出现 KPI 即无用，是没有从历史的角度、逻辑的角度来看待问题。当目标管理从职责管理中分离出来时，战略地图平衡计分卡也是落实在 KPI 关键绩效指标的衡量上，只是 KPI 更多地基于目标，而不是职责。因此，把基于目标的 KPI 称为战略 KPI 也未尝不可；同样地，把 OKR 称作“价值 KPI”也有其道理。

回到第一个观点，绩效管理不是过时了，而是在根据组织的需求不断发展。工具方法本身没有问题，与企业面临的问题与实际不相匹配才是绩效管理的问题根源。刀还是那把刀，就看你怎么使。

第五个观点，绩效管理已经开始走向“定制化”。企业实施绩效管理不要邯郸学步，一定要结合自己的实际情况，走出自己的步伐和姿态。如果公司内某团队仍是基于流程化的工作模式，就采用常规 KPI 的模式好了；如果某团队是价值创造型的业态，就采用 OKR 的模式好了。千万不要人云亦云，大家都说 KPI 过时了，自己也弄一个 OKR。

主持人：就是说管理不能盲目追求时尚。

郭伟：对。工具、方法没有对与错，只有合适与否。现在这个阶段，不是盲目地去选择绩效管理模式的问题，而是要“私人定制”式，要从模式化的管理走向定制化的管理。就是必须按照自己企业的实际情况进行系统性的思考，选择最合适的管理方式，这是唯一的出路。

（二）依据组织形态自定义绩效管理

核心观点：

（1）我们不能把绩效管理“妖魔化”，也不要把它“神话”。

（2）从人性和文化层面来看，绩效管理符合人的安全感的需求，也是人对于公平感的需求。

（3）在互联网时代，非结构化、竞争性的组织形态越来越多，因为组织要以更灵活的非结构性的形态来应对外部的不确定性。这种组织形态里就出现了状态管理。

（4）绩效管理并不等于约束和制约，在绩效管理环境下其实也可以追求自由、平等、博爱。

陆学彬：郭伟把现在有关绩效管理的一些问题及原因梳理得很清楚了。我很同意郭伟的第一个观点，我的理解是，绩效管理是“你在乎或不在乎，喜欢或不喜欢，我都在这里”。企业是个功利组织，功利组织一定是可衡量的，即使内部不考核，市场也要考核你，消费者也要考核你。

那对于绩效管理，我想表达的第一个观点是：我们不能把绩效管理“妖魔化”，也不要把它“神话”。也就是说，绩效管理不是万恶的也不是万能的。为什么说不是万恶的？前面郭伟讲了，评价是无处不在的。比如前面说到的那个 20 多个人的创业企业，即使不建立绩效考核体系，它也有评价。谁干得好谁干得坏，老板心里是有数的。

还有比如像华夏基石公司这种平台化的组织，好像没人管你似的，但你业绩做不好、工作完不成，你可能都不好意思在这个组织中待下去，这也是一种评价。

李志华：你做得好，资源配置就向你倾斜，这也是一种评价，是公司价值导向的体现。

郭伟：没错。其实都是有规则、有考核的，在关键环节上都会有。

陆学彬：所以我说不管有没有绩效管理的形式，绩效管理之中的评价和衡量其实无处不在。而且，从人性的角度、文化层面来看的话，绩效管理也是少不了的。原因有这几个方面：

第一，它是人的安全感的需要。组织是功利性的，组织只要会计系统存在，就有如何实现目标落地的诉求。所以绩效管理本质我认为它就是用确定性的东西应对外部的不确定性——要考核哪些东西，对员工的要求是什么，完成了会有什么样的回报等，其实就是一个传递确定性的过程。那对于员工来说，不管外部怎么变，在组织内我有踏实感、有安全性，这是符合人性对于安全性的需求的。

第二，它是人性的公平感的需要。我在华为人力资源部工作的第一年就开始做考核体系。我那时候刚毕业，心里想，肯定没有人愿意被考核。结果我做第一个员工的访谈就颠覆了我的想法。我问他："公司即将实行考核制度，你觉得怎么样？"他说："很好啊。你看我们部门，有几个人天天去跟领导踢球，工作做得比我少，收入还比我多，要是公司做考核的话，那就会是谁创造的价值大，谁拿得多，而不是领导对谁的印象好，谁拿得多。"所以你看，人是有公平感需求的，而绩效考核能满足这种需求。

再接着说为什么绩效管理不是万能的。因为它隐含了一个假设——讲目标、讲价值，就是 SMART 原则包含的内容，都是具体的、要去衡量的、数字化的东西，这样它会给人带来压迫感。那为什么企业还要做绩效管理呢？

我们还是得从组织形态说起。我画了一个四象限的矩阵图，把所有的组织形态用横、纵坐标来做个区分，看看属于不同象限的组织形态用哪种方式来进行绩效管理。横坐标是结构化、非结构；纵坐标是竞争性、非竞争性。画这个图能回答主持人前面说的"如果没有绩效管理，用什么替代"这个问题，以及如何进行"定制化"的绩效管理。

第一种形态是结构化、竞争性的。在这个领域的企业，结果和过程管理是逃不掉的。既要看结果的东西，要做KPI，也要做过程管理。很多传统企业都属于这一领域，它们就把绩效管理做得很精致，而且还有效。

第二种形态是结构化、非竞争性的。这个部分往往是过程管理，我们看日资企业如丰田的过程管理是做得非常好的。这方面已经有很多资料了，就不再赘述。

第三种形态是非结构化、非竞争性的。典型代表是农民。农民生产看起来是自由的、纯自然的节奏，但其实也有考核，它受大自然的约束。

第四种是非结构化、竞争性的。比如电影公司，他们是项目制的，有竞争压力。他们没有很严密的组织结构，但是能快速使项目运转起来。电影公司是一种情况，比如团队，像前面说的20个人的创业公司就是一个团队在做事。这里面其实有一种状态管理，既有结果又有状态管理。

由此就牵引出我的第二个观点，即这个互联网时代有一个特点，就是非结构化、竞争性的组织形态越来越多。因为在互联网时代，组织要面对很多不确定性，如市场的不确定、消费者的不确定，组织就要以更灵活的非结构性的形态来应对这些不确定性。这种组织形态就出现了状态管理。

状态管理是什么？简单说，比如像教练技术一样，是人和人之间的辅导。它可以把考核方式、绩效方式都装进来，形成一种更柔性的评价考核状态。

我要讲的第三个观点是，在绩效管理环境下其实也可以追求自由、平等、博爱。为什么这样说？前面讲了绩效管理有效的关键在于方案和操作，当把让人自由的要素条件，也就是确定性的东西理顺了之后，人就不用去考虑那些不需要利益分配的东西了，这时候人们对于自由的需求就和工作融为一体了。当确定性的要素理顺了、人们感觉到工作是自由的而非受约束的，那人和人之间的关系就比较舒服了，就能相互关爱了，这是博爱。而当我们做的事情价值趋向一个标准的话，就有了平等。

最后我想说的是，世界上没有完美的东西，绩效管理一样，会有问题存在。但我们不能因为它的问题就否定它的价值，因噎废食。在对绩效管理本身做反思之后，接下来企业需要思考：我们是什么样的组织形态？需要怎样来应对不确定的外部环境？应该采取什么样的绩效管理方式？

（三）从绩效管理的三种现象说起

核心观点：

绩效管理的目标是追求自由、平等和博爱，但反过来在运行过程中，因没有考虑企业的个性，而造成很多不自由、不平等、不博爱的现象就否定绩效管理是不正确的。

考核是有前提的；考核是价值导向的不同阶段的体现，要与时俱进；不同类型的企业有不同的考核方式，这是实行绩效管理的三个条件。

绩效考核在企业管理中应该扮演三个角色：指导角色，激励角色，控制角色。

绩效考核要解决好三种关系：个人绩效和组织绩效的关系；对事评价和对人评价的关系；考核结果和考核沟通、指导的过程关系。

李志华：由于我要讲的内容可能有一部分前面大家都已经讲过，所以我尽量不再重复。但是我还是要强调一下，我比较认同前面两位老师的观点。接着陆学彬的一句话来讲，我觉得绩效管理的目标是追求自由、平等和博爱，但反过来因为很多不自由、不平等、不博爱，造成了很多对于绩效管理的误解、误操作，导致绩效管理要么被“妖魔化”，要么被“神化”。

第一，我还是从企业绩效管理实践中存在的三种现象说起。

第一种现象是有些企业的绩效管理是在企业基础管理不牢、配套管理不全的情况下实施的，这就造成绩效管理在实施过程中产生“变异”。如果目标体系、计划体系、预算体系、责任体系不健全的话，那在实施绩效管理的过程中，就会遇到价值导向不明确、指标和目标不清晰等问题，绩效管理也就自然达不到预期的效果。然后因此怪到绩效管理头上，认为是绩效管理存在问题，甚至怀疑绩效管理，这是一种绩效怪象。

第二种现象是“名企效应”现象，即有些企业经常拿索尼和微软等企业来“妖魔化”绩效管理存在的价值。但是“绩效主义毁掉了索尼”和“绩效管理让微软缓慢发展十年”都是两个“极端”的情况，说明绩效管理不是万能的，绩效管理不能以一个模式来推行。绩效考核是一种导向，绩效考核要考虑企业不同时期、不同阶段的不同价值导向，索尼和微软的案例是没有能够解决团队和创新的问题。所以我很认同郭伟的观点，就是绩效管理不是针对不同组织特点都采取同样的模式。绩效管理很好地解决了价值导向问题，所以企业要基于不同的特点，设置不同的考核方式来达成绩效的目的。

第三种现象是有的企业是由以前的“对事考核”转变为

以“对人评价”为主，外界就认为它没有绩效管理了。像前面大家谈到的互联网公司的形态，比如小米公司，很多人说小米公司没有考核、没有 KPI，实则不然。小米公司有考核，但它考核的不是业绩，而是考核人的责任感。“责任感”是小米公司对员工要求很重要的一条，是加薪的关键因素。比如海底捞，它可能不考核业绩目标，但是它考核顾客的满意度和员工的积极性，这种对人的评价反而要求更高。相比数字化的业绩，“责任感”“顾客满意度”这些可以说是一种非数字化的考核，是绩效管理的一个更高层面。

通过这三个现象，我想说的是：第一个，考核是有前提的。第二个，考核是价值导向的不同阶段的体现，要与时俱进。第三个，不同类型的企业是有不同考核方式的。我认为这也是绩效管理的三个条件。

第二，绩效考核在企业管理中应该扮演三个角色。

第一个是指导角色。绩效考核是一个方向标，是企业价值导向。价值导向是什么，就往哪方面去考核，所以它的指导性很强。

第二个是激励角色。考核的结果一定是要激励的，无论是正激励还是负激励；无论是物质激励还是非物质激励，它一定会形成一个激励结果。比如小米公司没有职位上的晋升，但它会给你加薪，这就是在激励。

第三个是控制角色。通过绩效考核发现差距，然后根据距离确定改进方法，不断提高组织功能。所以绩效考核一定不是仅仅跟工资挂钩，而是和很多非物质要素有关。仅仅跟工资挂钩，不仅没有发挥好绩效管理的角色，反而会造成大家对绩效管理的反感。

所以，企业一定要弄清楚绩效考核的这三种角色，首先是指导性，第二是激励性。无论是正激励还是负激励，这个激励性要去做，如果没有激励性，考核就没有意义。像有的公司一个月工资绩效考核就差那么几十元钱，大家也就不去关注了，这就是很大的问题。第三个就是控制性，通过能力短板找到改进方向和方法。如果绩效考核起到了这三个角色的功能，绩效考核的作用就起到了。

第三，绩效考核要解决三种关系。

第一个关系，就是绩效考核一定要解决个人绩效和组织绩效的关系。这个谈起来似乎很简单，但解决不好影响会很大。为什么大家说微软被绩效管理耽误了十年呢？就是因为不管组织绩效成绩好坏都采取271强制排序，这样会影响员工的积极性。我认为当组织绩效为A时，可以没有后10%的强制分布。我在很多企业做咨询时，经常被问到，为什么要强制分布？为什么一定是2∶7∶1的分布法？这就是各位老师讲的僵化地理解绩效管理了。

组织绩效和个人绩效怎么样去互动，这是绩效考核中非常重要并且需要首先去解决的问题。比如一个部门组织绩效是A，说明大家比较努力，部门业绩好，原则上不要强制员工绩效C的10%比例。假如一个部门组织绩效是C，说明工作有差距，部门员工绩效C应该不低于10%，这就需要大家努力，才能够达到组织目标，这是绩效考核真正的目的。如果做好做坏都要强制C为10%的分布，一定是实施不下去的。其次要解决的是组织绩效和个人绩效的联动性，不能说是“穷了和尚富了庙”，或者是“富了和尚穷了庙”。如果组织绩效和个人绩效之间没有联动性，就会造成组织绩效目标和个人绩效目标的脱节，就形成不了“千金重担人人挑”的局面。

第二个关系，是要解决对事评价和对人评价的关系。我觉得现在很多企业把对事评价和对人评价混为一谈，造成整个绩效过程很费力。对事评价和对人评价应该分开。对事评价我认为很简单就两个字：业绩。对人评价就是基于能力素质模型来进行，看员工的能力和态度能不能胜任这个岗位。也别动不动就强调责任感、协作性，或者是沟通性，这是通用版的标准，具体的岗位衡量“法则”就是能力素质模型。

如果把对事评价和对人评价混为一谈，就会造成绩效管理的混乱。所以回过头来说，小米公司看起来没有 KPI，但它是在考核人的责任感，是以对人的评价来评价事情的。

陆学彬：其实它这种考核比什么都严格。

李志华：没错。对人的评价考核其实要求更高、更严格。你看香格里拉大酒店也是这样，它并不考核各地酒店的业绩，但考核的都是人的能力和素质，包括海底捞也是这样。这就是把对事的评价和对人的评价分开了，有的企业在不同阶段会更强调对人的评价。

第三个关系，绩效考核要解决结果和沟通、指导过程的关系。这里我老生常谈，还是要强调一下：我们做绩效管理，一定不要强调考核，而要讲管理。我做过调查分析，发现员工对绩效管理满意度最高的是绩效沟通和指导环节。如果绩效沟通做得不够，一定会让员工产生不满意。因为员工对于绩效管理的需求是：在这个过程中我知道我的能力短板，通过绩效获得一种改进的方法。如果仅仅是考核员工一个月得多少分、扣多少钱，那员工肯定是不满意的。但很多企业没有意识到这一点。观察一些绩效管理做得好的企业，比如华润，在整个的绩效管理过程中，沟通是重中之重，它解决了员工和组织能力提升的问题。

再讲一下考核结果应用。绩效结果的应用这部分看起来很简单，但实际上还存在一些问题。比如我上次去一家企业，他们就问："企业绩效工资占总工资多少比例才合适？为什么有的外资企业绩效工资只占10%，大家还愿意使劲干？"

陆学彬：外资企业我了解到的情况是这样的：它的固定工资部分比较高，对于效率就起到了激励作用。因为如果做不好的话，可能就会离开这个公司，员工的压力就很大。它的绩效工资部分不在平时起作用，但它在年度考核结果应用上被放得比较大，能直接决定一个人的去留。

郭伟：实际上外企的劳动力市场情况是不一样的。外企员工的压力来自于人事管理，干得不好他就要走人，所以外资公司的管理压力不在于绩效和薪酬上。而我们的企业不管是国企还是民企，都没办法说随便让走人就走人，所以我们的管理压力更多地就在绩效和薪酬上了。

李志华：对，你们说得很好。其实就是说，一定要基于企业的业态形式、发展阶段来看绩效管理的问题。也可以说，绩效一定要跟管理结合起来，而不是跟考核结合起来，重点在于绩效管理，而不是绩效评价。

（四）"活性化"管理时代需要评价更多元深化

主持人：前面三位老师都做了主题发言，从当前怎么看绩效管理，绩效管理在现阶段存在的问题、原因，以及要怎么做都谈到了，有共鸣、有共识，也有不同意见。大家角度有别，但观点都很新颖、鲜明，有很大的启发性，首先就是启发了彼此。接下来大家有什么要补充的?

郭伟: 李志华最后说到的这个观点，我很有感触。现在管理人员确实普遍存在照抄照搬现象。管理人员总在打听别家公司员工绩效工资占多少比例，个人绩效与组织绩效如何挂钩，同行业绩效系数拉开多大差距等。很少有人考虑自己企业的特点是什么，采用什么样的方法最合适。参考同行业企业的情况是必要，但完全不动脑子照抄照搬，还美其名曰行业标准，那就是问题了。缺乏系统思考，思想僵化，照抄照搬，恰恰是绩效管理走向失效的一个很重要的原因。还有，现在在绩效结果体现上也存在“僵化”情况，许多人认为“绩效就是考核”，认为“不把人考出个三六九等来，怎么能叫绩效管理呢”，绩效一定要跟薪酬挂钩，“不体现在薪酬上绩效怎么有力度呢”。这些都是传统的观念了。

看看有些新型公司，树立共同愿景与目标，然后大家朝着一个目标共同努力，没有人给你评价绩效等级，干得不好也不会体现在工资上。可是只要做得不好，周围所有人都会鄙视你，让你待不下去。在下一次的资源配置上，或者说给你提供的舞台和机会上，你就丧失很多。这就是把组织视为资源配置平台的基础之上的，对绩效管理的延展思考。在这样的公司里，绩效管理的重点已经从对事的评价转移到对人的评价上，并且形成正面绩效文化，形成自律型的绩效管理模式。

李志华: 其实我认为，绩效管理已从僵化管理时代走向活性化时代。

郭伟: 没错。活性化的内涵就是定制化、多元化、丰富化。

李志华: 因为在互联网时代、在商业环境发生很大变化的情况下，你再拿一套模式去照搬是不可能成功的。

郭伟：李志华前面讲的要处理好对事评价和对人评价的关系，我很赞同，因为这确实是两个完全不同的系统。对事的评价是可以打出分来的，是对完成既定工作程度的衡量。对人的评价是打不出分来的，人没有高低上下之分，而只有个性特征不同。胜任力只有匹配不匹配的问题，没有高或低的问题。因此，“干部能上能下”这个说法有些问题。不是能力不行就要下来，而是要找到最适合他的岗位。

李志华：只有放错了位置的人。

郭伟：对。所以我主张“干部能上能下”应该换个说法，叫作“合适的人干合适的事”。为此，我们现在提倡人员评价叫工作行为评价，而不叫胜任力评价，就是为了避免这种刺激性太强的说法。工作行为评价涉及做事风格、行为特点、知识结构等个性特征，依据这些判断一个人跟现在的岗位匹配不匹配，跟哪些岗位更匹配。这是人才测评的一个理论基础。

把评价部分再延展一下，我认为可以分成三大类评价体系：第一个是绩效评价，主要体现在结果上。第二个是胜任力评价，或者我们现在为了避免刺激，叫作“行为评价”。第三个可以称之为“态度评价”，像前面说到的小米公司强调的责任心，海底捞强调的顾客满意度，都是对员工的一种“态度评价”，有些外企也叫作“工作动力评价”。

陆学彬：我也补充一点。受大家的启发，刚才我们讲的其实都可以称之为“文化评价”。从绩效评价到态度评价，文化是无处不在的。比如原来我们在华为工作，要是有人说“这个人不认同华为文化”时，你会紧张。

李志华：那就是说你涉及原则问题了。

陆学彬：对啊，你不认同华为文化，那你有可能随时会犯错。

郭伟：所以我觉得不能叫文化评价，这个太刺激人，叫工作动力评价更好一点吧？

李志华：意思倒是一个意思。

陆学彬：叫什么咱们再讨论，我接着说。我觉得小米公司就是一种文化评价，很简单，但很难。文化是什么？文化是组织的一个边界：在这个领域里面我要分享哪些机会，要跟谁分享。走到这个层面的话，评价其实是有更大的“杀伤力”。

李志华：对，比如在小米公司如果说你是个没有责任感的人，那别的还有什么说的。

郭伟：所以，从对事的评价转到对人的评价，绩效管理的力度不是在削弱而是在加强。因为它评价的面更宽，评价的深度更加深。

李志华：是的，从基于事情到基于人的评价，力度加强了，同时它也是人力资源的回归。

陆学彬：我们的观点是一致的，所以我现在想再解释一下为什么说“绩效主义害了索尼”。我是这样看的，索尼就是非结构、非竞争的组织形态，因为它曾经是垄断企业，也不缺钱，所以它的研发部门是非结构化管理的。研发人员就像农民个体户一样自己做，核心的管理模式就是自律。

李志华：这也是符合道理的呀，如果用业绩成果来评价的话，那就会扼杀研发人员的创新精神。

陆学彬：对，它是有道理的，但是它的市场发生了变化。从垄断性进入竞争性，这时候对它的竞争能力要求非常高，但它没能从非竞争性向竞争性的这个象限转化，还是在做状态管理，没有转化成效率。也可以说，自律和他律没能很好地结合。其实是可以转化的，比如我们说农民进行农业生产原来是一家一户的，它是非结构化、非竞争性的。但现在搞现代农业企业，就把农业生产变成结构化、竞争性，这个效率多高？

一样的道理，企业管理有追求效率的，也有追求创新的，还有追求质量的，但它本质上都是追求一种文化绩效。

李志华：其实就是说企业在整个绩效管理过程中，一定要基于组织形态，或者是不同的目标追求，采取不同的考核方式，就是要活性化绩效管理。

陆学彬：对，其实我们通过刚才的讨论就得出了这么一个结论：实际上现在绩效管理不是弱化了，是更加强化了。

郭伟：绩效管理从单纯的绩效评价深化发展为三种评价了。第一是绩效评价，即按照未来的目标和计划的达成情况来做出一个评价。第二是对人的评价，就是刚才谈到的胜任力的评价，或者叫行为评价，评价的是员工适不适合这个岗位的问题。第三是态度评价，或者叫作工作动力评价，陆学彬说态度评价本身就是一种文化评价，这也没错。这三个层次是在逐步往前延伸发展，所以我们的共识就是：不是说绩效考核和管理淡化了，而其实是评价系统更加全面、更加深化了，管理的过程其实是更广、更深了，而绝对不是说我们只是停留在绩效管理的表面上。

由此我们要提出来：企业的绩效观和绩效管理观要做根本的变化。第一个是要看到绩效管理的内涵在发生变化，第二个是绩效管理的手段和方法是多元化、丰富化的。我们的企业不要把绩效管理的观念理解窄了、走窄了，甚至走到一条死胡同里去了。

二、主题发言

■ 彭剑锋：正本清源，走出管理的四大误区

彭剑锋：刚才听了各位的发言，很受启发。最近一段时间我一直在思考这个问题，就是我发现在发生着质变与不确定性的互联网时代，在商业大环境发生剧变的这个时代，出现了价值观迷惘、战略选择迷失，进而出现了方向和路径迷失。之前我说这是个混沌的“灰度时代”，很多人失去了方向感、价值存在感，企业的经营管理也走进了诸多误区。

我总结有四大误区。第一个是将绩效管理妖魔化，这个大家刚才谈得很多了。第二个是将免费商业模式理想化。第三个是将组织完全虚拟化、混序化。第四个是将企业管理过度情怀化。

（一）创新绩效观，走出“绩效管理妖魔化”误区

首先谈谈绩效管理妖魔化的问题。最近，绩效考核与管理是中枪最多的管理领域，大有将绩效管理妖魔化趋势。有人将绩效考核与管理当成是“潘多拉的魔盒”，有的学者将索尼等世界知名企业的衰败归罪于绩效管理，甚至有的知名企业家在介绍其成功之道时，一个重要的经验是他们没有绩效管理，早就去 KPI 了。种种控诉、声讨绩效管理的声音甚嚣尘上，让正在追求卓越绩效并推行绩效管理的企业与企业家困惑万分。

个人认为，就算绩效管理有千宗罪，有一点是确定无疑的

真理：创造绩效是企业组织生存的根本，是企业存在的价值所在。企业组织没有绩效就没有生存权，有企业组织就一定有绩效的价值诉求。无论是股东，还是客户与员工都有绩效价值诉求，有绩效价值诉求就会有衡量绩效的表达与管理体系。

企业作为一个功利性组织，一定要创造绩效，不追求绩效就否认了企业组织的存在价值。就像市场经济的法则是价值交易法则、竞争法则，如果否定这些基本法则，那就否定了市场经济。企业作为一个竞争主体、一个功利性组织，如果没有绩效、不创造利润，那它就没有生存权，更没有持续发展权，这个核心我认为它是不变的。既然组织要生存发展、命根子就是要创造绩效的话，那肯定就会涉及绩效管理。如何来推行绩效管理，是一个企业生存发展的核心命题。绩效只有怎么管理的事儿，没有管不管的事儿。只是管的方式、内涵发生了变化，但是绩效管理本身它是客观存在。

绩效管理之所以现在引起那么大的非议，一个原因就是绩效管理是把双刃剑，弄不好会伤及自身，有很多企业确实是因为推行绩效管理体系不当，客观上加速了企业的死亡。但并不能说每一个死亡或失败的企业，都是绩效管理惹的祸。就拿索尼来说，它是战略方向失误再加上绩效管理上的失当加速了失败。而且，绩效管理和绩效主义是两个不同的东西，不能把绩效管理和绩效主义混为一谈。

一方面，绩效管理出现了一些认识误区，导致了绩效管理的一些问题，从而被妖魔化。但另外一方面，企业发展到今天，尤其在互联网时代，确实需要我们对绩效管理重新认识，要赋予绩效管理新的内涵。

我认为在新时期实施绩效管理有这么几个突出变化：

第一个，从组织本身来讲，在互联网时代，自组织的作用在企业成长发展过程中所起的作用将会越来越大。如果把组织分成两级，一级是结构化的组织，另一级是非结构化组织。结构化的组织可以说已经到了一个极致了，它必然会换到非结构化。同时，当组织中的他律，即 KPI 驱动达到了顶峰以后，它必然会要求自律性组织，强调责任驱动。这是管理的两极，也是符合哲学规律的。当结构化、他律、组织目标都太强大的时候，必然走向非结构化，走向一种状态管理，走向自组织。任何一个组织其实都是在这两极之间不断寻求平衡、中和，而不是非此即彼、非黑即白，这也是我为什么要提倡“灰度管理”的原因。组织它永远是在两级之间寻求平衡的。现在是从强他律走向一种自组织，这是一个转变。

郭伟：我插一句，其实绩效管理在这个快速变化的时代，它也不是渐变式发展，而是表现为突变式的发展，就是在结构化发展到极致的时候，突然就转过来了，所以就出现了各种认识。

它一定要过这一关。就是组织组织形态的演变，它内在结构的演变到了一个需要新的平衡的阶段，需要靠活力、靠非理性要求驱动的阶段。

彭剑锋：第二个，组织本身的绩效内涵也在发生变化。过去，组织内涵更多强调股东价值优先。过去一谈绩效就是如何实现股东价值最大化，但现在更强调相关利益者的价值平衡。也就是说，不仅仅是追求股东价值最大化，而是基于股东价值最大化来衡量组织绩效。因为在互联网时代，组织是一个有机生态圈。它跟生物链一样，必须做到相关利益者的价值平衡，否则谁也难生存下去。这个时候组织的价值取向从单一走向多元，它不只是追求股东价值，还需要追求客户价值、合作伙伴价值、社区价值、政府价值等。绩效价值取向多元化就必然会对传统的以股东价值最大化为基准的评价方式提出挑战。

组织绩效的价值内涵从单一到多元，这是一方面的变化。另一方面，组织绩效从短期价值评价向更长期的战略价值评价转变。不只是追求短期的利益价值了，它还要追求中长期的。也就是说，不只是追求事业价值，也要追求人的价值了；不仅追求资产的价值，也要追求人力资本价值，而且在这个时代人力资本价值开始优先了。

组织绩效评价从对事评价过渡到对人的评价，这实际上就是由过去的股东价值优先走向客户价值优先和人力资本价值优先，强调这两个优先。绩效内涵当然就发生变化了，肯定就不是单一的 KPI，强调经济指标了，而是要强调组织的整体价值、系统价值、协同价值。

第三个，组织成长的动力源泉发生变化了。组织成长的动力源泉也就是刚才大家讲到的创新的价值，尤其是原创性价值成为组织发展的动力源泉了。这个时代，组织的价值是来自于创新、原创，而不是来自于工业文明时期的基于规模的标准化可复制价值。这种变化必然对绩效管理提出新的要求。但是，这种变化也并不是说科学管理所强调的标准化、规范化没有价值了，而是说，除了标准化、规范化，我们现在更强调创新性的价值。

原来在强调可复制价值时，它有一套事先可计划、可预估结果的，基于短期价值的评价和管理方法。但是现在，原创性价值不是可预估的，又是基于长期的，就没法再采用 KPI 的方式，所以一些互联网企业提出“去 KPI”。如何衡量创新价值、衡量原创性价值和长期发展的价值贡献？仅仅靠 KPI 是涵盖不了的。

另外，过去我们说一个人在组织内究竟能产生多大绩效，取决于他在组织中的位置。而现在是，小人物也能创造大价值。为什么会产生 KPI 呢？它就是强调关键部门、关键岗位、关键人才在创造关键价值。在现在来讲是非关键岗位、非关键人才也能创造关键业绩、关键价值。所以说，要在关注核心人才同时，还得关注非核心人才，但并不是说就要否定核心人才的存在价值。

郭伟：其实是对人才的定义方式、方法和范围的纬度不一样了，不再按照一个组织当中的功能定位去确定人才，而是依据人本身的能力来确定人才。

彭剑锋：对，不是基于功能、地位来确定人的价值创造、绩效，而是依据人自身的能力。因为在互联网时代，很多组织不再是一个金字塔式的结构，而是一个蜂巢结构、一个网状结构。那么，原来那种依据功能、目标与组织地位来预先确定人的价值贡献大小的绩效评价方式就不适用了。

第四个，组织价值创造的劳动组织方式发生变化了。就是刚才各位谈到的，现在很多企业完全通过项目制、通过团队来进行运作，就是围绕客户需求、客户问题一体化解决方案的这种需求而组建项目团队，也可以说是自主经营体。这个已经变成组织的一种新形态。很多企业因此打破了组织结构，去掉管理层级，走项目制管理的路了。

互联网时代的这种种变化说明，绩效管理也需要与时俱进，不是说不需要了，而是它的内涵、管理方式、管理手段都需要创新。那么绩效管理创新主要是体现在这几个方面：

第一是绩效管理观要创新。新的绩效管理观是基于利益相关者的、基于长期和短期价值结合的整体价值观和系统绩效观。

第二个是要真正走向全面绩效管理。一是从单一的功能性绩效管理走向一种全面绩效管理。所谓全面绩效管理实际上从选人开始就在进行绩效管理。很多互联网企业现在强调“选对人比培养人更重要”，为什么？因为它从选人开始就在进行绩效管理，要选符合组织文化的、能够创造高绩效的人。如果你是一个被动性式的、缺乏自主性的、喜欢占便宜搭便车的人，那你即使进入了华夏基石这个组织，你也创造不了价值，待到最后也会自动退出。因为这个组织文化和你自身的价值观其实互不容纳，自己待着也不会舒服，即便没人来考核你也是一样。

所以组织从选人开始，其实就要进行绩效管理，即基于组织的文化和价值目标追求，集聚一批志同道合的人，然后一起合作、交流，共同创造目标绩效。

另外，全面绩效管理是说，绩效管理的方式方法一定要跟公司的战略和业务发展模式密切相关。像华夏基石追求的是客户价值，与客户共同成长，落到实处就是你一定要把项目做好。你为客户创造价值了，你才有价值。所以我们有些项目，不赚钱也在那做，不抛弃，不放弃，为什么？因为就是追求一种能为客户创造价值的成就感。

未来的绩效管理，首先就是绩效观念要发生变化，要建立能力评价、行为评价、态度评价和绩效评价四位一体的绩效管理体系。绩效管理就不是一般意义上的结果绩效了，包含过程绩效、行为绩效、潜能绩效。阿里巴巴要搞价值观评价，华为要搞劳动态度考核，复星也强调价值观评价要占评价体系的50%以上，其实都在反映一个趋势，就是绩效管理已经从对事的评价转向对人的评价。对人的评价包括人的价值观、态度、行为、能力，其中能力还分现实能力和潜在能力。绩效管理的内涵变得丰富、多层次、多样化了。

郭伟：也就是说，绩效管理从原来的结果管理、专项过程管理转向了对绩效创造主体的管理。实际上就是管得更深了。

彭剑锋：对，绩效管理管得更深了，已经管到绩效背后的驱动力了，也就是回归到人本位了。绩效产生的支撑力是什么？是能力支撑和行为支撑，所以新的绩效管理就把组织行为和个体行为都融为一体了。这种变化靠 KPI 已经解决不了了。

第三是刚才大家所提到的，绩效管理不再是标准化、一统化，而是走向了个性化、定制化。就是在互联网时代，组织之间有很大的差异性了，你的产业不一样、企业发展阶段不一样、规模不一样，绩效管理的模式及在这几个要素之中的侧重点也就不一样了，所以它需要个性化、定制化的一体化解决方案。这是组织形态变化对于绩效管理创新的要求，那么在互联网时代，员工对企业管理的参与度高了，也要求现在的绩效管理要使得全员绩效、全员参与，而不是过去那种层层往下分配指标的过程，这就要求绩效管理的工具方法也需要进行创新。所以绩效管理发展到了新一轮的创新阶段，不是末路，而是新阶段的开始。

（二）激发活力与提升效能是根本，走出“组织体系混序化”误区

彭剑锋：接下来说说组织结构虚拟化，组织体系混序化的

问题。过去我们讲到组织体系，一定是强调秩序、规则；强调明确的分工、明确的岗位职责、明确的管理层序，组织结构要清晰，权力分配要清晰，流程体系要清晰，这是对纯结构化组织的要求。那现在出现了组织结构虚拟化、组织体系混序化的现象，如所谓要去威权化、去中心化的一些提法，就是提出要构建打破层序、分工、边界的组织。我认为其实这里面有误解，互联网时代组织形态是发生变化了，从金字塔结构到网状结构组织和蜂巢结构组织。形态可能变了，但一个卓越组织所呈现出来的状态，或者是它的关键要素并没有变。如果要提炼关键词的话，我认为互联网时代的组织仍然要具备这六个关键要素。

第一，组织内充满价值创造的活力。互联网时代最核心的就是让每个人成为价值创造者、让每个人都充满活力，所以我一直把活力排在评价组织良性状态的第一位。我判断一个企业有没有发展的潜力，就是看它有没有活力。一个企业要是有活力的话，乱一点都没关系。但是所谓“活力”，并不等于混乱无序，它是一个组织内充满价值创造的激情、渴求，每个人都是价值创造者，每个人都在付出，从而体现出来的一种状态。就像改革开放的近 40 年里，人人都在追求自己想要的东西，都在讲拼搏、奋斗，充满了价值创造的能量，有近 40 年的高速增长，所以我认为活力是评价组织的第一个关键要素。

第二，必须有效率。我始终认为效率是一个组织的魂。组织要是没效率，就不会有效益。效率是效益的源泉，组织有盈利的能力，就叫有效率。效率包含点效率、线效率和系统效率。过去，组织更强调点效率和线效率，但是缺乏系统效率。互联网时代出现的新的组织就是强调系统效率，看上去它的点效率和线效率似乎都不高，但系统效率强，企业能赚钱。这些组织其实也是强调效率，只不过从原来我们熟悉的点效率、线效率变成系统效率、整体效率了，强调组织要具备基于客户价值的整体效率。

第三，协同。协同产生价值，互联网时代的组织协同机制发生了变化，不仅有点线协同，更强调跨职能、跨团队的交叉协同，甚至是跨界协同。

第四，共享。在一个组织中要放大个人能力的话，一定要靠共享、靠协同。如果组织内没有信息的沟通、交流，没有资源支持及各种协同，那组织就是个体户集中营，互联网时代虽然强调自主经营、自主管理、自我责任驱动，但所有这些都必须以知识、信息、资源共享平台为基础。

第五，速度。就是组织决策的速度、运行的速度、对市场的反应速度和变革的速度。速度代表组织的健康状态，非常重要，尤其是在一个充满了变化的、不确性极大增强的互联网时代，如果没有速度，企业失败死亡的概率可能就要大得多。

第六，学习。组织的学习性是它能够不断自我变革、自我超越的必要条件。

我所讲的这六大要素，也可称之为一个健康组织，或者是卓越组织的六大要素。他们之间是有机联系的——看一个组织好不好，第一是看它有没有活力。企业有活力，但没效率也不行。同时，有没有活力也体现在速度上，如果没有协同和共享，也很难保障速度。如果没有共享和协同，个人的能力就难以放大，他也就会游离于这个组织之外。人之所以能投入到一个组织里，是他希望能共享一些东西：要么共享品牌，要么共享信息。速度体现了组织的健康度，如同健康人有“五快”，健康组织也有“五快”：决策速度快、产销系统快、周转速度快、资金周转速度快、人才成长快。学习型是一个组织能持续发展的保障，因为学习型的组织才会对外部环境变化保持敏锐的感知力、觉察力和适应力。

互联网时代，这六大要素仍然是衡量一个组织健康度的必要条件，只不过更强调组织要用“看不见的手”使组织有序、有效率、有规则。过去主要是“看得见的手”，即他律在支撑组织的有效运行，现在则要强调也要靠“看不见的手”，即组织内在的调节机制来支撑。“看得见的手”和“看不见的手”两者之间要平衡，而不是非此即彼的两元对立，或者就是完全混沌化了。

那么，“看不见的手”的内涵是什么？我认为第一是价值观，第二要靠动力机制，第三要靠利益分享机制，第四要靠公平规则。这就是看不见的手。

（三）坚持价值立场，走出“免费商业模式理想化”误区

“免费商业模式”，这是互联网时代一个时尚的词。许多人赋予了免费商业模式太多理想的色彩，认为免费是一种全新的商业模式，认为一切皆可免费。但天下绝对没有免费的午餐，客户总是要为免费付出更多费用的。所以，不要盲目地理解免费，认为要进入一个免费模式的时代了。

所谓的免费模式，只是将客户价值优先和人本价值优先替代了之前的股东价值优先。免费是客户价值优先理念的一种体现，企业先让渡用户价值，先拥有用户价值，吸纳用户、凝聚用户，然后获取客户价值，最后还是要去获取企业价值、股东价值的。过去是先算好股东价值，再看给客户提供什么产品。

现在是先让渡客户价值，然后才有企业价值；先让渡人力资本价值，然后才有股东价值，实际上是对价值排序的重新组合。

所以免费模式不是一种理想化的模式，最终要回归到股东价值、企业价值。组织要认识到这一点，消费者也要看清楚：并不是就永远免费了，你最终是要付出费用的。

（四）倡导灰度管理，走出“管理过度情怀化”误区

现在还有一种现象，我称之为“管理情怀化”。就是过度强调情感化管理、人性化管理、自我管理等。我们一定要知道，管理是一把双刃剑，一面是理性，另一面是感性；一面是他律，另一面是自律；一面是强制，另一面是放任……在哪一面过于用力了，都有伤害性。

所以我特别赞成企业要“灰度管理”，就是它是在理性与感性之间、结构与非结构之间、强制与放任之间找到一个平衡点。

互联网时代带来的变化使我们认识到，过去我们太强调理性，使得管理走向僵化，而现在是要使变得过于理性以至于官僚主义、形式主义盛行的僵化组织多一些非理性的色彩，注入一些人文情怀，使组织活化起来。但管理不能过度情怀化、人性化，人性化必须以价值创造为前提。诺基亚、索尼都是贯彻以人为本理念，追求人性化管理的企业，但由于过度情怀化、人性化，没有像三星和华为那样，以价值创造者为本，以奋斗者为本，最终也走向死亡！

混沌与秩序II

讨论四　参与和分享时代的新合伙制

发言嘉宾：彭剑锋　周　禹　夏惊鸣　苗兆光
陈　明　宋杼宸

特约撰稿：郭　伟

策划、主持及文字编辑：尚艳玲

彭剑锋：由于员工参与和分享的频率、宽度和强度都不一样了，其实就在重构人与组织之间的关系，重构企业治理机制，即货币资本和人力资本走向相互雇佣的关系。企业构建共担、共创、共享的合伙人制。

苗兆光：企业组织层面有三个要素：领导、机制、管理。合伙人制本身是机制层面上的问题，而越是混沌的环境，“机制”和“领导”的作用越突出。

周禹：合伙人其实意味着劣后受益，这才是合伙人的真相，是合伙人制最核心的问题

夏惊鸣：要让分享机制发挥作用，还必须掌握另两个关键

点，一是战略的成功，二是选对人。

宋杼宸：合伙制的初衷是为了让企业更有活力，组织更有效，但是我在企业里发现一个问题，就是合伙制成了权力分割器和特权的象征。

陈明：合伙制能不能利于企业的成功，要看它是否更有利于创造客户价值。

一、主题发言

■ 夏惊鸣：合伙制的关键，成功战略 + 对的人

合伙制并不是个新概念，为什么这两年却备受关注，我想这既与时代变化有关，也让我们进一步坚信：无论时代如何变化，企业经营仍然要回归常识。常识是不变的，因为人性是不变的。人性不会变所以常识肯定是对的，比如人是需要受尊重的，人性是复杂的，等等。

对于合伙人机制，我有三方面的思考：

第一，合伙人机制为什么在今天重新受到关注，背景是什么？

我理解有这么几点：

一是劳动方式越来越突出知识经济时代的特点。知识工作者越来越成为主力军，智能化工作越来越明显，体力操作的工作越来越少。知识工作者相较于产业工人，有很多鲜明的特点，正如彭老师分析的，对自由、民主、平等的要求更高，参与感更强，自我成就的动机也更强烈等，这些对企业组织提出

了不同于以往的要求。

二是全球经济发展都在从重资产、重工业走向轻资产化、轻机器化，即所谓的后工业时代。比如房子建了这么多，出现大量闲置，那接下来可以做什么呢？途家公司就把这些资产进行盘活。他们不拥有房屋资产，却能产生利润，这就是轻资产经营。未来，机器、设备都不是核心竞争力了，那么，什么是企业的核心竞争力？是人。能产生创意和创造力的人。接下来自然是如何激活人的创造潜能的问题了。

三是在互联网时代，互联网的入口和连接属性极容易形成平台化和生态化的模式。“平台 + 合伙人”、“平台 + 自主经营体”这种模式自然而然地出现了，而“自主经营体”就是合伙制的土壤。所以可以说，互联网为合伙制提供了生存土壤和技术条件。小米的生态链是通过小米手机发展起来的，实际上是通过渠道平台和品牌平台，参与投资生态链上的各个产品，然后各个产品在小米的渠道和品牌平台上自主化经营，这也是高级合伙人机制的形态。

四是现在企业一方面需要创新驱动，另一方面又面临着“创新荒”。创新能力不足或创新积累不够，通过合伙机制嫁接创新能力是一条有效途径，这使得合伙制的重要性由此突现出来。

五是合伙制的备受关注跟企业竞争加剧、竞争形式多样化也有关系。一方面是资本的竞争，另一方面是产业的竞争。这个时代，资本在某些时候好像很紧缺，但总体过剩，一不小心企业可能就被挟资本而来的“野蛮人”吃掉了。企业在原来的行业好不容易站稳了脚跟，突然有人一下子砸来 100 亿元，进行免费赚流量的模式，就把企业原来的辛苦经营成果给冲击得一塌糊涂。同时，企业又要面临产业竞争加剧，如果不能比别人快半步的话可能就死了，为了快，就要激发员工，就要搞合伙制。互联网时代，竞争不仅是速度的问题，还有很多新玩法新形式，所以竞争越来越加剧了。而且在互联网时代有新的形式，这比过去更可怕。过去大家都是在地上跑，比的是谁跑得快，现在对手可能坐着飞机直接跑到你前面去了。

六是需求越来越呈现个性化和柔性化。这使得产品的生产和经营不能再像以前那样搞规模化大生产了，而是要化整为零，要与客户零距离，要对市场需求变化做出更快速的反应，这些都要求组织以“平台 + 自主经营体”模式来予以支撑，同时，也是催生合伙人机制的一个重要原因。

总结一下，我认为合伙人机制重新引起企业的强烈关注，大概有这六大背景：一是知识工作者成为主流对“参与和分享”的意愿高涨；二是密集资产化和机器化后的轻资产化和轻机器化这种趋势的要求；三是互联网时代平台化、生态化，“平台 + 自主经营体”等各种组织结构形式的涌现；四是企业“创新荒”和创新驱动并存的现状，对借力合伙制、提高创新能力的内在需求；五是竞争加剧，竞争形势与以往不同的环境要求组织治理和运营方式进行变革；第六是需求个性化、柔性化对“自主经营体”的呼唤，使得合伙制成为响应需求的有效途径。

第二，合伙人机制到底会产生哪些作用？

首先，我认为合伙制能实现统一经营和分布式经营结合。采取合伙制之后，人人都是老板，人人都要为经营服务，就能够激发大家统一于经营目标，人人都要去攻山头、打市场，要去服务一线，要把利润做高，把订单拿回来。公司平台 + 合伙人，使得整个组织的力量既统一于经营目标与战略，同时又能发挥分布式经营和分布式管理的优势。温氏通过与约5.6万个自主经营的农场合作，已经做了很多统一经营和分布式经营的探索，也说明这个方式在实践中是能发挥极大效用的。

其次，合伙制能锻炼一大批企业家与准企业家。我们在做传统企业咨询过程中发现，企业发展到一定的程度后，最大的发展瓶颈是缺乏企业家精神和准企业家人才。不是说能力不行，而是很多高管缺乏历练，所以我认为合伙人制有利于打造准企业家群体。

最后，合伙制能实现个体管理。切斯特·巴纳德说过："有效的组织有三个要素：共同的目标，贡献的意愿，有效沟通。"合伙制首先能解决"共同目标"和"贡献的意愿"，这两个问题解决了，同时也促进了有效沟通。为什么？原来我是老板，你们不是，我说什么就是什么，一旦形成合伙人之后能够促进有效沟通，而且可以减少无效的沟通。因为大家掌握的信息基本对称，讨论的前提和目的也是一样的，能在一个层面上进行对话，而不是各说各话，自然沟通就有效了。

第三，合伙制要发挥作用的话，关键点在哪里？

首先，我认为"精致的分享"和"野蛮的分享"都是有效的。华为是一种"精致的分享"，分享机制和其他配套的机制是比较完备的，比如评价体系就比较完备。而温氏最初的股权激励相对来讲是比较简单的，就是谁有钱谁都可以买，而且没有限制，但他们同样是成功的。所以我认为，只要分享，就一定会有用。有的时候，分享不在于设立什么机制，说白了，只要你敢分就一定有用。因此也可以说，合伙制的关键在于分享。

其次，分享虽然关键，但要让分享机制发挥作用，还必须掌握另两个关键点，一是战略的成功，二是选对人。分享的前提一定是战略的成功，如果这个业务没有前途，那就一分钱都不值，分享就成为一句空话。而现在很多企业想用机制解决战略的问题、成长的问题，这是本末倒置，所以一定要找到有前途的市场空间和市场定位，要选择有前途的业务，这是合伙制成功的第一个前提。同时，选对合伙人是合伙制成功的关键，与什么人一起合伙很关键。在实践中，大多数时候不是一开始选人就能选对，所以需要有一个选人的准则，另外最好有动态筛选机制，比如经过市场的历练和检验，确实是能够打山头、做出来业绩的人才可以作为合伙人。这是很实际的问题。

宋杼宸：合伙制不能成为“权力分割器”和特权象征

合伙制现在的确受到很多企业的关注。据我的观察，在实践中合伙制在中国企业里大致有这么几种情形：第一种，公司发展大了以后，新增了一块业务，但对这个业务不熟悉，请一位懂这个业务的资深人士过来以合伙制的模式一起做。第二种是在本公司内部，为了鼓励团队或人员的积极性而实施合伙人制，但这块儿的失败案例是最多的。还有一种，搞合伙人制的目的是为了安排老员工、老干部，当然这种只是借了“合伙制”这个名头而已。

通过对这些现象的观察，我有一个观点是：合伙人制是一种选择方式，而不是必然方式。而且，企业要实行合伙制，一定要想明白目的何在。搞清楚目的之后实施合伙人制，要把握以下几个原则。

第一，选的合伙人一定是在价值观上趋同的。为什么说众筹式合伙人模式鲜有成功案例呢？我认为目前在中国所推行的众筹更多是资金的筹集，而不是价值观趋同下的产物。大家只是为了这个项目有钱启动，或从这个项目中获得利益进行合伙，事实证明很难取得真正的成功。因为一旦出现经营风险，就会出现无人愿意承担责任的局面。

第二，合伙人不见得一定要成为经营者。很多人通过合伙机制取得财富之后，到了一定的年龄，可能就丧失了奋斗动力。他可能就会往后退，说“我不干了，你们干就完了”，反正他已经是企业的所有者之一，持有股份，无论企业怎么样，他的基本利益不会损失。这种情况对企业的持续经营和发展就非常不利，但又是很现实的问题，所以我认为合伙制要有一个机制设计，每个合伙人的角色定位要先确定好，不是所有的合伙人都要参与实质经营。

第三，对合伙人的考核要非常明确。有一家证券企业实行了合伙人制，结果在考核时出现一个问题，有些合伙人就说：“你可以考核别人，不能考核我，公司是我的，凭什么考核我。”但是他在那个领导岗位上，不考核他怎么去考核其他人？对合伙人的考核其实应该更加严格，因为他对公司的经营风险要承担更大的责任。如果不严格合伙人考核机制，使合伙人只分享利益，而不承担经营风险的话，合伙制不仅不可能取得成功，甚至会成为公司经营发展的阻碍因素。

第四，一定要建立进出机制。合伙人不是终身制，能真正为企业创造价值，能共同承担风险的人才能成为合伙人。如果没有退出机制，合伙制会使企业变成少数人的利益团伙，占有企业的资源却不持续创造价值，那样不仅不能激发全体人员的积极性，可能还会造成公司倒退。

这几个原则问题不把握好的话，在现实中，实施合伙制可能会得到反效果。合伙制的初衷是为了让企业更有活力，组织更有效，但是我在好几家企业里都发现一个问题，就是合伙制成了权力分割器和特权的象征。一旦成了合伙人，很多人认为公司有他的一份了，他不是想着怎么把企业做大做好，而是想着怎么才能得到更多权力和利益。这是人性的复杂之所在，也是在中国企业实施合伙制的一个非常现实的问题。

■ 陈明：合伙制重在解决“合心”问题

我没有专门研究合伙制的理论，仅仅是从企业的实践，尤其是实践中的困惑来看合伙人制，我认为它是把人组织起来的一种组织手段，它要解决的是组织的“合心”问题，是如何更有利于为客户创造价值的问题。

华为最初是怎么把这些人组织起来的呢？华为刚成立时，深圳还不繁华，员工拿了钱除了寄回家也没别的用途。公司发了工资和奖金后，并不把钱全部给员工，而是动员员工买公司的虚拟股票。当然这种做法也有集资之嫌，后来被叫停了。但是通过这个方式，公司把人粘住了。直白点说，钱在公司押着呢，走了可能拿不到，或者说不能全部拿到，但没有说不给你，你留在这里好好干，还有希望等到股票升值，得到更多。华为的这种方式可能是最原始的合伙制，就是通过资金的合伙，半强迫半自愿地把大家的心聚在一起，把目标聚焦到一起。

以知识员工为主力军的新的发展时期，粘住人、聚人心不能靠强迫和控制了，得靠激发，必须把心合到一块。合伙制我认为本质上解决了身份的问题。在这个组织里面，我有地位，有身份了，我是合伙人，而不是原来的雇员，动不动就可以解雇我。通过合伙制，使员工的归属感更强。

当然，解决了身份问题，不一定能解决贡献的问题，企业生存发展还是要靠贡献。合伙制在实践中最大的困惑，就是怎么激发员工的贡献意愿。

我想要说的是，不管是实行合伙制，还是实行其他的机制、手段，企业成功的规律不会变，皮之不存毛将焉附？企业不成功，机制手段都没有用。所以合伙制最核心的作用是导向企业成功，导向给客户创造价值。也可以说，合伙制能不能利于企业的成功，要看它是否更有利于创造客户价值。

企业在实践中还有一个怪象是：名义上的合伙制，实际上的科层制。比如我最近碰到一个企业，有二十几个合伙人，他们的人力资源总监非常痛苦，工作没法做。二十几个合伙人，都是股东，人力资源总监去跟他们谈事情，首先在地位上就不对等，没法谈。

我说这个案例是想说明组织要正常运转、要效率，还是需要权威，需要权力，需要一定的等级。我看到雷军曾讲过一段话，大意是小米的规模如果太大了，靠合伙制就组织不起来，所以小米的规模不能太大，人不能多，要保持精简高效。合伙制是一种组织的手段，它有限制性条件，比如人多了以后可能就不灵了。在实践当中，组织中是需要权威的，不是说有了合伙制就不需要权威，不需要领导，不需要方向了，不是这样的。

我谈的是在实践中遇到的困惑，总的来说，就目前而言，我认为合伙制还是一种组织手段，一种管理手段，它最根本的目的应该是解决组织的“合心”问题，就是怎么把大家的心合到一起，为客户创造价值，取得企业成功。

彭剑锋：“合伙制”将是一种生态

今天我们的论坛有两个关键词，一个是“参与和分享时代”，另一个是“新合伙制”。参与和分享，合伙制，都不是新词，但今天我们之所以要重提，并且强调性地提出，是因为今天人力资本在整个企业价值创造活动中的地位和作用发生了变化。

虽然切斯特·巴纳德在《组织与管理》一书中开宗明义就强调了人的参与对组织效率的作用，他说：“组织内所有促进协作的行为都涉及一个问题，即个人是否愿意、乐意并有兴趣参与进来。”但是，过去由于人在组织中更多是一个工具般的角色，是依附者的角色，所以并没有真正地实现参与权，或者说参与的深度、广度都远远不够。当然，利益上也更多是分配，而不是分享。

今天这种情况发生了变化，员工尤其是知识型员工在企业价值创造环节中占据更为主要的地位、发挥着更为重要的作用。一方面，企业要创造价值需要他们真正地参与进来，另一方面，知识型员工相比产业工人有更多、更深地参与企业事务的诉求。

合伙制也是如此，它也不是一个新概念。两年前华夏基石也关注过这个话题，那时候更多是从众筹合伙人的概念来探讨的。合伙制比公司制还早，是商业组织形态的原生态。今天我们所提的“新合伙制”，是在人力资本价值主导时代，在传统理论基础上结合现代管理最优实践的创新和整合，是“合伙制”概念的回归、整合与创新。这种创新和整合赋予了“合伙制”新的含义、新的内涵，以及新的机制。

（一）为什么今天要强调“参与和分享”

“参与”主要指参与管理，“分享”指分享资源、权力和利益，而参与管理要基于资源和权力的分享。参与、分享，在理念和实践中都不是新概念，但今天我们要重新提出来，重新解读，且强调要真正体现在企业管理实践中，有这么几个原因：

一是在知识经济时代，尤其是共享经济时代，知识型员工越来越成为企业的人员构成主体。相较于传统的产业工人，知识型员工有更强烈的自我表达、自我成就动机。参与企业的价值创造过程，并分享价值剩余，是知识型员工自我价值实现的途径。在这个尊崇平等、开放、共赢的互联网时代，知识型员工的参与和分享的意愿比以往任何时候都要强烈。

二是知识型员工不仅有参与和分享的意愿，随着人力资本在企业价值创造中的地位和作用提高，人力资本和资本的博弈关系发生了变化。人力资本对剩余价值的索取权力更大，人力资本要主导企业价值创造，自然要参与企业经营决策，并且拥有分享剩余价值的权力。

三是在知识经济和互联网时代，知识型员工不仅有参与和分享的意愿、权力，而且也有能力参与到企业价值创造过程和经营决策过程。互联网为员工的参与和分享提供了技术条件，而新形势下的组织变革为员工的参与分享提供了组织条件——组织和人之间的关系已经不再是被动的驱动关系，而是以自我驱动为核心的组织机制。

四是在企业普遍进行转型升级谋求持续健康发展的趋势下，企业要真正回归到客户价值，越来越需要员工主动参与、自我驱动，发挥群体力量。过去企业发展是“火车跑起来全靠车头带”，依靠企业家个人牵引，而现在企业的动力机制只有成为“动车组”式，让每个员工、每个团队都是自驱动力，才有可能适应这个不确定且变化迅速的时代环境。员工的自我驱动、自主经营和决策并不是指员工要参与整个企业组织的所有决策，而是像海尔的自主经营体那样，通过划小经营单位，让每个人成为自主经营体，从而激发员工内在的潜能，激活企业的价值创造能力。

这些趋势性变化，说明这是一个要在实践中真正重视和强调参与和共享的时代。而且，由于员工参与和分享的频率、宽度和强度都不一样了，其实就在重构人与组织之间的关系，重构企业治理机制，就是我们经常讲的，货币资本和人力资本从雇佣和被雇佣走向相互雇佣的关系，以及共担、共创、共享的合伙人制。

（二）从“合伙制”到“新合伙制”，变的是组织与人的关系

诞生于工业文明时期的管理理论是基于严格的分工体系来假设组织和人之间的关系的。在很长的时间里，在企业的操作实践中，人确确实实被作为一个工具，一种等同于土地、设备等投入资源的对象来对待，人依附于组织而存在。

但是，在时代变化的推动下，组织和人之间不再是简单的雇佣关系，员工也不再是科层制结构下固化的角色，人不再是手段，而是目的。组织和人之间内在的要素发生了变化以后，组织和人之间的关系就不再是雇佣关系，而是一种建立在平等基础上的合伙人关系，要实现的是人与组织的同步成长和发展。

且不说西方的合伙制，在我国的晋商时期，东家和掌柜之间的关系就是建立在平等、尊重、信任基础上的合伙人关系。那时交通、通讯不便，东家的监督成本很高，有时几乎无法监督，经营、财务、用人等权力悉数交付给掌柜，而掌柜虽知东家“天高皇帝远”，也往往能以职业经理人的准则严格要求自己。晋商是充分信任、充分授权，加上顶身股制，就是股权激励，形成了和掌柜、伙计的合伙人制。

真正的合伙人制，货币资本和人力资本双方是平等和相互尊重、信任的关系，不存在股东绝对强势的说法。像万科的增股行为，就使得“谁是野蛮人”很难定义。也许以王石为代表的创始人团队，或者是职业经理人团队就是“野蛮人”，因为如果掌控着经营权的人力资本团队以内部增股等方式实行内部人控制，可能就侵犯了股东尤其是中小股东的利益。在人力资本和货币资本相互平等的时代，“野蛮人”可能有两种，一种是以资本手段从外部闯进来搅局的，另一种就是职业经理人团队监守自盗，内部人控制。

举以上两个例子是想说明，无论是从组织进化的角度，还是从公司治理的角度，都需要重新定义组织，重新定义人，重新定义组织和人之间的关系，自然也需要重新定义合伙人制。

我非常赞成周禹（中国人民大学教授——注）所提出的“新合伙制”的理念，以及“新合伙管理体系”的四个维度：战略生态化、组织有机化、人才合伙化及价值共享化。这四个维度的提出，使得合伙人关系超越了一般意义上的货币资本和人力资本的“合伙”关系，而是把战略、组织、人才、价值都放在了“新合伙制”里去理解，重构企业经济管理的逻辑。“新合伙制”的提出既是继承过去合伙人制的传统智慧，又是将“合伙制”与“公司制”耦合，重新理解和构建组织和人之间的关系机制、制度体系、规则体系和治理体系，使得战略、组织、人和价值创造方式都发生了巨大的变化。比如我们现在所讲的战略，不再仅仅是一种竞争策略、生存策略，而是一种生态战略，是基于相关利益者均衡、基于价值共生共享而提出来的一组策略，等等。

我的理解是，**“新合伙制”是一种生态理念，它意味着组织边界、组织生存环境、组织和人之间的关系、组织形态都发生了变化，从生态的角度理解新合伙制可能会有助于看清企业组织的现在及未来。**比如新合伙人制的组织基础是什么？组织运行规则是什么？组织运行的机理是什么？过去我们在科层制的基础上，能看得很清楚事业部组织、矩阵组织，但是生态组织条件下的组织形态是什么呢？自组织、有机组织，或者叫网络性组织是不是组织的新形态？华为提出蜂窝式组织，海尔探索实行的“平台化组织 + 自主经营体”是不是未来的趋势？再进一步，新的组织运行规则是什么？新的组织处理人与人之间的法则是什么？这是我们要继续在实践中去探索和研究的。

前段时间在中国人民大学的人力资源年会上，我有意提出一个观点：在合伙制企业里，老板有时候可能是弱势群体，而不一定是强势群体了。因为当“人人都可以是 CEO”了，就没有所谓的“老板”，那企业的权威怎么建立？企业的共识怎么达成？企业的共同目标怎么凝聚？这是一个很大的问题。

比如，在合伙制的组织中，怎么保障决策效率，谁来为决策结果担负责任？比如华夏基石深圳合伙制公司，我认为开会开得太多，因为什么都要拿到桌面上来讨论。合伙人制度就需要讨论，就需要公开透明，但是，是所有的事项都需要讨论吗？哪些需要民主集中制，需要集体决策的东西怎么能实现既高效决策，又能共享智慧？这些现在也是在现实探索中令人困惑的、待解的问题。

比如，在新合伙制中，众筹本来是一个很有意义的探索，因为众筹本质意义上是最极端的合伙制，但是现在众筹没有一个成功案例。我自己参加的两个众筹项目到目前为止可以说是不成功的，主要问题在于搞不清楚由谁来承担经营责任。其中一个众筹咖啡馆，开业不到两年，经理换了好几任，股东谁都不满意经营现状，但又不知道谁来对这个现状负责。

周禹有个观点，认为这是众筹本身所具备的风险和弊病。就众筹本质属性来说，众筹也不是一个新鲜事物，保险公司就是众筹方式的产物。正是由于上述的风险无法共担、责任分散的弊端，而由效率更高的公司制取而代之。

今天我们所说的“新合伙制”并不是抛弃公司制，而是基于公司理论基础上的管理创新。

（三）“合伙制”与组织模式，在生态理念中演进

追溯源头的话，阳光底下无新鲜事，很多所谓的“新”

并不是对原有的颠覆，也不是横空出世，“新合伙制”如此，组织变革也如此。越是有新的一面，越是要坚守“旧”的，已经被时间验证过的东西。比如乐视探索的生态组织模式，能否成功，其实在于它能否坚守企业成功的本质，即真正回归到客户价值，回归到产品本身，耐住寂寞，把产品做到极致。如果团队抱着投机心理，追求发展速度，那么理念提得再完善，概念玩得再好，也不能把企业做好。为什么在今天传统咨询方式越来越被认为是“吃力不讨好”、“赚辛苦钱”时，华夏基石还要坚持一个项目一个项目地、啃骨头般地去做，就是回归客户价值，坚守“为客户创造价值”的价值观，一切都建立在把每一个项目做好的基础上。这就是“基石”的含义——耐得住寂寞，回归本源，坚守价值。

那么，关于“参与和分享”，关于合伙人制，最近我在总结中国企业案例的时候，也做了一些分析。

比如，华为某种意义上也是合伙人制，但是核心在于利益的分享。华为在权力上并没有实现所谓的参与，它主要还是利润的分享。温氏不只是利益的分享，也包括参与管理。它实行的是集约化经营、分布式生产，资产是共同投资，每个合作农户也是资本家，跟温氏之间的关系就是合作关系，产权非常清晰。农户只是参与到温氏的事业群体里，通过共享的经营平台获得比单干更大的效益。这种集约化经营、分布式生产使得一个传统企业实现了轻资产，同时解决了责任心的问题。

但华为跟温氏有一个共同点，即它们的组织模式基本上是基于公司制实现了总部的平台化，总部的服务能力很强。华为最早提出“十大管理平台”，它并不是按照科层制的结构建立层层管控体系，而是平台服务中心。温氏也是这样，总部平台提供强有力的管理服务、研发服务、技术服务支撑，使约5.6万个农场主离不开这个服务支撑，只有加盟到平台上，才更有价值。

中国第一家上市供应链企业怡亚通提出的“全球供应链生态圈”，是把几十万个门店基于互联网链接在一起，叫“N个平台+N个合伙人公司”。它不是一个总部平台，而是N个平台，也不是链接几个合伙人，而是链接“N个合伙人公司”，这是一种生态组织探索。从怡亚通提出的理念来看，它更能体现生态的特点，即共生、共融、共享，但每个小的组成单位在资产上又是独立的。这是不是也是一种“新合伙制”模式？需要继续关注和研究。

还有海尔的自主经营体，从逻辑上来讲，它应该成为合伙人制，但是目前由于没有解决产权问题，海尔的“小微”企业还没有实现真正的分享，这是海尔变革面临的问题，也值得我们继续观察。

最近我们还研究了欧普照明集团。欧普照明集团和经销商建立了合伙人制，把合伙人延伸到了价值链上，在终端上输出管理标准、人才培养，在产权上是合伙制的模式。

从这些案例来看，中国企业都在探索，在实践，我们也将持续关注至少10家具有代表性的企业，研究它们的共性是什么，现在它们面临的问题是什么。从目前来看，“新合伙制”公司需要“平台化+自主经营”，不光是利益的共享，公司要逐步走向平台化。因为个体只有获得公司的资源支持，他才会愿意跟你走。没有平台化，只要自主经营的话，合伙制公司就会变成个体户的集中营。

总的来说，我认为“新合伙制”与生态战略、有机组织串起来是一个整合创新，一种结构化创新。现在企业也有很多实践探索，要求我们从理论上做解释，这里面有很多细节还有待梳理，尤其是“新合伙制”和战略生态，跟有机组织怎么协调统一？

我最近也在思考生态组织的问题，我觉得生态组织的第一个法则应该是自然法则，自然法则一定是大于人为法则。自然法则就来自于自动自发，不是来自于设计。这个时候，组织的形态也好，业务的循环也好，都不是设计出来的，而是在演变渐进过程中不断地进化，不断创生出来的。为什么有些企业搞生态组织，搞合伙制并不成功，可能很大一部分原因是太强调设计的作用，而忽视了“生态”的基本特征，即自生发、自循环、自演进的自然法则。

苗兆光：“新合伙制”中领导、机制和管理如何统一

（一）“新合伙制”是什么，不是什么

“新合伙制”首先是一种分享的观念，而不仅是一种管理制度安排。

“新合伙制”这个提法很好。现在的合伙人机制已经跟过去不一样了，无论是它存在的背景、环境，还是它的存在形态都完全不一样了。

现在谈合伙制，首先需要一种观念的转变，即合伙制不仅是一种管理层面的制度安排，也是一种参与和分享机制。

多少年以来，很多企业缺少分享观念，即便是有分享，也

分享得很不彻底。当然，我并不认为，合伙人一定是分享股权，分享在企业中有好几个层次，有的是分享股权，有的是分享利润，有人分享收入，有人分享成本节约的成果，等等。所以从创始人团队到高管群体，到中层经理，直至班组成员，其实都是合伙人，在各个层面上的分享。所以我想一定要搞清楚前提：今天我们讨论合伙制，本质上不是讨论一种制度设计，而是在讨论一种分享的观念。

“新合伙制”是对人的释放。无论是工业文明时期的西方国家，还是在当前我国企业现实中，普遍的做法是老板雇佣工人，一个强人（老板）设计一个规则体系，然后大家按照这个规则干就可以了。即便是高管，很多时候也像是一个“随从”，其实他的才华是被约束的。而合伙人制是建立在风险共担、责任共担、利益共享的概念上，所以合伙人机制能不能实行的前提一定是观念的转型。

如果观念上突破了，在制度上其实没有障碍。现在，制度手段很多，每个层面都有很多工具，很多成熟的做法。这么多年制约国内企业升级发展的，其实都是机制的问题。这从合伙制概念时下在我国大热，而在国外却相反可见一斑。因为在多重因素的作用下，我们国家到了一个机制释放活力的阶段了。

（二）新合伙制如何发挥作用

合伙人制本身是机制层面上的问题。我们理解，企业组织层面有几个要素。一是领导，二是机制，三是管理。领导解决的是方向问题，机制是解决目标问题的，为目标调动资源。机制本身的目的产生结果，但在结果没有发生之前只是目标。那为了达到这个结果我们应该怎么去做这件事，这叫机制。而管理是解决计划层面的问题，我有目标了，要做一个计划，第一步做什么，第二步做什么，计划跟现实条件不对称时怎么调整和协调，这叫管理。

那为什么现在要强调“合伙制”，也可以说为什么要强调机制的作用呢?

（1）越是处于混沌的环境，机制的作用越突出，领导的作用越突出，而管理则很难起到作用。因为环境很混沌时，很难制定长期计划，所以指引方向和为达成结果而配置资源的机制就变得突出了。

（2）越是不确定性的工作（如新业务），机制越突出，因为没办法管理，就得奔着结果去。

（3）越是创新性的工作，机制越突出，管理越弱化。

（4）越是知识性的劳动，机制越突出。它没办法干预过程，你只能确立目标，设置机制。

当前，经营环境变化越来越模糊和不确定，创新的竞争越来越激烈，企业创新的压力越来越大，知识劳动越来越占主导地位，由此，机制也变得越来越重要，这是合伙人制受到关注的一个突出背景。

当机制在组织体系里扮演着越来越重要的角色的时候，未来组织演变的方向在哪里？又怎么沿着这个方向调整？

（1）越是突出合伙人机制，领导的重要性越需要提高，企业越需要有强有力的领导。

合伙人机制本身不解决方向的问题，比如在雇佣时代，领导人很强势，可以通过管理的手段把资源调动到一个方向上，而在合伙人机制下，权力更分散，利益更分散，责任更分散，这时，强有力的领导越重要。彭剑锋老师刚才举例说，做得不好的合伙人制组织有个特点，总开会，会议特别多。为什么老开会？因为领导力缺位。

没有人振臂一呼，说方向在那里，往那里走。当没有人引导方向时，讨论和合伙人机制就没有发挥作用的前提。价值观、原则、信任的氛围、方向、愿景，都是领导力要解决的问题，如果不能解决这些问题合伙人就没有决策的前提，所以强有力的领导很重要。为什么实践中有些企业合伙人机制无效？是经营出问题了，而经营是需要领导解决的。合伙人时代最稀缺的资源应该是强有力的领导，没有有效的领导力，合伙人机制就没有根。

（2）管理要抓住三个重要环节：计划、执行、回头看。

机制释放了以后，作为一个组织需要围绕着业务方向把资源集聚起来，一旦管理没有了控制手段，管理就被弱化，也就很难做出让大家满意的计划，管理的协调职能也发挥不出来。而如果没有协调职能，合伙人机制又很容易造成资源分散，这是业务发展的大忌。

我认为，管理最重要的是抓住三个环节：计划、执行、回头看。实际上计划周期越来越短，执行越来越快，“回头看”这个环节越来越重要。我在跟互联网企业如小米、360 的人讨论时，他们认为，在计划环节能做的只有确定大致方向，然后在执行的过程中勤复盘，管理的重心放在了“回头看”，不断地快速调整资源配置。

（3）组织结构变革的方向——任务中心型组织。

当业务前提改变了，机制的重要性突破了，领导的功能也改变了，就意味着决定这些组织结构的要素都在改变。组织结构的分类其实也有发展阶段，早期叫科层制组织。无论是“直线职能制”，还是“事业部制”，本质上都是科层制。在第二个阶段叫流程化组织，比如华为的“矩阵制”，这个结构的重心是流程化。

到了新合伙人时代，组织结构的重心是什么？现在都在探索，出现生态组织、虚拟组织等一些新的概念。我认为，未来的组织可以统称为“任务中心型组织”。

什么叫任务中心型？就是一个业务系统一定有很多的经营活动，经营一定可以分解为若干个价值创造单元。若干个经营性的任务，以每个任务为中心，搭建组织结构。互联网企业的组织结构都是“一坨”，看不清楚脉络，但从顶层看却很清楚，因为领导人明白，要达成这个构想，有哪几个关键性的任务，有哪几个重要的项目，每个项目要指定几个人去盯着，那么这个项目的组织方式就是合伙人制。在互联网企业里，组织调整非常快，一旦有新的任务生成，就立马成立一个任务组来做。

比如小米整合了那么多生态链，每个生态链都是一个价值创造单元。将来的组织怎么建？就是把价值单元独立出来，尽量减少组织结构层级；在各个价值单元里面，尽量使用市场的法则，这实际上就改变组织发展的方向。

■ 周禹：“新合伙制”：理论内涵与操作体系

其实自人类有商业组织以来，它的原生形式就是合伙制。合伙制大概在古罗马第二个共和时期，公元前 600 年就开始了，而公司制是 16 世纪初期萌芽。到 19 世纪中期，也就是资本市场成熟之后，公司制才成为主流。我们今天提出来的“新合伙制”，放在分享时代这个背景下，我认为它是螺旋式的回归和往返式的进化，可以说，合伙制是最古典的组织智慧，也是最前沿的时代趋势。

我想从新合伙制的大内涵、小内涵和它的操作方面谈一下。

（一）新合伙制：“自由人的自由联盟”与“均衡的价值共同体”

“新合伙制”是我和我们的研究团队提出来的，我们之所以这样提出来，是发现当前98%以上的公司制体制的企业在plus，即在公司制的基础上加上了新的组织方式，呈现出合伙制企业的一些特征。“新合伙制”是把公司制及合伙制两种制度的先进性进行结合，化合出一种新的状态。

为什么要合呢？放在一个大的语境下来看，它是时代进化的结果，是一个时代的制度安排。从经济的角度来看，时代的进化其实是生产关系的进化。生产关系就是一种制度安排。这样说可能不好懂。那从我所研究的“价值主体论”的视角来看什么是生产关系，或者说什么是时代的制度安排——资本、土地、人其实都是价值要素，都有一个代表主体：人代表人力资本，资本家代表货币资本，土地代表土地，三种价值主体之间的相互驱动和联动关系就是生产关系。在不同的时代，谁是驱动要素，谁是联动要素，会有不同，但它们之间的驱动和联动关系形成了一种在那个时代均衡的价值主体关系，就是那个时代的制度安排。

最早的1.0版的经济叫土地经济，就是土地驱动的经济，谁有土地谁就占主导，其他要素以它为主体联动。2.0版的经济，航海时代开始了，叫贸易经济。这个时候是市场驱动、通路驱动，而且是国家行为开辟市场，有了市场，各种物、财、人围着市场转。3.0 版是手工经济，手工经济是手艺驱动。老话讲，“家财万贯不如薄技在身”，谁有手艺搞一个小作坊，其他要素就跟着联动，手艺来驱动。当然可能做得很小，服务好邻里四方就好了，没有想到大规模、国际化。4.0 版，工业经济大规模开始了。工业经济是技术驱动，重资产技术驱动。互联网技术无非是技术内涵的升级，所以本质还是技术驱动。5.0 版是资本驱动，这是 18 世纪中后期发生的事。因为资本的流动性，资本的“魔性”被无限释放出来，所以资本的全球化是最早的。今天我们看到的教科书里，讲商业组织的治理结构、内部人控制、管理，等等，都是锚定在资本驱动这个大的生产关系里面的。

那么，今天“新合伙制”的出现说明已经到了人力资本驱动的时代。不管称现在是网络经济时代、知识经济时代，抑或是智能化时代，我认为本质上都是人力资本驱动的时代。人力资本变成驱动要素和其他的价值要素联合、合作、联动，形成一种新的生产力关系，体现在组织层面就是新的一种制度安排。

简单说，合伙制的核心特征，我从人力资本的角度称之为：自由人的自由联盟。首先是充分解放了人力资本的价值性，充分解放了人力资本的创新创造性。与此同时，如果每个人的价值性和创造性都充分解放容易变成散兵游勇，那也很难发挥和创造更大价值，所以新合伙制就是把充分解放了创造性和生产力的人力资本再结合起来，成为一个自由人联盟。**“自由人的自由联盟”，这是“新合伙制”的第一个含义。**

第二个含义是“均衡的价值共同体”。人力资本还要联动其他要素，就是它的多元相关方才能创造价值，所以合伙制还有一个逻辑就是，要与产业相关方建立均衡的价值共同体。在组织内部，合伙制是生产力充分解放的人力资本的自由人联盟；在产业链上、生态链上，合伙制就是价值共同体的建设。

“新合伙制”最显著的特点，我概括为：共创、共担、共享。这个可以从经济组织的历史演进来看。农耕时代的经济组织突出的是一个“自”字——自给、自担、自足；从市场经济到资本经济这么多年来一直在做的是“分”——分工、分担、分配；那从新合伙时代开始则要强调一个“共”字——共创、共担、共享。而且，这“三共”的顺序还不能变，共享一定是在最后。

这是我们从大的逻辑上来理解合伙制为什么会成为时代的趋势，或者说会成为公司变革方向的首选。概而言之，由于人力资本成为驱动要素，创新变成企业生存和发展的原动力；而创新就是高度不确定，高度不确定就会有风险，这种风险一个人担不起，所以大家要共担。

（二）最劣后受益的才是真的合伙人

我先提一个问题：“合伙人和股东是什么关系？”

由于目前大多数时候在操作层面、技术层面、制度层面和机制设计层面来理解合伙制，所以往往把它视作股权激励的一种手段。我们研究过 18 种全球范围内最典型的股权类的激励计划，我们统称权益类。好像现在大多数企业，不管是利润的分享，还是权益的分享，你是股东，你就是合伙人。如果这样的话，干吗要出现合伙人的概念？就叫股东不就好了吗？我认为这才是合伙人在价值机制上、利益机制上一个最核心的问题——合伙人其实意味着劣后受益。合伙人才是最大的劣后受益人，这是合伙人的真相，也是我们研究合伙制最大的心得。

合伙人其实比股东还劣后受益。资本主义几百年走过来，基本的分配结构就是股东劣后——剩余价值要优先给债权人，因为债权人赚的是利息，员工包括经理人赚的是工资和奖金，股东最后分红。而合伙制的分配结构是什么？债权人的该还的要还，工人的该发的要发，合伙人跟股东谈，股东要什么回报，要多高，优先满足了股东，如果还有剩余价值，才是合伙人的。

在操作层面，有的企业拿合伙制作为一种文化象征，所以合伙人感受很好；有的就是股权计划，以这个机制激发贡献意愿和创造潜能；还有的是激励奋斗者的意思，合伙人意味着高绩效、高能力、高价值观。但是，合伙人最核心的特征，最本质的内涵其实就是劣后受益，谁最劣后，谁是那个真正的合伙人。

（三）“新合伙制”操作的四个维度

我们现在也在跟一些企业合作实践“新合伙制”，我们认为合伙人制不仅仅是给一个类似权益性的分享，因为所有的分享类都还是激励机制的范畴，或者是利益一致性捆绑机制的范畴。在“新合伙制”的实践中，我认为有三个原则一定要把握。

第一，共创、共担、共享。前面我也讲到，合伙制的核心特征就是“三共”，共创、共担、共享。这三个不仅一个都不能少，而且，共创和共担是优先，共享是劣后。这是任何一种合伙制要成功必须贯穿始终的核心理念。

第二，“新合伙制”不仅仅是搞股权类、分享性激励那么简单，而是一个涉及企业战略、文化、业务与商业模式、组织形态、工作方式及产业联动等全方位的配套系统建构，甚至包括产业链设计的完整系统。

第三，“新合伙制”的导向是企业的战略生态化、组织有机化、人才合伙化以及价值共享化。也就是说，在生态化的战略之下，组织变得越来越灵活和有机，人才不再是雇佣关系，而是合伙关系，最后创造的价值才能够实现共享。也可以说，这四个方面是“新合伙制”操作的四个维度。

我们以这四个维度为基准提出了一个“新合伙制管理体系”，当然这个体系在实践中还有待完善。

第一个维度：战略的生态化。

任何一个组织中，业务之间是有循环关系的，怎么循环呢？我们来看看生态有什么核心含义。

（1）有机循环。凡是不循环的，都不是生态。循环关系里面有一个主轴，其他是慢慢发育的辅轴，也就是说企业一定要有核心业务，如果没有核心业务，最后没循环起来，资金链先断了。所以生态的核心含义，第一个是循环。

（2）自然生发。业务是被自然生发出来，是探索性创新，而不是被规划出来的，所以要解放终端的创新潜能和创新活力。

（3）价值取向。这个价值取向要由领导来定。雨林有雨林的生态，沙漠有沙漠的生态，这个取向是老天爷来定的。

各自的“老天爷”来定这个生态背后的原取向，但是不同的生态里都有不同的生命力强的主体。所以战略的生态化，一是企业内部业务之间要有循环关联关系，有核心业务才能业务循环。二是这个企业的业务和产业链上的伙伴之间也要有循环关系，甚至是通过交叉持股在权益上形成交融和交互。三是业务的生发一定是自下而上，自发产生的，而不是被战略资源规划的。但自发性由于具有很大的不可确定性，所以就要发动大家都要参与自主创新、自主经营，最后谁成了，在生态里就变成了新业务，不成的就在生态里面换另外一种活法。

第二个维度：组织的有机化。

我认为，组织将来会越来越活泛，不管你称它为敏感组织、无边界组织，还是什么组织，核心本意就是让组织有机化。什么叫有机化？无条件协同，自发性联动。

在控制性的组织里，你说，我饿了，我想吃这个，他说先打个报告，然后大小领导会签，签完你再吃，对不起，已经饿死了。而组织的有机化就不是这样，组织的有机化下面也有四个维度：共决式治理，敏捷化组织，插拔化团队，合弄式工作。

古往今来，凡是研究决策的，一定不是“大撒把”式的大家一起决策，哪怕是再泛民主性的决策机制，最后的结果都证明：小范围内的共决治理最有效率。敏捷化组织、插拔化团队、合弄式工作，都是以任务为中心。在阿里巴巴叫插拔式的团队，海尔叫人单合一，万科叫“微战队”，都是即插即拔，工作形态完全“合弄制”，这是组织的有机化。即在组织流程和资源调动上呈现无边界、插拔式、合弄制的特点。

第三个维度：人才的合伙化。

这其中涉及对合伙人的具体识别、选拔、发展、流转、退出。有很多操作上的原则和方法，这里不一一描述。

第四个维度：价值和责任的共担共享化。

前面说了，真正的合伙人是最大的劣后受益，这意味着合伙人的核心首先是要共担风险，甚至要共担投入。

举几个例子，因为我们跟万科合作，所以到黑石、KKR、铁狮门、高盛这些典型的律师事务所、会计师事务所、投资公司、顾问公司调研，这些机构我们称之为专业合伙制的企业。那在这些专业合伙制企业里是什么机制呢？这些企业的合伙人都是做跟投，每年合伙人都需要投入真金白银。奖金不会给你，而是变成股票，把当期增量价值转化为长期分享，这是他们通常的做法。所以，真正的合伙人不仅不拿走企业的当期增量，还要从自己的腰包里拿出真金白银投进企业。这些机构每一年公司的运营成本，都不是从公司出，全是合伙人自己投的。投完之后，在业务上盈利了，合伙人作为最后的劣后方，按照投入的比例把本金拿回来以后再分。这是做合伙人在利益上的共担机制。共享一定是放在共担后面的，而且是劣后分享。

顺便讲一下"价值和责任的共担共享化"在企业实践中的情况。我们总结：目前那些以合伙人或者准合伙人名义在做激励机制的可以分为这么几类：一类是典型的分享制，不管是利润分享、收益分享、成本分享还是递延分享。二是权益类（股权、期权、限制类股票）。三是交投类，集团性企业里面，事业部和事业部之间，业务板块和业务板块之间在权益上有互投。四是跟投类，以业务为单元，跟投项目或者是跟投具体的业务。五是共投类，组织和个人共同投，做一些专门的事情或者是创新。六是创投类，海尔经过3.0版本的孵化，从自主经营体到利共体，现在叫小微创客，变成了创投关系，组织母体和单元之间的关系既不是雇佣关系，也不是委托代理关系而是创投关系。新希望也叫事业部合伙人，做的也是创投类。七是以上这些机制针对不同阶段属性和业务形态的差异化、定制化使用，叫综合解决方案化。在一个企业里面可能针对有的业务做的是创投孵化机制，有的业务给股权、期权，有的业务走的是跟投等，差异化定制。

郭伟：事业合伙人，共同价值观的企业家团队

近两年股权激励越来越热，事业合伙人炒得越来越凶。这种情况的出现，一方面源于人的价值不断凸显，企业不得不把核心人才纳入到合伙人范畴当中。另一方面，得益于股权市场及资本市场的繁荣，以及先进的技术水平、管理机制，令合伙人体制的构建中对价值贡献的衡量成为可能。

那么，股权激励和合伙人的关系是什么？如果说股权激励纯粹是在一个环节中用股权实现有效激励，那么事业合伙人则是对各群体实现有效化全生命周期的事业管理机制。因而，事业合伙人的机制一定包含股权激励，反过来，实行股权激励的公司未必是事业合伙人的体系。

如此看来，究竟什么是事业合伙人？会计师事务所、律师事务所等组织是合伙人机制，海尔、乐视、小米等企业推行的也是合伙人机制，之间有什么区别？

所谓的合伙人有两种：一种是法律意义上的，即合伙人企业中的合伙人，包括有限合伙人和普通合伙人两种类型。普通合伙人承担无限连带责任，有限合伙人以所投入的财产份额承担有限连带责任。另一种是企业管理意义上的，我们称之为事

业合伙人。事业合伙人是企业为适应知识经济时代的发展要求，真正激发知识资本的创造力而设计的一种内部制度安排。事业合伙人不同于法律意义上的合伙人，但在实际操作中，二者往往兼顾。

事业合伙人机制，就是建立、甄选、管理、激励事业合伙人的全生命周期的管理机制。某种程度上说，事业合伙人实质上是在企业中建立起企业家的群体。这群人抱有共同的理念和价值观，为了一个共同的目标而奋斗终生。建立这样一支队伍，分配环节自然要共同参与分配，这就叫事业合伙人机制。

（一）事业合伙人之于治理机制，替代还是补充

有人提出事业合伙人是不是取代了治理机制，尤其阿里巴巴模式中，9 个董事有 5 个董事是合伙人会议推荐的，那是不是已经分得了董事会的权力？合伙人会议决议是否就成为董事会的决议？那么合伙人机制是不是已经取代了治理机制？

还有人问到，合伙人机制建立起来以后，再往下延伸，合伙人会议形成的公司的经营策略、政策、制度，在公司总经理办公会、经营管理会上肯定是全票通过的。不管是万科、复星，还是其他各大公司的合伙人，都涵盖了关键岗位上的管理人员。所以，合伙人会议的决策是不是可以取代总裁办公会的行政决策指令？

我们认为，事业合伙人机制不是对公司正常治理机制和管理机制的取代，合伙人身份本身并不具有公司直接运营的管理权。在有些企业的合伙人制度安排下，合伙人享有关键人事决策的提名权，但正常的人事任免程序仍须按照公司的治理机制和管理机制进行。

事业合伙人与管理团队成员不一定重合，合伙人通常属于管理团队范畴，但不是所有管理团队成员都属于合伙人，只有达到一定要求（如服务年限/持股数量）的才能成为合伙人。阿里合伙人的职责是体现和推广阿里的使命、愿景和价值观，合伙人虽拥有提名董事的权力，但履职的责任主要是精神和身份层面的，不直接通过合伙人管理公司。升级后的万科项目跟投制度规定，项目操盘团队通过竞聘产生，这个环节则是由项目跟投入通过投票表决来确定。但在多数情况下，事业合伙人一般是享有利益分享权，并不实际参与企业的管理决策。

所以说，事业合伙人机制与公司正常治理机制、管理机制之间，不是取代关系，而是丰富和完善的关系。越来越多的公司对合伙人会议的内容做了严格的限定，更多的是涉及组织和公司发展的重大问题的决策，而对日常经营和治理是不涉及的。

因此，合伙人的会议使事业合伙人这一支特定的团体人员，为了共同的理想、共同的目标、共同的价值观，商定出来一些决策和一些成果，以贯彻体现这些基本理念。在这个范畴之外的事件，治理机制、董事会会议、经营会议应该是各负其责各尽其职。所以，事业合伙人机制更多的是通过对人的决定来影响治理机制和经营管理机制。

（二）事业合伙人掌握企业控制权，福兮祸兮

提到合伙人制度建立的目的，一般分成两种，一种是为了获取控制权，另一种是建立一支共担责任共创价值的团队。这两个目的是密不可分的，但是以哪个为优先是有区别的。

研究美国资本市场的数次并购潮，发现或明或暗地涵盖着

一条主线——管理层和股东的权力之争。简言之，谁对公司创造出来的价值越大，控制权就应该掌握在谁手里，但是实情往往容易出现偏差，所以通过资本市场来予以调节。

在国外，管理层获取企业控制权主要是由于股权高度分散，在此情况下，因为管理层更能引领企业的发展，权责利不相等的情况下，必然出现优化和调整。随着管理层形成内部人控制，出现腐败、贪婪，个人利益大于企业利益时，又必须要通过外部监管、股东监督等手段，让管理层退回到职业管理的层面，把权力收回到笼子之中。所有企业的发展过程，始终围绕这个波动式变化。

中国绝大多数的企业股权并不分散，最核心的问题是所有者缺位。再加上中国企业的发展更加寻求创新化，所以企业家的价值在不断彰显。在此基础之上衍生出事业合伙人机制，以解决对企业的控制权问题。所以，有人呼唤董明珠，说愿意给她一亿元创办她自己的企业。这说明在当代的资本市场上，最难获取的战略要素是企业家。

当初阿里巴巴上市时，最担心的也是上市之后，是不是就成了资本决定企业发展的模式。它的合伙人机制旨在通过制度安排，有效掌握公司的控制权，进而保证创始人和管理层的权益并传承公司的企业文化。阿里合伙人会议拥有半数以上董事提名权，如果提名被股东大会否决，合伙人会议可以继续提名，直至股东大会表决通过。这样的机制设置之下，阿里巴巴的合伙人机制就牢牢把握住了公司的控制权。这个权力是怎么获取的？是由最大的股东让渡而形成的。所以，阿里巴巴的案例不具有代表性，不排除某天股东易主，提出修改公司章程而取消权力让渡的可能。当然这个代价太大了，而且以阿里巴巴的发展趋势，现在基本上已经没有太大可能。

万科则是反向而行，通过合伙人企业增持公司股份加强经营层的控制力。即以事业合伙人奖金建立认购基金，通过盈安合伙收购万科A股股权来实现。万科推出的事业合伙人制度与当时万科的背景高度相关。当时万科的股权高度分散，第一大股东华润持股比例不足15%，且不干涉公司经营，这造成了公司的股权意义上的实际控制人缺位。同时，公司经营层持股比例很低，包括王石、郁亮等高管在内的管理层持股总数，也不及万科最大的个人股东刘元生（1.21%）。如果没有宝万之争的提前爆发，再过五年左右万科的这个计划可能基本上会实现。在万科采取的渐变过程中，很可惜的是发生了最大的变数——大股东华润的高层易主了，最终形成了一个大的变局。这其中纷繁复杂的资本故事很戏剧化，但涵盖的核心内部条件就是控制权。

事业合伙人赢得对公司的控制权，福兮祸兮？众说不一。管理学界普遍认同，认为是彰显了企业家的价值，金融学界大多否决，认为破坏了同股同权的资本市场基本游戏规则。我们的观点是，是否有利于企业发展，是否有利于股东价值最大化，是判断这件事的唯一标准。在普遍需要创新引领的今天，企业家拥有更大话语权，对企业发展是有好处的；长期来看，也是股东利益最大化的保证。

（三）事业合伙人制度目标是责任共担

其实，不管最初是为谋求控制权还是其他，从建立事业合伙人机制的各公司来看，其最终都希望建立起一支共担责任、共享价值的团队。阿里、万科、华为所有的制度都在围绕这一条进行。

阿里要求候选人在任命前，要拥有一定的公司股份。从某人成为合伙人之日起3年内，其必须至少保留成为合伙人时所持股权（包括可行权股票和不可行权股票）的60%。3年之后，如果其仍是合伙人身份，其必须至少保留成为合伙人时所持股权（包括可行权股票和不可行权股票）的40%。

万科强调事业合伙人要与股东捆绑在一起，共同持有万科股票，共冷暖，风险共担。在合伙人机制设计上，公司高管被要求出资额不得低于一定数额购买公司股票，以确保高管阶层和公司发展利益的绑定。在项目跟投制度中，则要求项目所在一线公司管理层和该项目管理人员必须跟投，其他员工自愿参与。

华为员工的收入结构包括工资、奖金和股票三部分，大体各占1/3。职级越高，股票部分的占比就越大。华为股票需要员工出资（年终奖金和贷款）购买，从而形成利益绑定。

为了形成“共担”，事业合伙人评价机制里，态度、价值、责任心的评价置于最前，不管是叫价值观的评价，还是叫责任心的评价，或者是态度评价，评价内核是相同的，是要看是不是符合团体宗旨、目标、追求。

在事业合伙人制度中，从结构的角度来看，一般分成单层和多层结构。单层结构很容易理解，整个公司是一支合伙人团队，其中有角色的划分但是没有层级的划分。多层结构是指在集团、分（子）公司、业务线、部门等各核算单元，都建立起不同层次的事业合伙人机制。阿里巴巴、腾讯等公司，都是采用多层事业合伙人机制。

在多层事业合伙人机制下，价值评价与分配和价值实现出现了分离。我们通过企业的价值体系来进行价值评价和分配，再通过兑换到上市公司的流通性股权来实现最后的价值实现，这样其实就解决了传统搭便车的问题。你在哪个位置所创造的价值，就拿这个经营实体的价值对等的价值激励。这有助于实现责任共担、价值共享的目标。

二、圆桌讨论：劣后受益才是真的合伙人

（一）合伙人的四个层次

周禹：我前面说到合伙人机制，1977 年诺贝尔经济学奖获得者詹姆斯·米德专门研究过合伙经济的几种形式，他把机制分成四类，用一个象限表示，纵轴是“有没有实际的投钱”，横轴是“是不是掌握实际的经营权”。简单直白地讲就是，又出钱又出力的是真合伙人；只出钱不出力的是投资合伙人；只出力不出钱的是工作合伙人，比如职业经理人；两个都不出的就是外人。

职业经理人是共创的，也是共享的，但他和合伙人本质的区别是不共担，不做最大的劣后受益人。我们在合作企业里也在做区分，什么是事业合伙人，什么是工作合伙人，什么是投资合伙人。

彭剑锋：在操作层面，这四个象限划得很好。现在大部分所谓合伙人追求的是出力不出钱，但是能够共享，大家追求的是这种状态。一旦涉及出钱，大家就不愿意共担。从人力资本的角度，他是不愿意共担风险的，就想用人力资本来置换风

险，而不愿意承担资本的风险。出力不出钱，但可以参与共享，这是人力资本所追求的。

宋杼宸：作为一个企业来讲，老板肯定希望不同情形的人都存在。

彭剑锋：现在从很多老板的角度来讲，他当然希望合伙人既出钱又出力，但从人力资本的角度来讲，肯定是愿意出力不出钱。

周禹：“双出”的话，人力资本就变成最劣后受益人，股东就变成投资人了。

彭剑锋：现在最难的是既出钱又出力的人的身份界定问题，即股东和合伙人两种身份的界定。出钱不出力，或出力不出钱，分享利益就完了。又出钱又出力的话，哪些属于资本的权力，哪些属于人力资本的权力？美国市场先进在于让人力资本有更大的话语权、决策权，因为创新型企业组织的驱动在于创新，创新的驱动来自于人力资本。如果不把权力放在人力资本上，这个企业是不可能创新的。创新决定组织的生存，创新的驱动来自于人力资本，所以货币资本不得不放弃一些经营决策权。

周禹：人力资本“双出”的时候就有权力和资格跟资本博弈。人力资本做劣后，资本要什么，可以说，相当于把股东变成了一个动态的债权人。

彭剑锋：20世纪90年代搞的EVA管理就是典型的劣后，我先保证投资人的平均收益，把你的资本平均收益拿出去以后我再分享利润，这是最典型的劣后。

（二）没有企业家精神就没有合伙制

周禹：这里其实就涉及另一个命题：什么样的人可以成为

合伙人？真正劣后型的，即又出钱又出力的事业合伙人，其实在逻辑上他应该先接受职业经理人制度的训练和洗礼。

彭剑锋：但现实的情况是，真正能既出得起钱又能出力的合伙人，往往是实现了财富自由的人。就像小米当初的八个合伙人，都是成功人士，做小米是出于一起做成一件别人都没有做过的事的愿望，而不仅仅是追求财富。实现了财富自由以后，很多人出得起钱，但他不想出力了；而没有实现财富自由的人，只能是出力。以我的观察，在职业经理人层面搞合伙制，一般是不太愿意共担风险的，即使他出得起那份钱，从心理层面、观念层面他也不太愿意去共担风险。因为他依靠人力资本，风险低、收入高，为什么要像企业家那样去承担无限风险？

所以在合伙制里，最难的还是资本风险的共担，而不是共享。我认为，推行“新合伙制”，其实是在大力弘扬企业家精神，没有企业家精神就没有合伙人制度，这个要旗帜鲜明地提出来。

周禹：对，合伙人精神就是企业家精神，合伙人组织就是企业家联盟。

彭剑锋：没有企业家精神，就没有合伙人制度；没有敢冒风险，共担责任的精神，你就不应该参与，你也就不能共享。周禹刚才提出的三个“共”，看来还是应该把“共担”放在前面，共担、共创、共享。具备共担风险的意识，才能合伙共同创造，最后才是共享。

有风险偏好的人才能成为合伙人，有风险偏好的人就是企业家。所以应该呼吁，没有敢担风险的勇气和能力，没有企业家精神，就别想成为合伙人。当好职业经理人就得了，因为职业经理人只出力不出钱，当然也不要谋求超额回报了。

（三）职业经理人与合伙人的区别

周禹：职业经理人也可以持股，但是跟合伙人的区别就是更劣后。

彭剑锋：所谓劣后，就是让利给别人，先利人再利己。

周禹：利他是就是利己，无私就是最伟大的。

彭剑锋：有这么几个层次：第一，毫不利己专门利人，这是理想，基本上是做不到的；第二，真正能做企业家的人一定是利他再利己；第三是作为职业经理人是利己利人；第四是损人利己；第五是损人不利己；第六是损人害己。

周禹：换句话说，职业经理人的典型心态是利、权、责。你先告诉我，我有什么好处，你给我多少权，你让我干些什么。而合伙人的心态是责、权、利，把“利”放在最后。

彭剑锋：对绝大多数人来讲，可能能做到“利己利人”已经很不错了，如果想做领袖，想当企业家，一定是先利他再利己，最终也是利己。本质上是没有毫不利己专门利人的，所以最高层次应该是利人利己，然后是利己利人，做企业家、做合伙人要有利人利己的追求。

附：企业实践中的四类事业合伙人

从人员范围的角度来看，我们把事业合伙人的模式分成四种类型：

（1）创始人模式。是狭义合伙人，特指企业的创始人股东，如小米、腾讯等。在小米，只有雷军等几位创始人拥有合伙人头衔，并且在公司内部不提或有意弱化合伙人概念。这种模式很多公司比较常见，公司在初始期的时候，创始人就是合伙人，之后再逐步滚雪球似的壮大，这其中坚持的是宁缺毋滥原则。

（2）企业精英模式。合伙人主要是由对企业未来发展有至关重要影响的核心人员构成，比如阿里巴巴、复星。复星的首批 18 位全球合伙人中，包括复星国际执行董事、复星集团各业务板块和职能板块的核心高管等，把核心的高管层面几乎全都覆盖了。从其中可以看到，虽然说阿里巴巴要求的是在入职达到一定年限、价值观认同等条件满足的情况下，才能进入合伙人队伍，可是它最早的几个业务板块的人员，入职不到一年也进入了合伙人队伍，可见它已逐步从创始人模式走向企业精英模式。

（3）管理团队模式。这种模式的合伙人范围广泛，包括企业的中高层管理人员，最突出的代表就是万科。当然落到哪一层取决于目的——建立一支共担责任、共创价值的团队，还是赢得公司的控制。目的决定前后次序、优先次序，影响人员的范围。

（4）全员合伙人模式。有些企业期望所有员工都要具有合伙人精神，打造全员合伙人文化，如在华为、乐视和小米，都在实行全员持股计划。乐视希望每一位员工都是股东，都是共同的创业者，给予员工最具“合伙人”精神的激励计划、最慷慨的激励额度。小米同样实行全员持股计划，员工持股计划带来的效果是小米人具有很强的“合伙人”精神。

讨论五　国企人力资源管理

发言嘉宾：彭剑锋　郭　星　郭　伟　荆小娟
张小峰　饶　征
文字编辑：尚艳玲

2015年3月28日，华夏基石专门召开了“国企人力资源创新与变革”会议，并邀请来自国资委及其他研究机构的专家，以及企业代表与数百位参会人士共同讨论国企如何以管理变革应对全面深化改革大势。随着13家央企改革试点的开展，改革形势不断深入，华夏基石内部召开论坛，再一次就国企改革形势、国企人力资源管理创新进行研讨，现将部分内部分享如下。

一、圆桌讨论

（一）人力资源机制体制创新的障碍与突破

郭星：我结合我们现在做的项目来谈谈国企人力资源机制

制度创新存在的问题。彭剑锋老师提出从两个层面进行创新：基于公司治理的人力资源机制和基于专业职能的人力资源机制。那现在面临的情况是：过去的体制障碍使基于治理的人力资源机制落实不了。比如我们在焦作做的一个咨询项目，他们现在就在跟我们研讨两个核心话题：国企企业家和企业的关系，国企高管和企业的关系。

董事长和这个企业到底有什么关系？这是第一个问题，在深化改革背景下就要追问这个问题，因为之前的董事长就是担心哪一天就会被撤了。而民营企业就是解决“老子之后是儿子”的继承关系，以及怎么样把家族与企业融合的问题。但是在国有企业中到底企业家和企业有什么关系？这个问题是全面深化改革背景下需要深入讨论的问题。一般而言都说是“管家”，那这个管家应该做到什么程度？怎么回答这几个命题：这个企业对我来说意味着什么？我要为这个企业承担什么样的责任？我怎么样来承担这个责任？

第二个问题，如何解决市场化配置高管和行政任命干部之间的关系和权限划分？我了解到，一些竞争性企业里的高管队伍其实也在做一些突破，不再是走行政序列，完全依靠政府任命。但有一点他们改变不了的是，班子成员里必须有一个相当于副总级别的、行政任命的工会主席。

第三问题，基层员工实行市场化配置后他的职业发展问题怎么解决？一些充分竞争行业里的国有企业，如中国医药、华润在基层员工层面已经在全面吸引人才、市场化配置，待遇要求也全面市场化了。但是它遇到的问题是：基于治理结构的问题解决不了，这些实行市场化配置的员工到了一定程度（或级别）以后，他就没有办法再往上走了，也就不知道未来怎么样在企业承担责任和创造价值了。

荆小娟：我接着郭星的话说一句。说到基于治理结构和基于职能层面的人力资源机制问题，我觉得国企现在最迫切的还不是机制创新，而是整个人力资源部门的组织架构限制了它进行机制创新。现在面临的问题是：由于条块分割、各管一摊的现实机构设置，导致人力资源部要做一个新事情时，找不到一个具体负责的部门和人。比如我们做一个基于能力的评价考核体系，就找不到一个核心部门来承接。如果这个事情跟党务放在一起，那就是老总去做；如果是培训，那就是培训部门去做；如果是没法明确划分的，那就不知道该让谁来做了！

此外，很多需要横向协调沟通的东西，也不知道该找谁来做。他们的习惯就是，这个事儿出来后得找一个具体的负责的人，然后岗位到人去做。但是，我们将来的人力资源体系不应该是传统这种条块分割的，而是应该建立以责任和能力为核心的人力资源体系。

也就是说，国企人力资源组织结构因为是从事务性的人力资源发育出来的，所以在进行变革时，就迫切需要其他部门的改革作为基础和支撑：一是公司治理层面的改变。如果它的领导部分解决不了，那可能后面都没有这个改变。二是技术创新层面的改变。我在跟国企人力资源部门的人打交道时，发现他们并不缺见识，也不缺能力，但为什么改革不了呢？就是治理层面，包括组织层面存在一些障碍。所以我觉得国企人力资源机制体制创新，从职能部门来说，它现在面临的核心问题是：怎么从现在的组织环境当中脱胎出来，然后推动具体的方法机制、流程配套等的改变。

郭伟：我说说我的看法，从头来说一下。我认为这一次的国企改革实际上是为国企向现代企业制度过渡创造了根本性的条件、扫除了根本性的障碍，体现为《中共中央关于全面深化改革若干重大问题的决定》（以下简称为《决定》）中的几个大的变化。《决定》第二部分第一条就提出“完善产权保护制度”，我认为这意味着：国有产权、民有产权，所有产权都要给予同等保护位置。那么这是一个极大的突破，是一个根本性的变化。

第二个大的变化是与此相关的问题：国有的财产怎么办？《决定》中提出“完善国有资产管理体制，以管资本为主加强国有资产监管”，并指出要“推动国有企业完善现代企业制度”，这都是很重要的变化。它意味着几个改革方向：第一，裁判员和运动员要分离，就是国资委既是裁判员又是运动员的这种管理现状要变化。将来国资委有可能会出现国有资本管理中心，或者国有资产管理公司这样的机构。

改革逻辑已经非常清楚了。接下来，国有资本管理的第一个特点应该就是国企的分层分类管理，即将国企划分为垄断性企业、公益性企业和竞争性企业进行管理。第二个大的特点就是多头管理合并归一。原来国企的管理，国资委在管，人事部要提点要求，财政部也有权干预，几乎所有的职能部门都在对国企的政策制度或多或少地发挥着作用，而且都是直接以行政指令的形式下达下去的。如果一旦真正构建起市场化的国有资本管理体系，这种局面就将被打破。

这里面要说一下职业经理人制度建设的问题。我们就提出来：国有企业的职业经理人其实天然就是职业经理人，因为他也不是出资人，他本来就是委托代理人的身份。可是最大的问题在哪儿呢？第一委托方不存在，国企职业经理人受谁的委托？这个不清晰的话，接下来就是第二个问题。

第二个问题是经理人职能分裂。因为国企经理人也是党政领导干部，所以除了以企业的保值、增值为目标外，还要承担党政领导干部所要担负的其他职责，如维护和谐稳定、推动当地就业率、拉动当地经济发展等。这样的一种情况就造成我们现在的局面：企业不是完全的企业，人员不是完全的职业经理人。而一旦企业进行分层分类管理和构建现代化企业制度后，就能还原企业的基本逻辑，那职业经理人的问题也就迎刃而解了。

第三个问题是国有资本的管理体系一旦构建起来，现代企业制度的建立就有了前提条件和依据。也就是说，从公司治理层面来讲，以后不管你是“姓资”还是“姓社”，民营的、国有的，股东就能按照各自的资本所投入的价值来获得自己的投票权。产权问题在治理层面解决掉了以后，治理层面跟管理层面的委托代理关系也就能回归到现代企业制度安排上去。那么它跟外企、跟民企就不会有什么区别了。

第三个大的变化就是《决定》中“加快完善现代市场体系”的相关表述。“实行统一的市场准入制度”“实行统一的市场监管”这些表述意味着将来国企、民企在市场面前一律平等。也就是说，以往其实存在着一些占便宜、钻空子的情况，不是完全通过自己的能力和实力获得的增长。民营企业相对来讲还有自己的软实力竞争的问题，但是国有企业依赖“政策红利”的情况就比较明显了。那么我想如果在完全市场化的条件下就可能不会再出现这种局面了。

所以总结一下，我认为产权问题、国有资本管理问题、市场管理问题，这三大问题实际上是我们推动国有企业向现代企业制度转变的三个根本性问题。

郭星：我也在试图理解政策推行的历程，但我还是有几个困惑的地方。第一个我觉得核心的问题是怎样对国企进行分类。因为分类决定了怎么对待企业利润，对利润的认识就不一样，比如中国石油的利润和中国医药的利润就完全是两回事。工业性的国企对利润可能不会做调整，反而对社会责任的承担提出更多要求。

郭伟：我觉得，会按照不同的价值取向来做区隔。比如有的会以追求社会效应为主，有的会以追求经济效应为主，表现为垄断性或竞争性的。但其实垄断和竞争是个相对概念，中石油、中石化到底是垄断还是竞争？我认为绝大多数是半垄断的状态。所以恐怕下一步的分类更多是从国有资产的实现价值来划分。比如说兵器工业，这个肯定是要国家统管的，因为它关系着国家安全问题。

郭星：对，肯定是要分类管理，但如何分类这里面恐怕还要有讨论的空间，这是我感到疑惑的第一个问题。还有一个问题是我认为需要讨论的，即：竞争性国企在经营当中有一个很大的“紧箍咒”，是套在每一个董事长、总经理头上的，叫国有资产流失。我们在企业里面探讨过这个问题，现在经常查国有资产是否流失，但这里面我觉得得做个区分，因为经营性的亏损、政治性亏损和个人投机性导致的企业亏损是完全不一样的性质。如果从国有资产管理转变为国有资本，那就应该容忍资产管理公司里面有亏损的、有赚钱的、有不亏不赚的。只要整体利益最大那就是对国家利益最大。

彭剑锋：这就是说，在产权结构改革、管理模式变革及实行市场化配置这三大改革力量驱使下，国有企业人力资源机制制度创新在几个方面是要发生彻底变化的。首先是国有企业的定位与国有企业的绩效价值取向将发生巨大的变化。比如有的国企的绩效目标就是提升企业的全球竞争力，有的是要提高盈利能力，有的就是要维护民生、维护社会稳定，等等。

（二）在创新要求下回归人力资源基本逻辑

郭伟：从大的背景来讲，改革逻辑和方向已经很清楚了，我们再来看看在这样的背景下国企会发生什么样的变化。

张维迎等一批研究制度经济学的专家都讲过，不少国企的核心问题是责任体系落实不了，无人担责。而且日积月累形成了一种独特的文化，就是在企业里只唯上、不唯实，一层一层的不承担责任。也由此出现很多独特的管理现象，比如冗员问题，还有不干活专捣乱的，装作干活的等。核心的问题还是在于责任体系没落实。在责任体系不落实的情况之下，对每个员工来说最重要的是要表现得很忙，体现出自己有价值，别人就会认为自己有价值，反正谁也不知道他应该承担什么样的责任、应该具备什么样的价值。

所以我认为，国企人力资源管理改革的核心问题是责任体系的层层落实。而责任体系的层层落实问题有赖于层层委托代理关系的建立。在现代企业治理体系之下明确各层级代理人的责任。比如国有资产管理公司负责国有资本保值增值，责任就很明确，接下来包括国有资产管理公司、私有股东等在内的公司董事会和经营层的责任是实现企业价值最大化。经营责任一旦落实下来，就要回到现代企业制度层层委托代理关系去落实责任了，比如总部的职责、各个职能系统的职责。

现在的情况是责任既不落实还分散，比如某些国企的人资部既受公司老总的领导，还受人社部、组织部的领导。我见过一些这样的案例：公司老总说要用一个人，然后人资部告诉他，有这样那样的规定，存在这样那样的问题，最后的结论往往是“这个问题解决不了”，因为谁也不愿承担这个责任。所以就出现该引进的人引不进来，该解决的问题解决不了，该考核的考核不了，该激励的激励不了等系列问题。

如果政府职能的管理关系单纯化、责任体系完全明确下来，那么国企的管理者也能回归到市场化职业经理人的责任，就是实现企业价值的保值和增值。那围绕这个责任，各层级的委托代理关系就都建立起来了，人力资源的绩效考核方式和激励方式就可以落到实处了。围绕企业的战略目标建立了委托代理关系，落实了责任体系，那接下来就是人力资源体系的重构。

彭剑锋：对。在全面深化改革背景下，企业的绩效价值取向将发生变化，相应地，国企人力资源管理体系也将随之发生变化，它要围绕企业的战略绩效目标来构建人力资源体系，要站在战略和变革的角度去思考和重构人力资源体系。

所以将来国企最大的问题，我认为就是人才沉淀的问题。改革的关键问题是怎么把人才激活，提高国有企业人才的价值创造能力。

荆小娟：我觉得原因在于评价机制的建立，现在很多企业是绕着评价走。

张小峰：国企里面现在几乎囊括了北大、清华、人大等国内优秀大学的人才，形成了一个人才洼地，存在起点高、发展路径窄、价值创造能力低、贡献低的问题。

饶征：我认为国企人力资源机制体制创新，首先要回归到人力资源管理的基本逻辑、基本原理上，仍然要坚持人力资源四大机制（牵引机制、监督机制、激励机制、竞争淘汰），在此基础上进行人力资源体系重构和管理提升。这四大机制实际上是要产生四种力量：拉力、推力、压力和约束力。也可以说，国企的人力资源机制体制的重构与创新就要实现四大机制之下的四种力量。

第一种是拉力，就是人力资源战略包括规划、目标、理想、愿景，要牵引企业的人力资向着这个方向发展，所有员工的力量聚焦到企业愿景上去，这是拉力的作用。第二种力量是推力，实际上是由激励机制所产生的，就是要使人在这种机制下不得不朝着公司整体的目标去发展，推动大家朝着既定的方向去。第三种是压力，压力是用竞争淘汰机制激发活力，防止产生人力资源沉淀。第四种是约束力，即通过约束和监督机制产生的约束力量。因为按照人性来说，实际上每个人都有惰性或者说是恶的一面，所以需要一定的约束力防止个人负能量的产生。

企业需要靠这四种机制产生四种力量，但是这四种机制又要靠人力资源系统相关的模块的组合和实施，否则形不成机制，自然也产生不了力量。

比如在人力资源模块里面，任职资格体系就是一个牵引，给员工一个前进的方向。任职资格体系中的工作职责、绩效考核目标都是牵引的过程。

人力资源四大机制及其所产生的四大力量，最终是要实现人力资源整体效能的提升。如果一个人力资源系统不能产生这四种力量，那这个人力资源管理就是无效的，自然也很难谈到提升和创新。

二、主题发言

彭剑锋：在全面深化改革背景下思考国企人力资源创新

（一）全面深化改革扫除了体制障碍

要谈如何在全面深化改革背景进行国企人力资源的机制与制度创新，我觉得首先要深刻理解国企深化改革的背景。

这次国企全面深化改革的最大主题是“发展混合所有制经济”。这意味着国有企业的产权结构进一步得到优化，国有企业将越来越接近现代企业，尤其在竞争性产业领域里面。今后在竞争性产业里面，我认为可能就没有“国有企业”这个名词了。也就是说，混合所有制经济为国有企业人力资源机制和制度创新扫除了体制障碍，国有企业人力资源必须按照现代企业制度建立管理机制了。

从公司治理的角度来讲，过去国企人力资源管理在干部的选拔评价方面是做不了主的，得由政府来主导。那么在混合制所有制经济背景下，政府对国有企业干部，尤其对董事长的任命就只有推荐权，而没有决定权了。因为国企董事会的构成不再是单一结构，而且董事也不再是国有资本的代表了。也就是说，混合所有制经济为国企按照现代企业制度运行提供了前提条件，党管干部必须要有新的含义，这就有利于优化国有企业董事会的建设。那么只有在董事会能决策的时候，才能解决精英班子的人才市场化配置问题。过去国企董事长对高管班子建设只有推荐权没有决定权，那么现在则可以按照市场化的选拔、薪酬、激励机制方式配置和管理精英班子了。

实际上，混合所有制经济为国有企业人力资源管理，尤其是干部队伍的市场化配置和管理提供了基础，这是打破国企人力资源管理行政化的一个重要突破口。

所以我认为国企全面深化改革给人力资源管理机制制度创新带来的**第一个要点就是：为人力资源实现市场化配置扫清了体制上的障碍**。这才是步入“深水区”、真正涉及本质的改革。所以我说，我们国家现在搞混合所有制经济，其实影响最大的不仅是产权，还有人力资源管理。

第二个要点是政府在国企人力资源管理中的角色定位发生了变化。过去叫“国有资产”，这次叫“国有资本”，大家不要小瞧这一字之差，这其实意味着政府对国企的管控依据、根基、角色都将发生革命性的变化。管资产的话，人、财、物都是资产，所以什么都能管；管资本时，那政府就是股东代表，只能行使股东的权限。过去以行政管控为主的职能就要让位于资产经营公司的职能了。政府角色的变化，意味着政府对国企内部治理的干扰没有法理依据了，就不能再当“婆婆”，什么事都要插手，什么都要管了。比如，要是按照全面深化改革的要求，在混合所有制经济条件下，国资委再给企业经营者规定年薪就没有法理依据。董事长的薪水应由董事来决定，由股东来决定。那将来国资委或许可能按照新加坡的“淡马锡模式”，成为一个代表国有资本行使股东权限的资产经营公司，实现股东价值增长的目的就可以了。

所以回过头来说，为什么说这次改革是一次深层次、全面的改革？第一就是从所有权的角度来讲，混合所有制使得企业治理必须市场化。第二是政府的行政管控职能失去了法理依据。而这些又为企业人力资源机制制度创新扫除了最大的障碍——体制障碍。

第三个要点是实现国企分类管理。分类管理意味着将来国企要划分为垄断性企业、公益性企业和竞争性企业。当然我们今天谈的主要是竞争性企业，对竞争性国企来说，将来人力资源机制肯定要现代企业化、市场化，那么下一步人力资源机制制度不创新就有可能会被淘汰。企业必须具备危机意识，要有主动变革的勇气。

第四个要点是人力资源要实现市场化配置。人才市场化，尤其是干部管理就要从政治官僚的定位走向职业经理人的定位。

以上就是“发展混合所有制经济”的改革背景将为国企人力资源机制制度创新带来的转折变化。从混合所有制经济到政府角色转变，到实现企业分类管理，直到人才真正走向市场化，这些变化总的发展方向是：国企治理机制要符合现代公司治理的要求，以及人才市场化配制的要求。那么总的目标就是：激活国有企业的人才价值创造活力和价值创造能力，提高国有企业人力资源价值创造效率。

国企全面改革第二个大的背景，我认为是要提高国企的竞争能力尤其是全球化竞争能力。通过人力资源机制体制的创新，使国企员工提高价值创造能力，继而推动国企在竞争性行业里全面提升竞争能力，尤其是要提升其全球竞争的能力。也可以说，这次深化改革的最终目标我认为是要激活国企的价值创造能量，提高人力资源效能，最终打造国有企业的软实力，提升其全球化竞争的能力。

国企现在从规模上来讲进入世界500强排行榜的不算少，但某种意义上来说只是“500大”，而不是“500强”。真正的“强”是要强在企业软实力上，主要体现在人才、技术、品牌、管理、机制、文化方面，而这几个要素恰恰是国有企业在跟全球企业进行对标时表现出来的短板。前两年我们在做对标研究时发现，上榜“世界500强”的中国企业的不足之处是自主创新能力，这成为我们企业参与全球竞争的软肋。此外，一些国有企业的管理模式、商业模式也比较落后。所以我们说人才、技术、品牌、管理、机制、文化这都是国有企业要大力提升的软实力。软实力不提升的话，在全球化竞争过程中就有可能永远也追赶不上发达国家。

所以我认为，在思考国有企业的人力资源制度如何创新之前，要深刻认识这两大背景：一是国有企业全面深化改革的要点所在；二是如何提升国有企业参与全球竞争的核心竞争力。

（二）国企人力资源应顺应大势主动变革

前面讲了两大背景，我接着讲一下我的思路，就是下一步国有企业人力资源应该如何创新机制体制以顺应全面深化改革的大势。

首先，我认为要透彻理解国有企业全面深化改革这件事。事实上这次全面深化改革是国企真正走向现代公司治理的一个转折点，我认为可以称之为“改革红利”。这一轮的改革所提供的制度红利一方面要真正促进国企提升全球竞争力，另外一方面是提升国有企业人均效能。

其次，要抓住国企人力资源的核心问题——机制、制度进行创新。我认为国企人力资源管理最大的问题还是在于其机制、制度不符合现代公司治理要求，不符合全球竞争力的要求，不利于全球整合人才。现在体制障碍已经解决了，但是人才的瓶颈、软实力的瓶颈要靠企业以主动变革的智慧和勇气去进行创新突破，要从过去人事行政化走向人才的市场化。

这就涉及我们今天所要谈的核心问题。就是在这轮全面深化改革背景下，体制障碍已经解除了，国有企业在人力资源机制制度上要有主动变革意识，要从要政策等政策转向大胆创新实践、系统突破。从被动改革到主动改革，谁主动谁就有可能在这轮改革中走到前面。

那么从机制创新的角度，我觉得有这么两个大的层面：一个层面是基于现代公司治理制度的人力资源机制创新，主要是从领导层、高层管理者的领导力的角度来进行创新变革。比如建立董事会、经营管理团队的选拔机制、评价机制、激励机制和约束机制，即要据现代公司治理的要求构建职业经理人队伍。职业经理人队伍不光指的是经营管理，其实董事长在某些意义上也是职业经理人，它只是国有资产的一个代表。

另一个层面是基于人力资源专业职能的市场化机制创新。从人力资源专业职能来讲，国有企业机制制度创新最根本的还是要激活人的价值创造能量。从对象来说，一个是干部的领导力，另一个是基层员工的活力。干部管理的机制创新关键是如何从官本位真正走向职业经理人队伍，基层员工的激活是要解决如何从“国有”身份走向市场化身份。有人形容国企改革历程中基层员工的身份认同变化是：打破了铁饭碗变成泥饭碗，泥饭碗现在变成了金饭碗，摔都摔不破。不仅身份认同感强，还有劳动法保护、维护社会稳定要求下的各种保护。所以，基层员工的“转身份”在改革实践可能是一个很大的难点。

此外，人力资源进行市场化机制创新还要涉及评价机制、竞争淘汰机制、约束机制、激励机制、人才的配置与再配置机制等。

（三）三大改革驱动力与机制创新突破点

全面深化改革对于人力资源机制体制创新所提出来的要求，一是产权结构的优化带来公司治理模式的变化，体现在人力资源方面，就是领导者、管理层的构成变化；二是国有企业管理体制变化意味着人力管控模式不一样了，要构建基于现代公司治理制度的人力资源管理体系；三是要从行政主导人才配置走向市场化配置、全球化配置。

从另一个角度来说，刚才谈到的这三点要求其实也是国企人力资源机制制度创新的三大驱动力量：产权结构改革的力量、管理模式变革的力量和市场化配置的力量。

在这三大力量驱动下，国有企业的定位与国有企业的绩效管理目标、绩效价值取向将发生巨大变化。对于竞争性企业来说，第一，企业的绩效管理价值取向要发生变化。

一是人力资源管理更需要支撑企业的战略绩效目标，要围绕战略绩效目标来构建企业的人力资源体系。这就意味着国有企业人力资源要告别过去的行政人事的专业职能定位，转变为站在战略和变革的角度去进行人力资源体系重构和管控。

二是人力资源组织体制要发生变化。要通过人力资源委员会去提升国有企业组织管理的层次。这时候，人力资源管理不再是一个部门的事情，而是要回归到全体管理者的责任、CEO

的责任。因为需要围绕公司重大变革、重大项目进行人才的整合和人才机制的创新。

三是人力资源部的角色定位现在真正到了转变的时候。不能再像过去那样，上级让你怎么干就怎么干，现在你必须抬头看公司的战略目标是什么，依据战略绩效目标来决定人力资源部该做些什么。

第二，对国有企业企业家和职业经理人队伍的领导力提出了全新的要求。国有企业企业家这支职业经理人队伍有了新使命、新角色，需要具备新的领导力。使命、角色的变化对领导者的素质要求提出了不一样的要求，领导者的能力构成要素就要发生变化。对竞争性国企领导者的领导力要求最核心的一点是要提高全球领导力。我一直认为国企领导应该具备三种领导力：可持续发展领导力，产业领袖领导力，全球领导力。可持续发展领导力是要求干部具有长远发展的意识，产业领袖领导力是要懂得产业整合，全球领导力则要求要有全球眼光，全球的沟通能力。

第三，对人力资源专业职能的要求也不一样了。国有企业人才的选拔机制、评价机制、激励机制（包括分配机制）和约束机制就都要进行根本转变。

所以我觉得在三大改革驱动力下国企人力资源会发生三方面的变化：第一企业绩效取向要转向为服务于企业战略，第二是对领导力的要求发生变化，第三是对人力资源专业职能上的要求的变化。

那么，国企进行人力资源机制创新我认为有这么几个重点，也可以说是突破点。

首先是国企领导层的激励机制问题。在深化改革背景下，国企高层领导除在选拔、定位、使命上的创新外，很重要的一点是要加大对企业家的长期激励。对企业家的长期激励机制的缺乏是国企现在面临的重要问题之一。这里面一方面涉及股权的问题，另一方面涉及一般员工跟企业家之间的平衡问题。

其次是员工持股问题。在国企改革过程中一定要考虑员工的利益，但是员工一旦变成股东，又跟我们原有的市场化机制有所矛盾，这是从深层次来说现在要研究解决的一个大问题。还有一个大问题就是前面说到的中基层员工的身份认同问题，如何真正在企业内部实现以价值创造者为本，依据每个人对企业的贡献进行有效激励。

有的企业家说："我们的人力资源管理目标是让员工幸福。"我说那首先得有一个定义：让什么样的人幸福？如果这个企业让懒人幸福、让占着位子不作为、让消耗资源不创造价值的员工幸福，那这个企业死定了。所以我一再提出，目前国有企业人力资源管理创新对中基层员工来讲，最重要的是激活人才、激发价值创造。

最后是如何从以岗位为核心的官本位管理机制转换到以责任和能力为核心的人力资源体系。官本位文化是国企人力资源管理创新在企业内部面临的一个最大障碍。在有些国企里，官本位带来的文化、习惯根深蒂固，完全制约了人们的观念和思维方式。这是最应该改变的，却也是最难改变的。

（四）适应互联网时代要求是改革新命题

在国有企业全面深化改革的要求下，国企人力资源体制创新一方面要适应市场化机制的要求，另一方面要适应全球竞争力的要求，此外还要适应互联网的要求。

全面深化改革对国企人力资源管理的核心要求是实现市场化的人才配置机制，全球竞争力的核心要求是提升全球领导力。而一些国企内以岗位为核心、以官本位文化为核心的人力资源机制文化已经不适应互联网时代的要求了。面对由“90后”为主体的互联网时代的新生代员工，面对互联网时代人们价值取向多元化，以及信息的日益对称和沟通无边界，国企人力资源体系必须要从过去以岗位为核心转变到以责任能力为核心，适应互联网时代的特点和要求。

那么，在市场化机制、全球竞争力和互联网时代这三大要求下，国企的人力资源机制创新比以往任何时候都要复杂，而且比民营企业人力资源机制创新的要求更高。所以我们强调，国企人力资源机制体制创新需要顶层设计，首先要全面深刻理解这一轮国企改革的“深意”，然后要深刻理解全球化的特征和要求，还要以与时俱进的精神理解互联网。

这时候其实我们的人力资源机制制度创新也要具备互联网思维，比如“只抓一点，不及其他”，简单来说就是抓住当前改革最根本、最核心、最迫切的东西，以点带面，由“点”的创新到系统创新。

推荐作者得新书！

博瑞森征稿启事

亲爱的读者朋友：

感谢您选择了博瑞森图书！希望您手中的这本书能给您带来实实在在的帮助！

博瑞森一直致力于发掘好作者、好内容，希望能把您最需要的思想、方法，一字一句地交到您手中，成为管理知识与管理实践的桥梁。

但是我们也知道，有很多深入企业一线、经验丰富、乐于分享的优秀专家，或者忙于实战没时间，或者缺少专业的写作指导和便捷的出版途径，只能茫然以待……

还有很多在竞争大潮中坚守的企业，有着异常宝贵的实践经验和独特的洞察，但缺少专业的记录和整理者，无法让企业的经验和故事被更多的人了解、学习……

对读者而言，这些都太遗憾了！

博瑞森非常希望能将这些埋藏的“宝藏”发掘出来，贡献给广大读者，让更多的人从中受益。

所以，我们真心地邀请您，我们的老读者，帮我们搜寻：

推荐作者

可以是您自己或您的朋友，只要对本土管理有实践、有思考；可以是您通过网络、杂志、书籍或其他途径了解的某位专家，不管名气大小，只要他的思想和方法曾让您深受启发。

可以是管理类作品，也可以超出管理，各类优秀的社科作品或学术作品。

推荐企业

可以是您自己所在的企业，或者是您熟悉的某家企业，其创业过程、运营经历、产品研发、机制创新，等等。无论企业大小，只要乐于分享、有值得借鉴书写之处。

总之，好内容就是一切！

博瑞森绝非“自费出书”，出版费用完全由我们承担。您推荐的作者或企业案例一经采用，我们会立刻向您赠送书币 1000 元，可直接换取任何博瑞森图书的纸书或电子书。

感谢您对本土管理原创、博瑞森图书的支持！

推荐投稿邮箱：bookgood@126. com　　推荐手机：13611149991

1120 本土管理实践与创新论坛

这是由100多位本土管理专家联合创立的企业管理实践学术交流组织，旨在孵化本土管理思想、促进企业管理实践、加强专家间交流与协作。

论坛每年集中力量办好两件大事：第一，“**出一本书**”，汇聚一年的思考和实践，把最原创、最前沿、最实战的内容

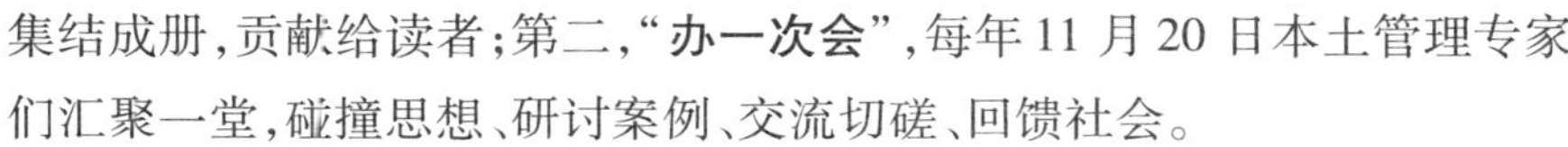

集结成册，贡献给读者；第二，“**办一次会**”，每年11月20日本土管理专家们汇聚一堂，碰撞思想、研讨案例、交流切磋、回馈社会。

论坛理事名单（以年龄为序，以示传承之意）

首届常务理事：

彭志雄　曾　伟　施　炜　杨　涛　张学军
郭　晓　程绍珊　胡八一　王祥伍　李志华
陈立云　杨永华

理　　事：

卢根鑫　王铁仁　周荣辉　曾令同　陆和平　宋杼宸　张国祥
刘承元　曹子祥　宋新宇　吴越舟　吴　坚　戴欣明　仲昭川
刘春雄　刘祖轲　段继东　何　慕　秦国伟　贺兵一　张小虎
郭　剑　余晓雷　黄中强　朱玉童　沈　坤　阎立忠　张　进
丁兴良　朱仁健　薛宝峰　史贤龙　卢　强　史幼波　叶敦明
王明胤　陈　明　岑立聪　方　刚　何足奇　周　俊　杨　奕
孙行健　孙嘉晖　张东利　郭富才　叶　宁　何　屹　沈　奎
王　超　马宝琳　谭长春　夏惊鸣　张　博　李洪道　胡浪球
孙　波　唐江华　程　翔　刘红明　杨鸿贵　伯建新　高可为
李　蓓　王春强　孔祥云　贾同领　罗宏文　史立臣　李政权
余　盛　陈小龙　尚　锋　邢　雷　余伟辉　李小勇　全怀周

初勇钢　陈　锐　高继中　聂志新　黄　屹　沈　拓　徐伟泽
谭洪华　崔自三　王玉荣　蒋　军　侯军伟　黄润霖　金国华
吴　之　葛新红　周　剑　崔海鹏　柏　龑　唐道明　朱志明
曲宗恺　杜　忠　远　鸣　范月明　刘文新　赵晓萌　张　伟
韩　旭　韩友诚　熊亚柱　孙彩军　刘　雷　王庆云　李少星
俞士耀　丁　昀　黄　磊　罗晓慧　伏泓霖　梁小平　鄢圣安

企业案例·老板传记

	书名．作者	内容/特色	读者价值
企业案例·老板传记	**你不知道的加多宝：原市场部高管讲述** 曲宗恺　牛玮娜　著	前加多宝高管解读加多宝	全景式解读，原汁原味
	借力咨询：德邦成长背后的秘密 官同良　王祥伍　著	讲述德邦是如何借助咨询公司的力量进行自身 与发展的	来自德邦内部的第一线资料，真实、珍贵，令人受益匪浅
	收购后怎样有效整合：一个重工业收购整合实录(待出版) 李少星　著	讲述企业并购后的事	语言轻松活泼，对并购后的企业有借鉴作用
	娃哈哈区域标杆：豫北市场营销实录 罗宏文　赵晓萌　等著	本书从区域的角度来写娃哈哈河南分公司豫北市场是怎么进行区域市场营销，成为娃哈哈全国第一大市场、全国增量第一高市场的一些操作方法	参考性、指导性，一线真实资料
	六个核桃凭什么：从0过100亿 张学军　著	首部全面揭秘养元六个核桃裂变式成长的巨著	学习优秀企业的成长路径，了解其背后的理论体系
	像六个核桃一样：打造畅销品的36个简明法则 王　超　范　萍　著	本书分上下两篇：包括“六个核桃”的营销战略历程和36条畅销法则	知名企业的战略历程极具参考价值，36条法则提供操作方法
	解决方案营销实战案例 刘祖轲　著	用10个真案例讲明白什么是工业品的解决方案式营销，实战、实用	有干货、真正操作过的才能写得出来
	招招见销量的营销常识 刘文新　著	如何让每一个营销动作都直指销量	适合中小企业，看了就能用
	我们的营销真案例 联纵智达研究院　著	五芳斋粽子从区域到全国/诺贝尔瓷砖门店销量提升/利豪家具出口转内销/汤臣倍健的营销模式	选择的案例都很有代表性，实在、实操！
	中国营销战实录：令人拍案叫绝的营销真案例 联纵智达　著	51个案例，42家企业，38万字，18年，累计2000余人次参与……	最真实的营销案例，全是一线记录，开阔眼界
	双剑破局：沈坤营销策划案例集 沈　坤　著	双剑公司多年来的精选案例解析集，阐述了项目策划中每一个营销策略的诞生过程，策划角度和方法	一线真实案例，与众不同的策划角度令人拍案叫绝、受益匪浅
	宗：一位制造业企业家的思考 杨　涛　著	1993年创业，引领企业平稳发展20多年，分享独到的心得体会	难得的一本老板分享经验的书
	简单思考：AMT咨询创始人自述 孔祥云　著	著名咨询公司(AMT)的CEO创业历程中点点滴滴的经验与思考	每一位咨询人，每一位创业者和管理经营者，都值得一读
	边干边学做老板 黄中强　著	创业20多年的老板，有经验、能写、又愿意分享，这样的书很少	处处共鸣，帮助中小企业老板少走弯路
	三四线城市超市如何快速成长：解密甘雨亭 IBMG国际商业管理集团　著	国内外标杆企业的经验+本土实践量化数据+操作步骤、方法	通俗易懂，行业经验丰富，宝贵的行业量化数据，关键思路和步骤
	中国首家未来超市：解密安徽乐城 IBMG国际商业管理集团　著	本书深入挖掘了安徽乐城超市的试验案例，为零售企业未来的发展提供了一条可借鉴之路	通俗易懂，行业经验丰富，宝贵的行业量化数据，关键思路和步骤

续表

互联网+			
书名．作者		内容/特色	读者价值
互联网+	**互联网时代的银行转型** 韩友诚　著	以大量案例形式为读者全面展示和分析了银行的互联网金融转型应对之道	结合本土银行转型发展案例的书籍
	正在发生的转型升级·实践 本土管理实践与创新论坛　著	企业在快速变革期所展现出的管理变革新成果、新方法、新案例	重点突出对于未来企业管理相关领域的趋势研判
	触发需求：互联网新营销样本·水产 何足奇　著	传统产业都在苦闷中挣扎前行，本书通过鲜活的案例告诉你如何以需求链整合供应链，从而把大家熟知的传统行业打碎了重构、重做一遍	全是干货，值得细读学习，并且作者的理论已经经过了他亲自操刀的实践检验，效果惊人，就在书中全景展示
	移动互联新玩法：未来商业的格局和趋势 史贤龙　著	传统商业、电商、移动互联，三个世界并存，这种新格局的玩法一定要懂	看清热点的本质，把握行业先机，一本书搞定移动互联网
	微商生意经：真实再现33个成功案例操作全程 伏泓霖　罗晓慧　著	本书为33个真实案例，分享案例主人公在做微商过程中的经验教训	案例真实，有借鉴意义
	阿里巴巴实战运营——14招玩转诚信通 聂志新　著	本书主要介绍阿里巴巴诚信通的十四个基本推广操作，从而帮助使用诚信通的用户及企业更好地提升业绩	基本操作，很多可以边学边用，简单易学
	今后这样做品牌：移动互联时代的品牌营销策略 蒋　军　著	与移动互联紧密结合，告诉你老方法还能不能用，新方法怎么用	今后这样做品牌就对了
	互联网+"变"与"不变"：本土管理实践与创新论坛集萃．2016 本土管理实践与创新论坛　著	本土管理领域正在产生自己独特的理论和模式，尤其在移动互联时代，有很多新课题需要本土专家们一起研究	帮助读者拓宽眼界、突破思维
	创造增量市场：传统企业互联网转型之道 刘红明　著	传统企业需要用互联网思维去创造增量，而不是用电子商务去转移传统业务的存量	教你怎么在"互联网+"的海洋中创造实实在在的增量
	重生战略：移动互联网和大数据时代的转型法则 沈　拓　著	在移动互联网和大数据时代，传统企业转型如同生命体打算与再造，称之为"重生战略"	帮助企业认清移动互联网环境下的变化和应对之道
	画出公司的互联网进化路线图：用互联网思维重塑产品、客户和价值 李　蓓　著	18个问题帮助企业一步步梳理出互联网转型思路	思路清晰、案例丰富，非常有启发性
	7个转变，让公司3年胜出 李　蓓　著	消费者主权时代，企业该怎么办	这就是互联网思维，老板有能这样想，肯定倒不了
	跳出同质思维，从跟随到领先 郭　剑　著	66个精彩案例剖析，帮助老板突破行业长期思维惯性	做企业竟然有这么多玩法，开眼界

续表

<table>
<tr><th colspan="4">行业类：零售、白酒、食品/快消品、农业、医药、建材家居等</th></tr>
<tr><th colspan="2">书名．作者</th><th>内容/特色</th><th>读者价值</th></tr>
<tr><td rowspan="9">零售·超市·餐饮·服装</td><td>1. 总部有多强大，门店就能走多远
2. 超市卖场定价策略与品类管理
3. 连锁零售企业招聘与培训破解之道
4. 中国首家未来超市：解密安徽乐城
5. 三四线城市超市如何快速成长：解密甘雨亭
IBMG 国际商业管理集团　著</td><td>国内外标杆企业的经验 + 本土实践量化数据 + 操作步骤、方法</td><td>通俗易懂，行业经验丰富，宝贵的行业量化数据，关键思路和步骤</td></tr>
<tr><td>涨价也能卖到翻
村松达夫　【日】</td><td>提升客单价的 15 种实用、有效的方法</td><td>日本企业在这方面非常值得学习和借鉴</td></tr>
<tr><td>移动互联下的超市升级
联商网专栏频道　著</td><td>深度解析超市转型升级重点</td><td>帮助零售企业把握全局、看清方向</td></tr>
<tr><td>手把手教你做专业督导：专卖店、连锁店
熊亚柱　著</td><td>从督导的职能、作用，在工作中需要的专业技能、方法，都提供了详细的解读和训练办法，同时附有大量的表单工具</td><td>无论是店铺需要统一培训，还是个人想成为优秀的督导，有这一本就够了</td></tr>
<tr><td>百货零售全渠道营销策略
陈继展　著</td><td>没有照本宣科、说教式的絮叨，只有笔者对行业的认知与理解，庖丁解牛式的逐项解析、展开</td><td>通俗易懂，花极少的时间快速掌握该领域的知识及趋势</td></tr>
<tr><td>零售：把客流变成购买力
丁　昀　著</td><td>如何通过不断升级产品和体验式服务来经营客流</td><td>如何进行体验营销，国外的好经营，这方面有启发</td></tr>
<tr><td>餐饮企业经营策略第一书
吴　坚　著</td><td>分别从产品、顾客、市场、盈利模式等几个方面，对现阶段餐饮企业的发展提出策略和思路</td><td>第一本专业的、高端的餐饮企业经营指导书</td></tr>
<tr><td>电影院的下一个黄金十年：开发·差异化·案例
李保煜　著</td><td>对目前电影院市场存大的问题及如何解决进行了探讨与解读</td><td>多角度了解电影院运营方式及代表性案例</td></tr>
<tr><td>赚不赚钱靠店长：从懂管理到会经营
孙彩军　著</td><td>通过生动的案例来进行剖析，注重门店管理细节方面的能力提升</td><td>帮助终端门店店长在管理门店的过程中实现经营思路的拓展与突破</td></tr>
<tr><td rowspan="2">耐消品</td><td>汽车配件这样卖：汽车后市场销售秘诀 100 条
俞士耀　著</td><td>汽配销售业务员必读，手把手教授最实用的方法，轻松得来好业绩</td><td>快速上岗，专业实效，业绩无忧</td></tr>
<tr><td>跟行业老手学经销商开发与管理：家电、耐消品、建材家居
黄润霖　著</td><td>全部来源于经销商管理的一线问题，作者用丰富的经验将每一个问题落实到最便捷快速的操作方法上去</td><td>书中每一个问题都是普通营销人亲口提出的，这些问题你也会遇到，作者进行的解答则精彩实用</td></tr>
<tr><td rowspan="2">白酒</td><td>白酒到底如何卖
赵海永　著</td><td>以市场实战为主，多层次、全方位、多角度地阐释了白酒一线市场操作的最新模式和方法，接地气</td><td>实操性强，37 个方法、6 大案例帮你成功卖酒</td></tr>
<tr><td>变局下的白酒企业重构
杨永华　著</td><td>帮助白酒企业从产业视角看清趋势，找准位置，实现弯道超车的书</td><td>行业内企业要减少 90%，自己在什么位置，怎么做，都清楚了</td></tr>
</table>

续表

白酒	**1. 白酒营销的第一本书(升级版)** **2. 白酒经销商的第一本书** 唐江华　著	华泽集团湖南开口笑公司品牌部长，擅长酒类新品推广、新市场拓展	扎根一线，实战
	区域型白酒企业营销必胜法则 朱志明　著	为区域型白酒企业提供35条必胜法则，在竞争中赢销的葵花宝典	丰富的一线经验和深厚积累，实操实用
	10步成功运作白酒区域市场 朱志明　著	白酒区域操盘者必备，掌握区域市场运作的战略、战术、兵法	在区域市场的攻伐防守中运筹帷幄，立于不败之地
	酒业转型大时代：微酒精选2014－2015 微酒　主编	本书分为五个部分：当年大事件、那些酒业营销工具、微酒独立策划、业内大调查和十大经典案例	了解行业新动态、新观点，学习营销方法
快消品·食品	**5小时读懂快消品营销：中国快消品案例观察** 陈海超　著	多年营销经验的一线老手把案例掰开了、揉碎了，从中得出的各种手段和方法给读者以帮助和启发	营销那些事儿的个中秘辛，求人还不一定告诉你，这本书里就有
	快消品招商的第一本书：从入门到精通 刘　雷　著	深入浅出，不说废话，有工具方法，通俗易懂	让零基础的招商新人快速学习书中最实用的招商技能，成长为骨干人才
	乳业营销第一书 侯军伟　著	对区域乳品企业生存发展关键性问题的梳理	唯一的区域乳业营销书，区域乳品企业一定要看
	食用油营销第一书 余　盛　著	10多年油脂企业工作经验，从行业到具体实操	食用油行业第一书，当之无愧
	中国茶叶营销第一书 柏　龑　著	如何跳出茶行业"大文化小产业"的困境，作者给出了自己的观察和思考	不是传统做茶的思路，而是现在商业做茶的思路
	调味品营销第一书 陈小龙　著	国内唯一一本调味品营销的书	唯一的调味品营销的书，调味品的从业者一定要看
	快消品营销人的第一本书：从入门到精通 刘　雷　伯建新　著	快消行业必读书，从入门到专业	深入细致，易学易懂
	变局下的快消品营销实战策略 杨永华　著	通胀了，成本增加，如何从被动应战变成主动的"系统战"	作者对快消品行业非常熟悉、非常实战
	快消品经销商如何快速做大 杨永华　著	本书完全从实战的角度，评述现象，解析误区，揭示原理，传授方法	为转型期的经销商提供了解决思路，指出了发展方向
	一位销售经理的工作心得 蒋　军　著	一线营销管理人员想提升业绩却无从下手时，可以看看这本书	一线的真实感悟
	快消品营销：一位销售经理的工作心得2 蒋　军　著	快消品、食品饮料营销的经验之谈，重点图书	来源与实战的精华总结
	快消品营销与渠道管理 谭长春　著	将快消品标杆企业渠道管理的经验和方法分享出来	可口可乐、华润的一些具体的渠道管理经验，实战
	成为优秀的快消品区域经理(升级版) 伯建新　著	用"怎么办"分析区域经理的工作关键点，增加30%全新内容，更贴近环境变化	可以作为区域经理的"速成催化器"
	销售轨迹：一位快消品营销总监的拼搏之路 秦国伟　著	本书讲述了一个普通销售员打拼成为跨国企业营销总监的真实奋斗历程	激励人心，给广大销售员以力量和鼓舞

续表

快消品·食品	**快消老手都在这样做:区域经理操盘锦囊** 方刚　著	非常接地气,全是多年沉淀下来的干货,丰富的一线经验和实操方法不可多得	在市场摸爬滚打的“老油条”,那些独家绝招妙招一般你问都是问不来的
快消品·食品	**动销四维:全程辅导与新品上市** 高继中　著	从产品、渠道、促销和新品上市详细讲解提高动销的具体方法,总结作者18年的快消品行业经验,方法实操	内容全面系统,方法实操
农业	**新农资如何换道超车** 刘祖轲　等著	从农业产业化、互联网转型、行业营销与经营突破四个方面阐述如何让农资企业占领先机、提前布局	南方略专家告诉你如何应对资源浪费、生产效率低下、产能严重过剩、价格与价值严重扭曲等
农业	**中国牧场管理实战:畜牧业、乳业必读** 黄剑黎　著	本书不仅提供了来自一线的实际经验,还收入了丰富的工具文档与表单	填补空白的行业必读作品
农业	**中小农业企业品牌战法** 韩　旭　著	将中小农业企业品牌建设的方法,从理论讲到实践,具有指导性	全面把握品牌规划,传播推广,落地执行的具体措施
农业	**农资营销实战全指导** 张　博　著	农资如何向“深度营销”转型,从理论到实践进行系统剖析,经验资深	朴实、使用!不可多得的农资营销实战指导
农业	**农产品营销第一书** 胡浪球　著	从农业企业战略到市场开拓、营销、品牌、模式等	来源于实践中的思考,有启发
农业	**变局下的农牧企业9大成长策略** 彭志雄　著	食品安全、纵向延伸、横向联合、品牌建设……	唯一的农牧企业经营实操的书,农牧企业一定要看
医药	**在中国,医药营销这样做:时代方略精选文集** 段继东　主编	专注于医药营销咨询15年,将医药营销方法的精华文章合编,深入全面	可谓医药营销领域的顶尖著作,医药界读者的必读书
医药	**医药新营销:制药企业、医药商业企业营销模式转型** 史立臣　著	医药生产企业和商业企业在新环境下如何做营销?老方法还有没有用?如何寻找新方法?新方法怎么用?本书给你答案	内容非常现实接地气,踏实谈问题说方法
医药	**医药企业转型升级战略** 史立臣　著	药企转型升级有5大途径,并给出落地步骤及风险控制方法	实操性强,有作者个人经验总结及分析
医药	**新医改下的医药营销与团队管理** 史立臣　著	探讨新医改对医药行业的系列影响和医药团队管理	帮助理清思路,有一个框架
医药	**医药营销与处方药学术推广** 马宝琳　著	如何用医学策划把“平民产品”变成“明星产品”	有真货、讲真话的作者,堪称处方药营销的经典!
医药	**新医改了,药店就要这样开** 尚　锋　著	药店经营、管理、营销全攻略	有很强的实战性和可操作性
医药	**电商来了,实体药店如何突围** 尚　锋　著	电商崛起,药店该如何突围?本书从促销、会员服务、专业性、客单价等多重角度给出了指导方向	实战攻略,拿来就能用
医药	**OTC医药代表药店销售36计** 鄢圣安　著	以《三十六计》为线,写OTC医药代表向药店销售的一些技巧与策略	案例丰富,生动真实,实操性强

续表

医药	**OTC医药代表药店开发与维护** 鄢圣安　著	要做到一名专业的医药代表,需要做什么、准备什么、知识储备、操作技巧等	医药代表药店拜访的指导手册,手把手教你快速上手
	引爆药店成交率1:店员导购实战 范月明　著	一本书解决药店导购所有难题	情景化、真实化、实战化
	引爆药店成交率2:经营落地实战 范月明　著	最接地气的经营方法全指导	揭示了药店经营的几类关键问题
	引爆药店成交率:专业化销售解决方案(待出版) 范月明　著	药品搭配分析与关联销售	为药店人专业化助力
建材家居	**建材家居营销:除了促销还能做什么** 孙嘉晖　著	一线老手的深度思考,告诉你在建材家居营销模式基本停滞的今天,除了促销,营销还能怎么做	给你的想法一场革命
	建材家居营销实务 程绍珊　杨鸿贵　主编	价值营销运用到建材家居,每一步都让客户增值	有自己的系统、实战
	建材家居门店销量提升 贾同领　著	店面选址、广告投放、推广助销、空间布局、生动展示、店面运营等	门店销量提升是一个系统工程,非常系统、实战
	10步成为最棒的建材家居门店店长 徐伟泽　著	实际方法易学易用,让员工能够迅速成长,成为独当一面的好店长	只要坚持这样干,一定能成为好店长
	手把手帮建材家居导购业绩倍增:成为顶尖的门店店员 熊亚柱　著	生动的表现形式,让普通人也能成为优秀的导购员,让门店业绩长红	读着有趣,用着简单,一本在手、业绩无忧
	建材家居经销商实战42章经 王庆云　著	告诉经销商:老板怎么当、团队怎么带、生意怎么做	忠言逆耳,看着不舒服就对了,实战总结,用一招半式就值了
工业品	**销售是门专业活:B2B、工业品** 陆和平　著	销售流程就应该跟着客户的采购流程和关注点的变化向前推进,将一个完整的销售过程分成十个阶段,提供具体方法	销售不是请客吃饭拉关系,是个专业的活计!方法在手,走遍天下不愁
	解决方案营销实战案例 刘祖轲　著	用10个真案例讲明白什么是工业品的解决方案式营销,实战、实用	有干货、真正操作过的才能写得出来
	变局下的工业品企业7大机遇 叶敦明　著	产业链条的整合机会、盈利模式的复制机会、营销红利的机会、工业服务商转型机会……	工业品企业还可以这样做,思维大突破
	工业品市场部实战全指导 杜　忠　著	工业品市场部经理工作内容全指导	系统、全面、有理论、有方法,帮助工业品市场部经理更快提升专业能力
	工业品营销管理实务 李洪道　著	中国特色工业品营销体系的全面深化、工业品营销管理体系优化升级	工具更实战,案例更鲜活,内容更深化
	工业品企业如何做品牌 张东利　著	为工业品企业提供最全面的品牌建设思路	有策略、有方法、有思路、有工具
	丁兴良讲工业4.0 丁兴良　著	没有枯燥的理论和说教,用朴实直白的语言告诉你工业4.0的全貌	工业4.0是什么?本书告诉你答案

续表

工业品	**资深大客户经理：策略准，执行狠** 叶敦明　著	从业务开发、发起攻势、关系培育、职业成长四个方面，详述了大客户营销的精髓	满满的全是干货
	一切为了订单：订单驱动下的工业品营销实战 唐道明　著	其实，所有的企业都在围绕着两个字在开展全部的经营和管理工作，那就是"订单"	开发订单、满足订单、扩大订单。本书全是实操方法，字字珠玑、句句干货，教你获得营销的胜利
金融	**交易心理分析** （美）马克·道格拉斯　著 刘真如　译	作者一语道破赢家的思考方式，并提供了具体的训练方法	不愧是投资心理的第一书，绝对经典
	精品银行管理之道 崔海鹏　何　屹　主编	中小银行转型的实战经验总结	中小银行的教材很多，实战类的书很少，可以看看
	支付战争 Eric M. Jackson　著 徐　彬　王　晓　译	PayPal 创业期营销官，亲身讲述 PayPal 从诞生到壮大到成功出售的整个历史	激烈、有趣的内幕商战故事！了解美国支付市场的风云巨变
	互联网时代的银行转型 韩友诚　著	以大量案例形式为读者全面展示和分析了银行的互联网金融转型应对之道	结合本土银行转型发展案例的书籍
房地产	**产业园区/产业地产规划、招商、运营实战** 阎立忠　著	目前中国第一本系统解读产业园区和产业地产建设运营的实战宝典	从认知、策划、招商到运营全面了解地产策划
	人文商业地产策划 戴欣明　著	城市与商业地产战略定位的关键是不可复制性，要发现独一无二的"味道"	突破千城一面的策划困局
	电影院的下一个黄金十年：开发·差异化·案例 李保煜　著	对目前电影院市场存大的问题及如何解决进行了探讨与解读	多角度了解电影院运营方式及代表性案例

经营类：企业如何赚钱，如何抓机会，如何突破，如何"开源"

	书名．作者	内容/特色	读者价值
抓方向	**让经营回归简单．升级版** 宋新宇　著	化繁为简抓住经营本质：战略、客户、产品、员工、成长	经典，做企业就这几个关键点！
	混沌与秩序Ⅰ：变革时代企业领先之道 **混沌与秩序Ⅱ：变革时代管理新思维** 彭剑锋　尚艳玲　主编	汇集华夏基石专家团队 10 年来研究成果，集中选择了其中的精华文章编纂成册	作者都是既有深厚理论积淀又有实践经验的重磅专家，为中国企业和企业家的未来提出了高屋建瓴的观点
	活系统：跟任正非学当老板 孙行健　尹　贤　著	以任正非的独到视角，教企业老板如何经营公司	看透公司经营本质，激活企业活力
	公司由小到大要过哪些坎 卢　强　著	老板手里的一张"企业成长路线图"	现在我在哪儿，未来还要走哪些路，都清楚了
	企业二次创业成功路线图 夏惊鸣　著	企业曾经抓住机会成功了，但下一步该怎么办？	企业怎样获得第二次成功，心里有个大框架了
	老板经理人双赢之道 陈　明　著	经理人怎养选平台、怎么开局，老板怎样选/育/用/留	老板生闷气，经理人牢骚大，这次知道该怎么办了
	简单思考：AMT 咨询创始人自述 孔祥云　著	著名咨询公司（AMT）的 CEO 创业历程中点点滴滴的经验与思考	每一位咨询人，每一位创业者和管理经营者，都值得一读
	企业文化的逻辑 王祥伍　黄健江　著	为什么企业绩效如此不同，解开绩效背后的文化密码	少有的深刻，有品质，读起来很流畅
	使命驱动企业成长 高可为　著	钱能让一个人今天努力，使命能让一群人长期努力	对于想做事业的人，'使命'是绕不过去的

续表

思维突破	**移动互联新玩法:未来商业的格局和趋势** 史贤龙　著	传统商业、电商、移动互联,三个世界并存,这种新格局的玩法一定要懂	看清热点的本质,把握行业先机,一本书搞定移动互联网
	画出公司的互联网进化路线图:用互联网思维重塑产品、客户和价值 李　蓓　著	18 个问题帮助企业一步步梳理出互联网转型思路	思路清晰、案例丰富,非常有启发性
	重生战略:移动互联网和大数据时代的转型法则 沈　拓　著	在移动互联网和大数据时代,传统企业转型如同生命体打算与再造,称之为"重生战略"	帮助企业认清移动互联网环境下的变化和应对之道
	创造增量市场:传统企业互联网转型之道 刘红明　著	传统企业需要用互联网思维去创造增量,而不是用电子商务去转移传统业务的存量	教你怎么在"互联网 +"的海洋中创造实实在在的增量
	7 个转变,让公司 3 年胜出 李　蓓　著	消费者主权时代,企业该怎么办	这就是互联网思维,老板有能这样想,肯定倒不了
	跳出同质思维,从跟随到领先 郭　剑　著	66 个精彩案例剖析,帮助老板突破行业长期思维惯性	做企业竟然有这么多玩法,开眼界
	麻烦就是需求　难题就是商机 卢根鑫　著	如何借助客户的眼睛发现商机	什么是真商机,怎么判断、怎么抓,有借鉴
	互联网 +"变"与"不变":本土管理实践与创新论坛集萃·2016 本土管理实践与创新论坛　著	加速本土管理思想的孕育诞生,促进本土管理创新成果更好地服务企业、贡献社会	各个作者本年度最新思想,帮助读者拓宽眼界、突破思维
财务	**写给企业家的公司与家庭财务规划——从创业成功到富足退休** 周荣辉　著	本书以企业的发展周期为主线,写各阶段企业与企业主家庭的财务规划	为读者处理人生各阶段企业与家庭的财务问题提供建议及方法,让家庭成员真正享受财富带来的益处
	互联网时代的成本观 程　翔　著	本书结合互联网时代提出了成本的多维观,揭示了多维组合成本的互联网精神和大数据特征,论述了其产生背景、实现思路和应用价值	在传统成本观下为盈利的业务,在新环境下也许就成为亏损业务。帮助管理者从新的角度来看待成本,进一步做好精益管理

管理类:效率如何提升,如何实现经营目标,如何"节流"

	书名．作者	内容/特色	读者价值
通用管理	**1. 让管理回归简单．升级版** **2. 让经营回归简单．升级版** **3. 让用人回归简单** 宋新宇　著	宋博士的"简单"三部曲,影响 20 万读者,非常经典	被读者热情地称作"中小企业的管理圣经"
	管理:以规则驾驭人性 王春强　著	详细解读企业规则的制定方法	从人与人博弈角度提升管理的有效性
	员工心理学超级漫画版 邢　雷　著	以漫画的形式深度剖析员工心理	帮助管理者更了解员工,从而更轻松地管理员工

续表

通用管理	**分股合心：股权激励这样做** 段磊　周剑　著	通过丰富的案例，详细介绍了股权激励的知识和实行方法	内容丰富全面、易读易懂，了解股权激励，有这一本就够了
	边干边学做老板 黄中强　著	创业20多年的老板，有经验、能写、又愿意分享，这样的书很少	处处共鸣，帮助中小企业老板少走弯路
	中国式阿米巴落地实践之从交付到交易 胡八一　著	本书主要讲述阿米巴经营会计，“从交付到交易”，这是成功实施了阿米巴的标志	阿米巴经营会计的工作是有逻辑关联的，一本书就能搞定
	中国式阿米巴落地实践之激活组织 胡八一　著	重点讲解如何科学划分阿米巴单元，阐述划分的实操要领、思路、方法、技术与工具	最大限度减少“推行风险”和“摸索成本”，利于公司成功搭建适合自身的个性化阿米巴经营体系
	集团化企业阿米巴实战案例 初勇钢　著	一家集团化企业阿米巴实施案例	指导集团化企业系统实施阿米巴
	阿米巴经营的中国模式 李志华　著	让员工从“要我干”到“我要干”，价值量化出来	阿米巴在企业如何落地，明白思路了
	欧博心法：好管理靠修行 曾　伟　著	用佛家的智慧，深刻剖析管理问题，见解独到	如果真的有‘中国式管理’，曾老师是其中标志性人物
流程管理	**1. 用流程解放管理者** **2. 用流程解放管理者2** 张国祥　著	中小企业阅读的流程管理、企业规范化的书	通俗易懂，理论和实践的结合恰到好处
	跟我们学建流程体系 陈立云　著	畅销书《跟我们学做流程管理》系列，更实操，更细致，更深入	更多地分享实践，分享感悟，从实践总结出来的方法论
质量管理	**IATF16949质量管理体系详解与案例文件汇编：TS16949转版IATF16949:2016** 谭洪华　著	针对IATF的新标准做了详细的解说，同时指出了一些推行中容易犯的错误，提供了大量的表单、案例	案例、表单丰富，拿来就用
	五大质量工具详解及运用案例：APQP/FMEA/PPAP/MSA/SPC 谭洪华　著	对制造业必备的五大质量工具中每个文件的制作要求、注意事项、制作流程、成功案例等进行了解读	通俗易懂、简便易行，能真正实现学以致用
	1. ISO9001:2015新版质量管理体系详解与案例文件汇编 **2. ISO14001:2015新版环境管理体系详解与案例文件汇编** 谭洪华　著	紧密围绕2015新版，逐条详细解读，工具也可以直接套用，易学易上手	企业认证、内审必备
战略落地	**重生——中国企业的战略转型** 施　炜　著	从前瞻和适用的角度，对中国企业战略转型的方向、路径及策略性举措提出了一些概要性的建议和意见	对企业有战略指导意义
	公司大了怎么管：从靠英雄到靠组织 AMT 金国华　著	第一次详尽阐释中国快速成长型企业的特点、问题及解决之道	帮助快速成长型企业领导及管理团队理清思路，突破瓶颈
	低效会议怎么改：每年节省一半会议成本的秘密 AMT 王玉荣　著	教你如何系统规划公司的各级会议，一本工具书	教会你科学管理会议的办法
	年初订计划，年尾有结果：战略落地七步成诗 AMT 郭晓　著	7个步骤教会你怎么让公司制定的战略转变为行动	系统规划，有效指导计划实现

续表

人力资源	**HRBP 是这样炼成的之“菜鸟起飞”** 新　海　著	以小说的形式，具体解析 HRBP 的职责，应该如何操作，如何为业务服务	实践者的经验分享，内容实务具体，形式有趣
	HRBP 是这样炼成的之中级修炼 新　海　著	本书以案例故事的方式，介绍了 HRBP 在实际工作中碰到的问题和挑战	书中的 HR 解决方案讲究因时因地制宜、简单有效的原则，重在启发读者思路，可供各类企业 HRBP 借鉴
	回归本源看绩效 孙　波　著	让绩效回顾“改进工具”的本源，真正为企业所用	确实是来源于实践的思考，有共鸣
	世界 500 强资深培训经理人教你做培训管理 陈　锐　著	从 7 大角度具体细致地讲解了培训管理的核心内容	专业、实用、接地气
	曹子祥教你做激励性薪酬设计 曹子祥　著	以激励性为指导，系统性地介绍了薪酬体系及关键岗位的薪酬设计模式	深入浅出，一本书学会薪酬设计
	曹子祥教你做绩效管理 曹子祥　著	复杂的理论通俗化，专业的知识简单化，企业绩效管理共性问题的解决方案	轻松掌握绩效管理
	把招聘做到极致 远　鸣　著	作为世界 500 强高级招聘经理，作者数十年招聘经验的总结分享	带来职场思考境界的提升和具体招聘方法的学习
	人才评价中心．超级漫画版 邢　雷　著	专业的主题，漫画的形式，只此一本	没想到一本专业的书，能写成这效果
	走出薪酬管理误区 全怀周　著	剖析薪酬管理的 8 大误区，真正发挥好枢纽作用	值得企业深读的实用教案
	集团化人力资源管理实践 李小勇　著	对搭建集团化的企业很有帮助，务实，实用	最大的亮点不是理论，而是结合实际的深入剖析
	我的人力资源咨询笔记 张　伟　著	管理咨询师的视角，思考企业的 HR 管理	通过咨询师的眼睛对比很多企业，有启发
	本土化人力资源管理 8 大思维 周　剑　著	成熟 HR 理论，在本土中小企业实践中的探索和思考	对企业的现实困境有真切体会，有启发
企业文化	**36 个拿来就用的企业文化建设工具** 海融心胜　主编	数十个工具，为了方便拿来就用，每一个工具都严格按照工具属性、操作方法、案例解读划分，实用、好用	企业文化工作者的案头必备书，方法都在里面，简单易操作
	华夏基石方法：企业文化落地本土实践 王祥伍　谭俊峰　著	十年积累、原创方法、一线资料，和盘托出	在文化落地方面真正有洞察，有实操价值的书
	企业文化的逻辑 王祥伍　著	为什么企业之间如此不同，解开绩效背后的文化密码	少有的深刻，有品质，读起来很流畅
	企业文化激活沟通 宋杼宸　安　琪　著	透过新任 HR 总经理的眼睛，揭示出沟通与企业文化的关系	有实际指导作用的文化落地读本
	在组织中绽放自我：从专业化到职业化 朱仁健　王祥伍　著	个人如何融入组织，组织如何助力个人成长	帮助企业员工快速认同并投入到组织中去，为企业发展贡献力量
	企业文化定位·落地一本通 王明胤　著	把高深枯燥的专业理论创建成一套系统化、实操化、简单化的企业文化缔造方法	对企业文化不了解，不会做？有这一本从概念到实操，就够了

续表

生产管理	**精益思维:中国精益如何落地** 刘承元　著	笔者二十余年企业经营和咨询管理的经验总结	中国企业需要灵活运用精益思维,推动经营要素与管理机制的有机结合,推动企业管理向前发展
	300 张现场图看懂精益 5S 管理 乐　涛　编著	5S 现场实操详解	案例图解,易懂易学
	高员工流失率下的精益生产 余伟辉　著	中国的精益生产必须面对和解决高员工流失率问题	确实来源于本土的工厂车间,很务实
	车间人员管理那些事儿 岑立聪　著	车间人员管理中处理各种"疑难杂症"的经验和方法	基层车间管理者最闹心、头疼的事,'打包'解决
	1. 欧博心法:好管理靠修行 **2. 欧博心法:好工厂这样管** 曾　伟　著	他是本土最大的制造业管理咨询机构创始人,他从 400 多个项目、上万家企业实践中锤炼出的欧博心法	中小制造型企业,一定会有很强的共鸣
	欧博工厂案例 1:生产计划管控对话录 **欧博工厂案例 2:品质技术改善对话录** **欧博工厂案例 3:员工执行力提升对话录** 曾　伟　著	最典型的问题、最详尽的解析,工厂管理 9 大问题 27 个经典案例	没想到说得这么细,超出想象,案例很典型,照搬都可以了
	工厂管理实战工具 欧博企管　编著	以传统文化为核心的管理工具	适合中国工厂
	苦中得乐:管理者的第一堂必修课 曾　伟　编著	曾伟与师傅大愿法师的对话,佛学与管理实践的碰撞,管理禅的修行之道	用佛学最高智慧看透管理
	比日本工厂更高效 1:管理提升无极限 刘承元　著	指出制造型企业管理的六大积弊;颠覆流行的错误认知;掌握精益管理的精髓	每一个企业都有自己不同的问题,管理没有一剑封喉的秘笈,要从现场、现物、现实出发
	比日本工厂更高效 2:超强经营力 刘承元　著	企业要获得持续盈利,就要开源和节流,即实现销售最大化,费用最小化	掌握提升工厂效率的全新方法
	比日本工厂更高效 3:精益改善力的成功实践 刘承元　著	工厂全面改善系统有其独特的目的取向特征,着眼于企业经营体质(持续竞争力)的建设与提升	用持续改善力来飞速提升工厂的效率,高效率能够带来意想不到的高效益
	3A 顾问精益实践 1:IE 与效率提升 党新民　苏迎斌　蓝旭日　著	系统的阐述了 IE 技术的来龙去脉以及操作方法	使员工与企业持续获利
	3A 顾问精益实践 2:JIT 与精益改善 肖志军　党新民　著	只在需要的时候,按需要的量,生产所需的产品	提升工厂效率
员工素质提升	TTT 培训师精进三部曲(上):深度改善现场培训效果 TTT 培训师精进三部曲(中):构建最有价值的课程内容 TTT 培训师精进三部曲(下):职业功力沉淀与修为提升 廖信琳　著	**从内到外全方位指导企业内训师从专业到卓越**	成为优秀企业内训师/培训师的案头必备书籍

续表

员工素质提升	**手把手教你做专业督导：专卖店、连锁店** 熊亚柱　著	从督导的职能、作用，在工作中需要的专业技能、方法，都提供了详细的解读和训练办法，同时附有大量的表单工具	无论是店铺需要统一培训，还是个人想成为优秀的督导，有这一本就够了
	跟老板“偷师”学创业 吴江萍　余晓雷　著	边学边干，边观察边成长，你也可以当老板	不同于其他类型的创业书，让你在工作中积累创业经验，一举成功
	销售轨迹：一位快消品营销总监的拼搏之路 秦国伟　著	本书讲述了一个普通销售员打拼成为跨国企业营销总监的真实奋斗历程	激励人心，给广大销售员以力量和鼓舞
	在组织中绽放自我：从专业化到职业化 朱仁健　王祥伍　著	个人如何融入组织，组织如何助力个人成长	帮助企业员工快速认同并投入到组织中去，为企业发展贡献力量
	企业员工弟子规：用心做小事，成就大事业 贾同领　著	从传统文化《弟子规》中学习企业中为人处事的办法，从自身做起	点滴小事，修养自身，从自身的改善得到事业的提升
	手把手教你做顶尖企业内训师：TTT培训师宝典 熊亚柱　著	从课程研发到现场把控、个人提升都有涉及，易读易懂，内容丰富全面	想要做企业内训师的员工有福了，本书教你如何抓住关键，从入门到精通

营销类：把客户需求融入企业各环节，提供“客户认为”有价值的东西

	书名．作者	内容/特色	读者价值
营销模式	**精品营销战略** 杜建君　著	以精品理念为核心的精益战略和营销策略	用精品思维赢得高端市场
	变局下的营销模式升级 程绍珊　叶　宁　著	客户驱动模式、技术驱动模式、资源驱动模式	很多行业的营销模式被颠覆，调整的思路有了！
	卖轮子 科克斯【美】	小说版的营销学！营销理念巧妙贯穿其中，贵在既有趣，又有深度	经典、有趣！一个故事读懂营销精髓
	动销操盘：节奏掌控与社群时代新战法 朱志明　著	在社群时代把握好产品生产销售的节奏，解析动销的症结，寻找动销的规律与方法	都是易读易懂的干货！对动销方法的全面解析和操盘
	弱势品牌如何做营销 李政权　著	中小企业虽有品牌但没名气，营销照样能做的有声有色	没有丰富的实操经验，写不出这么具体、详实的案例和步骤，很有启发
	老板如何管营销 史贤龙　著	高段位营销16招，好学好用	老板能看，营销人也能看
	洞察人性的营销战术：沈坤教你28式 沈　坤　著	28个匪夷所思的营销怪招令人拍案叫绝，涉及商业竞争的方方面面，大部分战术可以直接应用到企业营销中	各种谋略得益于作者的横向思维方式，将其操作过的案例结合其中，提供的战术对读者有参考价值
	动销：产品是如何畅销起来的 吴江萍　余晓雷　著	真真切切告诉你，产品究竟怎么才能卖出去	击中痛点，提供方法，你值得拥有
销售	**资深大客户经理：策略准，执行狠** 叶敦明　著	从业务开发、发起攻势、关系培育、职业成长四个方面，详述了大客户营销的精髓	满满的全是干货

续表

销售	**成为资深的销售经理:B2B、工业品** 陆和平　著	围绕"销售管理的六个关键控制点"一一展开,提供销售管理的专业、高效方法	方法和技术接地气,拿来就用,从销售员成长为经理不再犯难
销售	**销售是门专业活:B2B、工业品** 陆和平　著	销售流程就应该跟着客户的采购流程和关注点的变化向前推进,将一个完整的销售过程分成十个阶段,提供具体方法	销售不是请客吃饭拉关系,是个专业的活计！方法在手,走遍天下不愁
销售	**向高层销售:与决策者有效打交道** 贺兵一　著	一套完整有效的销售策略	有工具,有方法,有案例,通俗易懂
销售	**卖轮子** 科克斯　【美】	小说版的营销学！营销理念巧妙贯穿其中,贵在既有趣,又有深度	经典、有趣！一个故事读懂营销精髓
销售	**学话术　卖产品** 张小虎　著	分析常见的顾客异议,将优秀的话术模块化	让普通导购员也能成为销售精英
组织和团队	**升级你的营销组织** 程绍珊　吴越舟　著	用"有机性"的营销组织替代"营销能人",营销团队变成"铁营盘"	营销队伍最难管,程老师不愧是营销第1操盘手,步骤方法都很成熟
组织和团队	**用数字解放营销人** 黄润霖　著	通过量化帮助营销人员提高工作效率	作者很用心,很好的常备工具书
组织和团队	**成为优秀的快消品区域经理(升级版)** 伯建新　著	用"怎么办"分析区域经理的工作关键点,增加30%全新内容,更贴近环境变化	可以作为区域经理的"速成催化器"
组织和团队	**成为资深的销售经理:B2B、工业品** 陆和平　著	围绕"销售管理的六个关键控制点"一一展开,提供销售管理的专业、高效方法	方法和技术接地气,拿来就用,从销售员成长为经理不再犯难
组织和团队	**一位销售经理的工作心得** 蒋　军　著	一线营销管理人员想提升业绩却无从下手时,可以看看这本书	一线的真实感悟
组织和团队	**快消品营销:一位销售经理的工作心得2** 蒋　军　著	快消品、食品饮料营销的经验之谈,重点突出	来源于实战的精华总结
组织和团队	**销售轨迹:一位快消品营销总监的拼搏之路** 秦国伟　著	本书讲述了一个普通销售员打拼成为跨国企业营销总监的真实奋斗历程	激励人心,给广大销售员以力量和鼓舞
组织和团队	**用营销计划锁定胜局:用数字解放营销人2** 黄润霖　著	全方位教你怎么做好营销计划,好学好用真简单	照搬套用就行,做营销计划再也不头痛
组织和团队	**快消品营销人的第一本书:从入门到精通** 刘　雷　伯建新　著	快消行业必读书,从入门到专业	深入细致,易学易懂
产品	**新产品开发管理,就用IPD** 郭富才　著	10年IPD研发管理咨询总结,国内首部IPD专业著作	一本书掌握IPD管理精髓
产品	**资深项目经理这样做新产品开发管理** 秦海林　著	以IPD为思想,系统讲解新产品开管理的细节	提供管理思路和实用工具
产品	**产品炼金术Ⅰ:如何打造畅销产品** 史贤龙　著	满足不同阶段、不同体量、不同行业企业对产品的完整需求	必须具备的思维和方法,避免在产品问题上走弯路
产品	**产品炼金术Ⅱ:如何用产品驱动企业成长** 史贤龙　著	做好产品、关注产品的品质,就是企业成功的第一步	必须具备的思维和方法,避免在产品问题上走弯路

续表

品牌	**中小企业如何建品牌** 梁小平　著	中小企业建品牌的入门读本,通俗、易懂	对建品牌有了一个整体框架
	采纳方法:破解本土营销8大难题 朱玉童　编著	全面、系统、案例丰富、图文并茂	希望在品牌营销方面有所突破的人,应该看看
	中国品牌营销十三战法 朱玉童　编著	采纳20年来的品牌策划方法,同时配有大量的案例	众包方式写作,丰富案例给人启发,极具价值
	今后这样做品牌:移动互联时代的品牌营销策略 蒋军　著	与移动互联紧密结合,告诉你老方法还能不能用,新方法怎么用	今后这样做品牌就对了
	中小企业如何打造区域强势品牌 吴之　著	帮助区域的中小企业打造自身品牌,如何在强壮自身的基础上往外拓展	梳理误区,系统思考品牌问题,切实符合中小区域品牌的自身特点进行阐述
渠道通路	**快消品营销与渠道管理** 谭长春　著	将快消品标杆企业渠道管理的经验和方法分享出来	可口可乐、华润的一些具体的渠道管理经验,实战
	传统行业如何用网络拿订单 张　进　著	给老板看的第一本网络营销书	适合不懂网络技术的经营决策者看
	采纳方法:化解渠道冲突 朱玉童　编著	系统剖析渠道冲突,21个渠道冲突案例、情景式讲解,37篇讲义	系统、全面
	学话术　卖产品 张小虎　著	分析常见的顾客异议,将优秀的话术模块化	让普通导购员也能成为销售精英
	向高层销售:与决策者有效打交道 贺兵一　著	一套完整有效的销售策略	有工具,有方法,有案例,通俗易懂
	通路精耕操作全解:快消品20年实战精华 周　俊　陈小龙　著	通路精耕的详细全解,每一步的具体操作方法和表单全部无保留提供	康师傅二十年的经验和精华,实践证明的最有效方法,教你如何主宰通路

管理者读的文史哲·生活

	书名．作者	内容/特色	读者价值
思想·文化	**德鲁克管理思想解读** 罗　珉　著	用独特视角和研究方法,对德鲁克的管理理论进行了深度解读与剖析	不仅是摘引和粗浅分析,还是作者多年深入研究的成果,非常可贵
	德鲁克与他的论敌们:马斯洛、戴明、彼得斯 罗　珉　著	几位大师之间的论战和思想碰撞令人受益匪浅	对大师们的观点和著作进行了大量的理论加工,去伪存真、去粗存精,同时有自己独特的体系深度
	德鲁克管理学 张远凤　著	本书以德鲁克管理思想的发展为线索,从一个侧面展示了20世纪管理学的发展历程	通俗易懂,脉络清晰
	自我与世界:以问题为中心的现象学运动研究 陈立胜　著	以问题为中心,对现象学运动中的"意向性""自我""他人""身体"及"世界"各核心议题之思想史背景与内在发展理路进行深入细致的分析	深入了解现象学中的几个主要问题

续表

思想·文化	作为身体哲学的中国古代哲学 张再林　著	上篇为中国古代身体哲学理论体系奠基性部分，下篇对由“上篇”所开出的中国身体哲学理论体系的进一步的阐发和拓展	了解什么是真正原生态意义上的中国哲学，把中国传统哲学与西方传统哲学加以严格区别
	中西哲学的歧异与会通 张再林　著	本书以一种现代解释学的方法，对中国传统哲学内在本质尝试一种全新的和全方位的解读	发掘出掩埋在古老传统形式下的现代特质和活的生命，在此基础上揭示中西哲学“你中有我，我中有你”之旨
	治论：中国古代管理思想 张再林　著	本书主要从儒、法墨三家阐述中国古代管理思想	看人本主义的管理理论如何不留斧痕地克服似乎无法调解的存在于人类社会行为与社会组织中的种种两难和对立
	中国古代政治制度（修订版）上：皇帝制度与中央政府（待出版） 刘文瑞　著	全面论证了古代皇帝制度的形成和演变的历程	有助于读者从政治制度角度了解中国国情的历史渊源
	中国古代政治制度（修订版）下：地方体制与官僚制度（待出版） 刘文瑞　著	全面论证了古代地方政府的发展演变过程	有助于读者从政治制度角度了解中国国情的历史渊源
	通天彻地，九大法则：《尚书·洪范》讲记 史幼波　著	精析“洪范九畴”这一中华传统政治哲学的理论基础	寓渊深义理于通俗口语之中，使现代人也能一睹中华文化原典之精湛奥义
	史幼波大学讲记 史幼波　著	用儒释道的观点阐释大学的深刻思想	一本书读懂传统文化经典
	史幼波《周子通书》《太极图说》讲记 史幼波　著	把形而上的宇宙、天地，与形而下的社会、人生、经济、文化等融合在一起	将儒家的一整套学修系统融合起来
	史幼波中庸讲记（上下册） 史幼波　著	全面、深入浅出地揭示儒家中庸文化的真谛	儒释道三家思想融会贯通
	中国思想文化十八讲（修订版）（待出版） 张茂泽　著	中国古代的宗教思想文化，如对祖先崇拜、儒家天命观、中国古代关于“神”的讨论等	宗教文化和人生信仰或信念紧密相联，在文化转型时期学习和研究中国宗教文化就有特别的现实意义
	每个中国人身上的春秋基因 史贤龙　著	春秋368年（公元前770－公元前403年），每一个中国人都可以在这段时期的历史中找到自己的祖先，看到真实发生的事件，同时也看到自己	长情商、识人心
	内功太极拳训练教程 王铁仁　编著	杨式（内功）太极拳（俗称老六路）的详细介绍及具体修炼方法，身心的一次升华	书中含有大量图解并有相关视频供读者同步学习
	中医治心脏病 马宝琳　著	引用众多真实案例，客观真实地讲述了中西医对于心脏病的认识及治疗方法	看完这本书，能为您节约10万元医药费